台灣與大陸政治評論集

林清祭◎著

自序

飄飄人生何所似？

翱翔天地一沙鷗。

一向浪漫、狂狷的我，二十年前忽然踩進學術的領域，本書的出版只是對這些年來相關研究作一紀錄與交待，若能對讀者有一絲幫助，那就算是本書的額外收穫吧！

讀政治，研究政治現象與我的個性可說是完全不搭，任職國民黨中央黨部二十年，看到的是一幕幕台灣的政治人物為了謀取權利，勾心鬥角，陰險狡詐的一面，不但無治國福民的宏觀願景，而且對民生疾苦視若無睹，一切只為遂行私慾。

相反的，我們看到對岸的領導人，在大家都不看好的情況下完成長江三峽水壩工程；改革開放近三十年，人均國民所得從二百美元，提高到近兩千美金；最近溫家寶提出計畫開始推行九年義務教育，這種高瞻遠矚、以民為本的政治人物才值得人民敬重。據西方經濟學家估計，到二〇二〇年中共「和平崛起」的二十年，中國的GDP（國民生產總值）將可超過五兆美元，超越日本，二〇五〇年更可達十兆美元，趕上美國。

當前大陸的社會是一幅不斷成長，人民充滿活力與希望的景象；反觀台灣，資金、技術、人才不斷外流，人民是鬱卒、悲觀，甚至是絕望的。可悲的是我們的政治人物卻無視於國計民生，只熱衷於權位與私慾的競逐，短期內我們想看到一位具有人文關懷，又有前瞻性、理想性、有大格局、大魄力的政治人物出現，那無異是鏡花水月，癡人說夢。

前民進黨主席林義雄說，當前台灣的主流價值是偏差的，人們對人與人、人與群體、人與自然的關係所表現出的是自私自利，以己為尊。這是必然的，當政客把人民當芻狗，而一味遂行其私慾時，我們如何期待社會有一幅祥和的景象呢？

落霞與孤鶩齊飛，秋水共長天一色。

這意境多美啊！政治儘管骯髒，但人心可以超俗。

林清察

二〇〇六、四、十

目次

自序 5

壹、台灣篇

民進黨參與二屆國大臨時會前之佈署運作概況（一九九二、二） 11
民主進步黨大陸政策之剖析（一九九三、四） 31
台獨聯盟現況之分析（一九九三、七） 43
當前民進黨的路線之爭及新世代的思想內涵（一九九六、五） 52
建國黨的衝擊（一九九六、十二） 60
林義雄的政治理念與政治挑戰（一九九八、六） 69
陳水扁倡議「兩岸政治統合新架構」（二〇〇一、一） 77
陳水扁和民進黨能孵出台獨的巨蛋？（二〇〇二、一） 85
民主進步黨五大派系簡介（二〇〇四、三） 88
當前陳水扁所面臨的政經困局（二〇〇二、四） 104
陳水扁兼任民進黨主席的選舉考量與利弊得失（二〇〇二、七） 111

民進黨政府反對兩岸三通及直航的政策作為（二〇〇三、五） 117
民進黨推動公民投票的經過及其策略分析（二〇〇三、十） 123
獨派團體與民進黨的制憲運動評析（二〇〇四、七） 135
當前民進黨的派系生態與權力結構（二〇〇五、二） 149
國大修憲及其對未來政局之影響評析（二〇〇五、五） 156
民進黨青壯派提出「新民進黨運動」的戰略分析（二〇〇五、十一） 170
二〇〇五年縣市長選舉選情大勢分析（二〇〇五、十） 183

貳、中國大陸篇

中國之春的戰將—胡平走上民主的不歸路（一九八八、八） 219
趙紫陽—民主運動的代罪羔羊（一九八九、七） 225
多黨合作不等於多黨政治—評中共最近的「多黨合作」論調（一九九〇、三） 230
中共選舉制度評析（一九九一、四） 238
一九八九—一九九一年大陸基層選舉之研析（一九九一、四） 250
中共吸引台資的策略與現況（一九九一、六） 263

中國大陸「改革開放」所引發的社會危機評析（一九九一、八） 273
中共黨內權力與路線鬥爭的新動向（一九九一、十） 283
中共制定「反分裂國家法」剖析（二〇〇五、三） 294

參、兩岸關係篇

中共若回應李總統所提三條件我具體對策構想（一九九〇、六） 313
兩邊看看海峽兩岸的反對勢力（一九八八、七） 320
析中共與民進黨在「辜汪會談」之策略（一九九三、五） 333
美、「中」、台三角關係與美國的台海政策（二〇〇〇、九） 340
美國、陳水扁、宋楚瑜操作「民親合作」的戰略構想與戰略目標（二〇〇五、一） 352
析論連戰訪問中國大陸及其效應（二〇〇五、四） 358
兩岸有關台灣水果輸陸的政治操作及其政治效應（二〇〇五、九） 370

壹、台灣篇

民進黨參與二屆國大臨時會前之佈署運作概況

一、改組國大黨團與成立各次級組織

雖然民進黨在二屆國大選舉遭到空前挫敗，但該黨主席許信良在選後表示：一、絕不放棄台獨主張。二、希望朝野共同協商憲改問題。企圖經由參與修憲的過程達到制憲的目的，在總統直選、單一國會等憲改議題逼迫國民黨讓步。因此選戰甫畢該黨即開始籌畫國大黨團的改組及各項運作事宜，並屬意由前主席黃信介領軍作戰。而新潮流系雖自始至終對此次憲改抱持消極排拒的態度，因此讓黃信介經由票選方式以四十比三十八票，兩票之差擊敗新潮流系及中間派系支持的林俊義，當選黨團召集人，黨團幹部並由美麗島系囊括。新潮流系因而另組「台灣新憲研究室」，以為抗衡。此外，陳水扁、邱連輝、彭百顯、葉菊蘭等人為了突破年底立委選戰兩派的夾殺（陳在北市北區有謝長廷及賁馨儀的威脅，彭在南投有張俊宏的威脅，葉在北市南區有林濁水的威脅），及凸顯中間派系的憲改主張，因此在黨團成立前於元月十日成立「正義連線」，強調理性參與公共政策的問政態度並提出具體的憲改主張。王雪峰、劉一德、劉輝雄在籌組「新生代聯盟」未成後，亦退而求其次，另組「三人問政小組」。各派系的介入造成民進黨二屆國大臨時會前各唱各的調的紛亂局面。各派系的組織成員如下：

（一）國大黨團：元月十二日成立，是形式上的統合機構，包含所有七十五位民進黨籍國大。

總召集人：黃信介。

第一副總召集人：陳永興

第二副總召集人：林俊義

幹事長：蔡式淵

發言人：蔡仁堅

政策事務委員會主任委員：李宗藩

政策研究委員會主任委員：張富美

政黨協商委員會主任委員：許榮淑

（國大黨團的組織成員詳見附表一）

（二）「台灣新憲法研究室」：成立於元月十七日，是新潮流系結合中間派系所組成，共有成員三十四人。

連絡人：黃昭輝

副連絡人：許陽明

五人工作小組：陳　菊、許陽明、許瑞峰、朱義旭、曹啟鴻

運動策略七人小組：黃昭凱（召集人）、徐炳豐、許瑞峰、蘇嘉全、陳　菊、吳清桂、陳欽隆

（「台灣新憲法研究室」組織運作情形詳見附表二）

（三）「正義連線」成立於元月十日，共有成員十五人，其中立委四人，國代八人。

會長：邱連輝

副會長：張晉城

秘書長：陳水扁

副秘書長：許陽明

國民大會連線組召集人：鄭寶清

立法院連線組召集人：彭百顯

組織宣傳組召集人：邱子正

（「正義連線」的組織運作情形詳如附表三）

（四）「三人問政小組」：成立於元月二十日左右。係由該黨新生代人士王雪峰、劉一德、劉輝雄等三人組成。

（五）另「台灣建國研討會議」推出五十名「台灣共和國連線」候選人當選二十七人；「台教會」推荐七十七人，當選三十四人；長老教會推荐四十五名候選人，當選二十六人。此三個民進黨外圍組織亦相繼表示要監督各該組織推荐當選之國大在二屆國大臨時會的問政情形。

（民進黨國大黨團及各派系組織成員詳見附件四）

二、擬定三大抗爭策略

民進黨中常會在元月十五日曾就該黨國大黨團如何繼續推動憲政改造及國民大會運作策略進行三方面的討論：一、在憲改訴求上，應以制憲建國為大目標，在此大目標下，擬出一些較可以在臨時會上達成的具體的憲改主張，例如總統直選、社會權、地方自治、兩岸關係等等。二、在抗爭活動方式上，臨時會前，民進黨應有一連串活動，使國人注意憲改問題，例如舉辦演講、遊行等，而在臨時會開會期間，也不能只有內部行動，外面也必須有活動，民進黨採「裡應外合」方式，即使憲改主張不能爭到一百，也要爭到五十。三、在黨內整合方向上，國大黨團杉林溪會議突顯一些黨內問題，黨必須進行整合工作，在整黨團結下推動憲改。

此外，亦針對國大黨團運作策略作成三點決議：一、主張制憲建國及總統直選為民進黨堅定不變的立場及目標，民進黨必須集中全黨力量實現。二、為實現此目標，必須結合全黨及全民力量支持民進黨在國民大會力爭。三、有關憲法主張具體方案及抗爭策略，由黨主席在適當時機邀集中央幹部及黨團成員召開憲政工作會議。

另，民進黨中央亦責成該黨新科國大蔡文斌研擬國大臨時會期間的議事反制策略。

綜上可知民進黨參與國大臨時會的抗爭策略是「裡應外合」，主要作法為，一、提出制憲建國、總統直選的憲改主張；二、進行場外群眾抗爭與場內議事干擾戰略，以期裡外合擊，製造制憲風潮。

三、憲改主張—制憲建國、總統直選、單一國會

民進黨雖高喊制憲建國、總統直選、單一國會、爭取社會權等口號，但對憲改內容則尚無明確具體主張（美麗島系之「民主大憲章」與新潮流系之「台灣憲法草案」兩種版本內容不盡相同，此另文分析），國大黨團及各次級組織仍停留在議題研議階段，國大黨團要到三月一、二日才開會討論研究結果，以凝聚共識；「正義連線」將在三月初公布「制憲藍圖」；「台灣新憲研究室」則計畫在二月廿四、廿五兩日舉辦憲法研討訓練營，邀請學者指導該研究室國代的憲法概念，具體主張則尚未表明公布日期。目前只有「正義連線」在元月三十一日公布的「制憲宣言」及國大黨團在二月十五、六、七日舉辦的七場公聽會後所發表的「共同看法」較為具體。

（一）國大黨團及各次級組織設置各憲改議題之情形：

1. 國大黨團：元月二十日設立六項議題組，二月一日確立各項議題分組的成員。

(1)總綱（國家主權）：共有黃信介等十二人。
(2)總統選舉方式及職權組：共有陳永興等九人。
(3)中央政府體制及國會組：共有吳哲朗等十二人。
(4)國民權利及基本國策組：共有蘇嘉全等十六人。
(5)司法、政黨、憲法改造組：共有張富美等七人。
(6)地方自治組：共有杜文卿等十九人。

2. 「台灣新憲法研究室」：元月二十日研擬八項憲政大綱，二十七日確定五項議題名稱及各組成員

（原議題總統直選與中央政府體制；原住民、司法制度等二項刪除）

(1)總綱小組：主題為國家定位與兩岸關係。召集人：許陽明

(2)社會權小組：主題為環境、勞動、殘障、資訊、婦女、原住民。召集人：朱義旭、陳秀惠。

(3)地方自治小組：主題為國土規劃、城鄉平衡、自治保障。召集人：翁金珠。

(4)基本國策小組：主題為政黨規範、國民經濟條款、文化條款。召集人：李文忠。

(5)公民投票小組：主題為公民投票制度化。召集人：張貴木。

3.「正義連線」在元月廿四日「連線」第三次會議上確定七項議題及各組成員。

(1)有中央政府體制、總統直選議題，由鄭寶清、陳淞山共同負責。

(2)國會體制方面，由劉輝雄、邱子正擔任。

(3)社會權、公民權則由李宗藩、唐碧娥擔綱。

(4)司法與國防條款由張晉城、羅文嘉、馬永成負責。

(5)考試、監察制度由蔡文斌設計。

(6)地方自治由許陽明擔任。

(7)財經條款由彭百顯負責。

（二）國大黨團的「共同看法」及「正義連線」的「制憲宣言」

1.國大黨團的「共同看法」

(1)總統選舉方式及職權。

①總統委任直選是政治魔術，不管是從原理或是技術層次都不可行，委任直選會產生有權大家爭，有責大家推，職權不清，容易滋生弊病。

②總統採直選方式，依權力分立原則設計其職權，其職責分明，在原理、技術方面都具有高度可行性。

(2)中央政府體制。

①實行三權分立、單一國會，監院併入立院，考試院併入公平、公正、中立的行政權內，以利府會間功能性的運作。

②國民黨憲改案是以五權為架構，容易形成分贓制度，大玩職權加減的遊戲，容易造成憲改危機，這是國民黨對憲政改造無誠意之表現。

(3)財政條款與經濟權。

①尊重市場機能自由運作，使國家資源做最有效率的使用，廢除不合理、不公平的黨營、國營獨佔事業，以提供給社會各階層平等競爭的機會。

②中央與地方財政的劃分，應以地方的自由、自立與發展為優先考慮。

③反對雇用與台灣有敵對意識國家之外籍勞工，以免影響國家社會之安全與發展。

(4)基本人權與社會權。

①經濟的發展不應違背社會基本權利之保障，國民黨的憲改案中社會權，籠統含糊，有魚目混珠之嫌。

②環境保護優於一切經濟發展。

③社會權為文明先進國家之理念，尤其是工作權、財產權、教育權、全民保險、住宅、婦女、農民、殘障、醫療、社會成果共同分享、消費者、公民投票等基本權利均需保障。

(5)地方自治。

地方應有獨立自主的人事、財政權，台灣幅員不大，行政層級應予二級化，廢省級。

(6)司法制度。

①司法體制應有其自主、自治性的人事任用及經費使用權。

②加強司法制度中的違憲審查的功能。

③政府機關的運作方式以行政命令取代法律，甚至長期違憲的法律及行政命令到處充斥，應予改善。

(7)國家定位。

勇於面對事實主權，以實際的態度來設計務實的國家體制，未來兩岸的交流，應以台灣的安全、自衛及獨立自主為前提。

2.「正義連線」的「制憲宣言」

(1)制憲宣言十大原則：

①堅持制憲建國理念，創造台灣人民永久福祉。

②以法治國家、民主國家、福利國家之精神制定新憲法。

③維護人格尊嚴，人民平等權利並落實男女平等信念。

④建立權責分明的中央政府體制，實行三權分立的政治制度。

⑤國民國籍權、返鄉設籍權、遷徙自由權、言論自由權等基本自由與權利絕對不容侵犯與剝奪。

⑥建立國家扶助弱勢族群精神，擴大社會福利範圍。

⑦建立文官體制、司法體制、情治體制、軍隊體制超黨派之中立性。

⑧建立「選民互選」的平等選舉罷免制度與公民權之行使公費全額補助制度。

⑨地方自治中明列中央政府權限事項，未列舉事項則歸地方，權限之爭議由憲法法院處理，地方自治法人化。

⑩確保經濟公平開放，謀求經濟均衡發展，實現均富理想。

(2)制憲宣言十大主張：

①總統直接民選，採行總統制之中央政府體制，裁撤國民大會、監察院採單一國會體制（立法院更名為國會）。

②裁撤考試院另設隸屬行政權之半獨立性考試委員會，將司法院大法官會議改制為憲法法院。

③確立國會對宣戰或締約的最後批准權；國會議員總額一百二十人由全國公民直接選舉產生，任期四年；國會設副議長二人，由佔國會席次最多與席次次多之政黨各推選一人擔任之。

④明定「公務員基準法」法源確立文官體制，實行政務官與民意代表公布財產制度。

⑤確立文官統治的軍事體制，國防部長由文人擔任並對人民效忠，義務役兵制應該採行彈性的「社會役」制度。

⑥明定司法預算與人事獨立自主權，確立「法官法」憲法法源，法官禁止有等級、職級、階級之分，培養並訓練專業法官設置專業法庭，籌設每年改選之國家法律顧問團。

⑦廢除省制，明定縣市、市區鄉鎮為地方自治團體，行使地方自治事項之創制、複決權。

⑧絕對禁止黨營事業，確立國營事業民營化原則，政黨、政府與軍隊禁止設立或經營大眾傳播媒體。

⑨確立公民投票參政權制度，明確劃分軍政軍令系統之歸屬與定位，保障原住民基本權、環境權、勞動權、農民權與資訊權等社會權。

⑩增列「兩岸互不侵犯和平條款」、「政黨公平競爭條款」、「非核武國家條款」、「罪刑法定條款」、「全民健保條款」、「兒童保護條款」。

四、運動策略──場內議事干擾，場外群衆運動

民進黨元月十五日的中常會上，在新潮流系的提議下，通過如下決議：臨時會前，民進黨應有一連串活動，使國人注意憲改問題，例如舉辦演講、遊行等，而在臨時會開會期間，也不能只有內部行動，外面也必須有活動，民進黨採「裡應外合」方式，即使憲改主張不能爭到一百，也能爭到五十。在元月十八日的「制憲運動研討會」上，莊淇銘、廖宜恩、楊澤泉等「台教會」學者相繼表示，可以考慮及早策畫群衆運動，於國大臨時會時發揮場外推動制憲的力量。黃玲娜國代、李永熾教授也指出，加強對各地民衆的政治教育，將制憲理念確實推廣，可能才是延續制憲運動的根本。十九日，新潮流會員大會後該系政協委員黃昭輝、賴勁麟亦表示，未來國大臨時會的主戰場不會在議場內，他們將在會前會前結合社運團體、學生，在議場外對國民黨施加壓力。民進黨國大各級團體的運動策略如下：

（一）國大黨團的運動策略

1.決定在各地舉辦民衆大會，以求凝聚共識。

2.黨團召集人黃信介表示將尋求與六位無黨籍國大結盟，以湊足提案所需五分之一的人數。無黨籍國代已在二月九日之聚會中原則上同意。

3.尋求與國民黨主張總統直選國大結盟，成立人數超過二百人的「總統直選聯盟」。

4.二月十五、十六、十七日已在國大忠孝廳舉辦七場公聽會，並公布「共同看法」。

5.將在三月十四、十五兩日召開「策略會議」，擬定場內外各項對策，針對國民黨的臨時會運作予以各個擊破。

（二）「台灣新憲法研究室」的運動策略

1.成立運動策略七人小組：黃昭凱、徐炳豐、許瑞峰、蘇嘉全、陳菊、吳清桂、陳欽隆。黃昭凱為召集人。

2.提出運動策略的五個階段：

(1)第一階段（會員大會至二月中旬）：廣泛拜訪各社會團體並尋求結盟的可能性，並與國大黨團、立院黨團溝通。

(2)第二階段（二月中旬至三月中旬）：分議題舉辦座談會或分區座談。

(3)第三階段（開議至一讀會）：確定議事策略。

(4)第四階段（二讀會）：場內辯論會，場外說明會或暫時性退出。

(5)第五階段（三讀會）：工作內容未定。

（三）「正義連線」的運動策略

在元月三十一日提出五大作戰計畫：

1.前鋒後衛戰—與民進黨國大黨團關係。
2.裡應外合戰—議會與群眾路線相互配合。
3.合縱連橫戰—與民進黨各次級團體關係及國民黨各派系關係。
4.電子媒體戰—打破媒體壟斷計劃，確保全民「知的權利」。
5.國會串聯戰—連結國大與立院憲改力量，創造制憲契機。

（四）議事干擾策略

民進黨中央在元中旬曾公布一份由新科國代蔡文斌所研擬的「國大臨時會反制策略」，主要內容有三：

1.分析國民黨的議事策略：
(1)動用表決部隊，以數人頭強渡關山。
(2)主席團人選，愈有議事障礙，愈用強棒。
(3)削弱在野黨提案的機會
2.針對國大議事規則修正案：
(1)民進黨應力爭連署人數維持原條文所規定的代表總額十分之一人數。
(2)反對修正通過「紀律條款」，不使變成「歧視條款」。
3.民進黨國大黨團在議場策略的運用：

(1)民進黨國大黨團將來提出的具體修正條文應統一作業，不宜多頭馬車，分散實力。

(2)應研究如何利用有限的發言時間來充分說明提案意旨。

(3)權宜問題、秩序問題、會議詢問等三種干擾戰術應妥善運用。

(4)附屬動議有七種，如何反制國民黨經常使用的停止討論動議，應進一步沙盤推演。

(5)表決方式應爭取以對民進黨較有利的母法──「會議規範」之表決方式（出席者也有爭取表決的權利），以取代「國代議事規則」由主席決定的子法。

(6)就黨中央決定力爭之部分，應集中火力在特定委員會，俾爭取主導地位，並保留大會之發言權。

五、綜合研析

（一）年來雖然美麗島系與新潮流系不斷的惡鬥，但由於面對共同敵人──國民黨，使民進黨內部尚能維持著「恐怖平衡」，然而派系惡性競爭也導致中間勢力的急劇膨脹，第三派系已呼之欲出。在即將召開的國大臨時會派系競爭亦可以預見。美麗島系主控的國大黨團、新潮流系籌組的「台灣新憲法研究室」，及中間派系所組成的「正義連線」，亦將維持彼此爭鬥又合作的微妙關係。

（二）民進黨參與二屆國大臨時會的策略如前所言，一方面提出制憲建國、總統直選與單一國會的憲改主張，一方面進行場內議事干擾、場外群眾運動，裡外合擊，以製造風潮，創造優勢。唯態度有強弱之分，以許信良、黃信介為首的美麗島系強調溝通妥協，期能大幅修憲，新潮流系則強調場外抗爭，以追求制憲的長期目標。而「正義連線」則介於兩者之間。

（三）制憲建國與總統直選是民進黨的憲改目標，但此次臨時會其唯一的任務則是在於爭取去年國大選舉中流失的民心，鼓動風潮，以贏取今年年底的立委選舉。但其訴求作為有限，由於資深國代已退，因此類似前年國會全面改選的抗爭訴求已無可運用，「一百行動聯盟」、「公民投票促進會」、「台教會」、「長老教會」及若干學運、社運團體的運動方式已失去正當性，唯一的作為是利用國民黨內鬨，然後結合這些外圍組織乘機造勢。

（四）最須注意的一點是，如果國大臨時會兩黨在修憲主張交集甚少的狀況下，則民進黨國大黨團在新潮流系「台灣新憲辦公室」的裹脅下，為了年底立委選舉，可能在最後時刻採取全面退出的作為，此新潮流系在運動策略第四階段主張暫時性退出，第五階段工作內容未定可看出端倪。

（五）最後，須指出的是民進黨許多憲改主張，策略性尤重於現實性，如提倡總統制，多數立委並未表明支持，廢除監察院，黃玉嬌、蔡介雄等人亦反對。

後記：二屆國大一次臨時會在八十一年三月二十日開議，歷時七十天終於增訂憲法增修條文第十一條至第十八條，使我國憲政發展邁入新的境界。此次修憲內容包括修改國民大會之職權，總統選舉改由全體人民選舉，司法、考試、監察三院之重要人事改由總統提名經國民大會的同意後任命，省縣地方自治法制化，及基本國策之充實等。本次修憲為政府遷台以來最大的修憲工程。

一九九二、二、廿一

附表一

民進黨國大黨團組織成員表

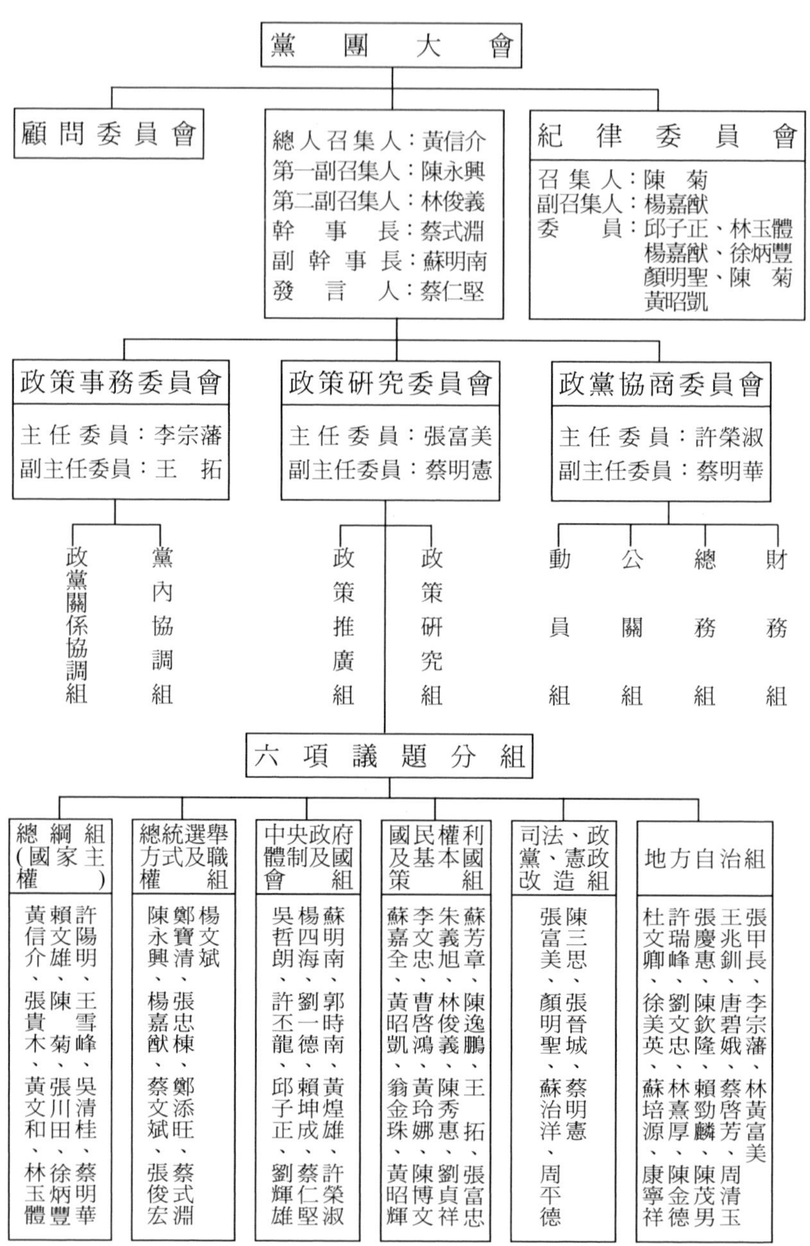

附表二

「台灣新憲研究室」運作系統表

- 連絡人：黃昭輝
- 副連絡人：許陽明
- 財務長：許瑞峰

研究小組

召集人：許陽明
成員：曹啓鴻、陳菊、朱義旭、許瑞峰

運動策畫小組

召集人：黃昭凱
成員：黃昭凱、蘇嘉全、陳菊、徐炳豐許瑞峰、吳清桂陳欽隆

階段	日期	工作內容
第一階段	會員大會至二月中旬	廣泛拜訪各社會團體，並尋求結盟的可能性；與國大黨團溝通。
第二階段	二月中旬至三月中旬	分議題舉辦座談會或分區座談會
第三階段	開議至一讀會	確定議事策略。
第四階段	二讀會	場內辯論會、場外說明會或暫時性退出。
第五階段	三讀會	仍待確定。

行政組

負責人：許瑞峰

五項議題小組

小組	召集人	主題
總綱小組	許陽明	國家定位、兩岸關係
社會權小組	朱義旭、陳秀惠	環境、勞動、殘障、資訊、婦女、原住民
地方自治小組	翁金珠	國土規畫、城鄉平衡、自治保障。
基本國策小組	李文忠	政黨規範、國民經濟條款、文化條款。
公民投票小組	張貴木	公民投票制度化

全部成員：共三十四人

賴勁麟、許陽明、黃昭輝、李文忠、陳菊、許瑞峰、陳博文、蘇嘉全、蔡明華、蘇明南、黃玲娜、林俊義、翁金珠、吳清桂、徐炳豐、蔡啓芳、陳金德、朱義旭、蔡明憲、黃昭凱、張川田、張貴木、曹啓鴻、蘇芳章、蘇培源、楊四海、王雪峰、陳秀惠、張富美、陳欽隆、黃文和、蘇治洋、周清玉、林黃富美

附表三

「正義連線」組織運作表

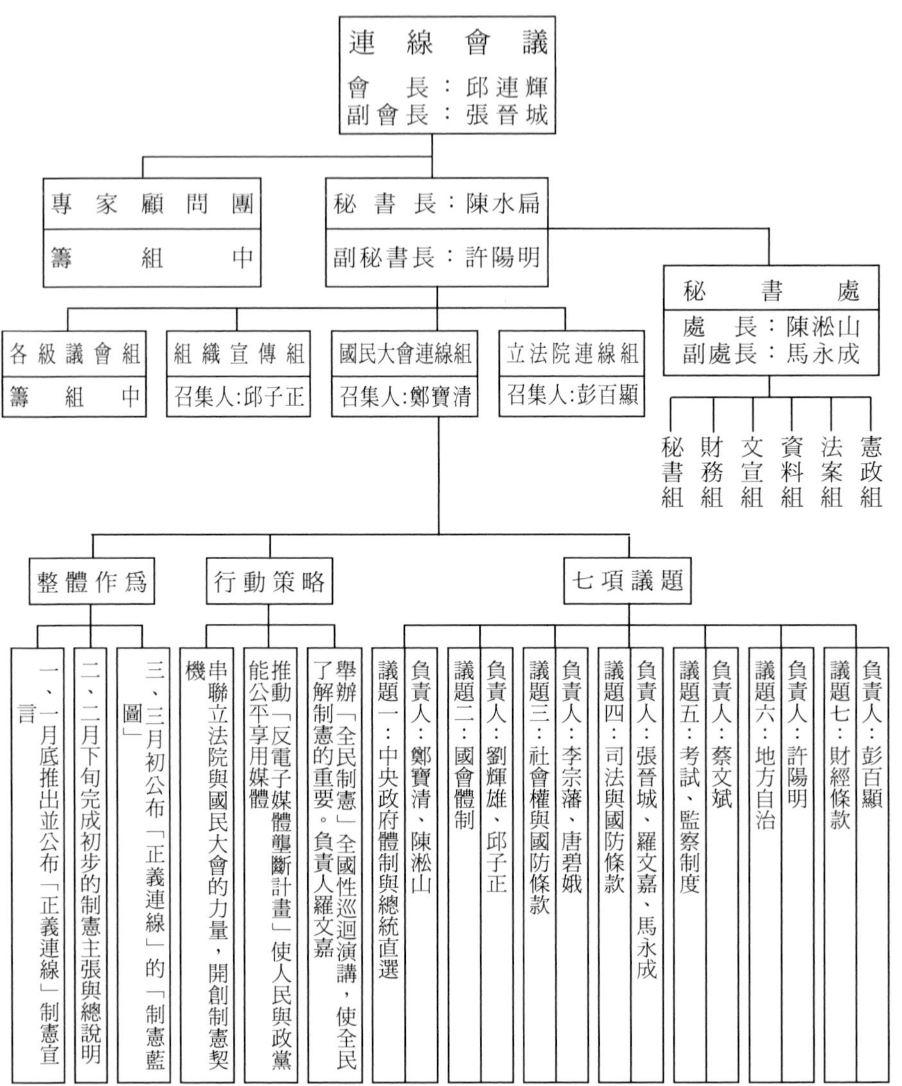

「正義連線」成員：共十五人

一、立法委員四人：邱連輝、陳水扁、彭百顯、葉菊蘭

二、國大代表八人：張晉城、許陽明、鄭寶清、邱子正、蔡文斌、李宗藩、唐碧娥、劉輝雄

三、其他三人：陳淞山、馬永成、羅文嘉（以上三人係陳水扁助理）

附表四

民進黨國大各級組織成員一覽表

一、民進黨國大黨團全體成員：共七十五人

（一）美麗島系：三十二人

1.區域代表：張晉城、顏明聖、周平德、陳茂男、王　拓、鄭寶清、林熹厚、張慶惠、蔡仁堅、陳逸鵬、張嘉猷、許榮淑、劉輝雄、李宗藩、蔡文斌、陳三思、鄭添旺、唐碧娥

2.不分區代表：黃信介、王兆釧、黃煌雄、張富忠、杜文卿、蔡明華、張甲長

3.僑選代表：許丕龍、賴文雄

4.一屆增額代表：翁金珠、蔡式淵、徐美英、吳哲朗

（二）新潮流系：十九人

1.區域代表：許瑞峰、吳清桂、陳　菊、李文忠、賴勁麟、陳欽隆、楊文彬、黃昭凱、黃玲娜、陳金德

2.不分區代表：陳博文、蘇芳章、楊四海、張川田、劉文忠

3.僑選代表：蔡明憲

4.一屆增額代表：蘇嘉全、周清玉、黃昭輝

（三）中間派系：二十二人

1.區域代表：許陽明、劉一德、王雪峰、林俊義、林黃富美、蘇治洋、蔡啟芳、邱子正、蘇明南、曹啟鴻、賴坤成

2.不分區代表：張忠棟、林玉體、陳永興、康寧祥、黃文和、朱義旭、陳秀惠

3.僑選代表：張富美、郭時南

4.一居增額代表：張貴木、蘇培源

（四）台獨聯盟：二人

劉貞祥、徐炳豐

二、「台灣新憲法研究室」成員：共三十四人

賴勁麟、許陽明、黃昭輝、李文忠、陳　菊、許瑞峰、陳博文、蘇嘉全、蔡明華、蘇明南、黃玲娜、林俊義、翁金珠、吳清桂、徐炳豐、蔡啟芳、陳金德、朱義旭、蔡明憲、黃昭凱、張川田、張貴木、曹啟鴻、蘇芳章、蘇培源、楊四海、王雪峰、陳秀惠、張富美、陳欽隆、黃文和、蘇治洋、周清玉、林黃富美

三、「正義連線」成員：共八人

張晉城、許陽明、邱子正、劉輝雄、李宗藩、唐碧娥、蔡文斌、鄭寶清

四、三人問政小組：王雪峰、劉一德、劉輝雄

五、「台教會」推荐當選的二居國大：共三十四人

陳金德、黃玲娜、王　拓、李文忠、陳茂男、賴勁麟、劉一德、許陽明、許瑞峰、張晉城、王雪峰、吳清桂、鄭寶清、陳逸鵬、蔡仁堅、林黃富美、陳三思、鄭添旺、顏明聖、周平德、陳　菊、劉貞祥、曹啟鴻、徐炳豐、陳欽隆、許榮淑、林俊義、蘇治洋、黃昭凱、蔡文斌、劉輝雄、李宗藩、蔡啟芳、賴坤成

按：其中林玉體、朱義旭、林俊義、許陽明、張忠棟等五人係「台教會」會員

六、長老教會推荐當選的二居國大：共二十六人

許瑞峰、張晉城、吳清桂、李文忠、陳茂男、賴勁麟、林俊義、許榮淑、黃昭凱、劉貞祥、陳　菊、周平德、賴坤成、黃玲娜、陳金德、蘇明南、邱子正、徐炳豐、曹啟鴻、林黃富美、蘇治洋、李宗藩、蔡啟芳、陳欽隆、許陽明、王雪峰

七、「台灣建國研討會議」推荐當選的二居國大：共二十七人

民主進步黨大陸政策之剖析

一、前言

去（一九九二）年年底二屆立委選舉後，由於民進黨在立法院之席次激增，使國內政治更朝兩黨政治邁進了一步，亦使民進黨產生執政的企圖心。此外，在連院長組閣、邱進益入主海基會後，兩岸關係已進入一個新的突破時期，而大陸政策亦跟國防、外交、經貿、內政政策環環相扣，因此民進黨不得不面對現實，以務實的觀點去面對。另方面，中共對民進黨之政治實力亦予以正視，正審慎地調整對民進黨之態度。凡此，對兩岸關係都產生微妙之變化，因此，吾人有必要對民進黨之大陸政策（對中國政策）作一全面之剖析，以便解決統獨爭議，並整合朝野共識，理性、前瞻、務實地推動大陸政策。

二、民進黨歷年有關大陸政策之主張與作爲

1.民國七十五年十一月十日，第一次全國黨員代表大會在所通過「黨綱」的「基本綱領」主張：「終止台海兩岸對抗」，認為「基於台灣人民之整體利益，謀求合乎人道、平等、和平的解決途徑。在台海兩岸政治社會經濟制度相差懸殊下，應優先致力於改善兩岸人民之生活，不應製造緊張對抗」。

2.民國七十六年十月十三日，民進黨第一屆中常會第四十一次會議通過「民主進步黨現階段中國大陸政策」，主張「兩岸人民返鄉、探親、尋親、通郵、通話、掃墓，均應不加限制，且可直接申請，不必經由第三國」，「兩岸人民與民間團體，可先直接平等來往，對等展開文化、學術、科技、體育、經濟之全面交流與競爭」。

3.民國七十七年四月七日，張俊宏發表「大陸政策綱要」，呼籲民進黨放棄不實口號與政策，立即著手大陸關係正常化，使台灣發揮世界驛島功能，促成台海兩岸共同市場、亞洲共同市場與太平洋市場，並以經濟繁榮及政治民主作為維護台灣生存之國防利器。

4.民國七十七年四月十七日，民進黨第二次全國代表大會臨時會通過「四一七決議文」，主張「任何台灣國防地位之變更，必須經台灣全體住民自決同意」，「如果國共片面和談，如果國民黨出賣台灣人之利益，如果中共統一台灣，如果國民黨不實施真正的民主憲政，民進黨主張台灣應獨立」。

5.民國七十七年八月一日，民進黨國會助理組成「大陸事務考察團」赴大陸訪問，中共社科院副院長李慎之告之：「如果台灣宣布獨立，中共的領導人，鄧小平也好，趙紫陽也好，如果敢說不出兵打台灣，中共馬上發生統治危機」。

6.民國七十八年四月廿四日，民進黨第三屆中常會第十九次會議再度修正通過「民主進步黨現階段中國大陸政策」，再提「終止台海兩岸的敵意對抗，並促進雙方的共存共榮」，並主張「基於互補原則，將兩岸關係化暗為明，間接貿易開放為直接貿易」，「兩岸人民可直接返鄉居住、探親、探病、尋親、掃墓、觀光旅遊，不必經由第三地，並可直接通郵、通話、通航」。

7.民國七十九年四月中旬，民進黨台北市黨部執行長尚潔梅訪問大陸時攜回中共國家主席楊尚昆的親筆函，邀請民進黨主席黃信介訪問大陸。

8.民國七十九年六月廿日，民進黨公布「民主大憲章」，並列有台海兩岸關係專章，強調「尊重雙方國民主權」，「依國際法及慣例處理一切事務」。

9.民國七十九年八月，民進黨國大黨團取消原訂組團訪問大陸的計畫。

10.民國七十九年十月七日，民進黨第四屆全國代表大會第二次會議通過「一〇〇七台灣主權」決議文，主張「我國事實主權不及於中國大陸及外蒙古。我國未來的憲政體制及內政、外交政策應建立在事實領土範圍上」。

11.民國七十九年十月，陳水扁在立法院總質詢時提出訂定「兩岸基礎條約」的構想，以解決統獨爭議並為兩岸政治定位；十一月再公布「制定理由書」及「中華民國和中華人民共和國基礎條約」。

12.民國七十九年十月，新潮流的「新國會辦公室」及「台、中關係小組」共同提出「中國大陸關係法」，從事實主權觀點，將大陸視為外國，希望經由立法途徑，以完成其獨立建國主張。

13.民國七十九年十一月，民進黨「全國縣市黨部主委聯誼會」計畫組團赴大陸訪問，後因簽證問題及中共不同意民進黨組團前往訪問而取消。

14.民國七十九年十二月底，許信良辦公室籌辦一場「兩岸關係與大陸政策研討會」，並提出一份「對兩岸關係與大陸政策的原則性看法」，主張「暫時將『主權』這一類短期間內無法解決的問題擱置，主動避開這部分，不以之為先決條件，而先針對日益增加且很難停止或回頭的實質往來（特別是經貿往來）所產生的具體問題，透過對話、協商、談判等，可以解決問題的方式，加以解決，從而搭建一個具體而互惠的溝通、往來架構，以消除長久隔絕而產生的敵意與猜忌，在和平、互惠的往來中，建立相互信任，進而在具體的交往所累積的互信中尋求一個解決問題的短、中、長期架構。」

15.民國八十年八月，「人民制憲會議」通過「台灣憲法草案」，主張成立台灣共和國，台灣的領土及主權僅及於台、澎、金、馬。

16.民國八十年十月，民進黨第五屆全國代表大會第一次會議的「黨綱、基本綱領」修正案，更進一步主張「台灣主權獨立，不屬於中華人民共和國，且台灣主權不及於中國大陸，既是歷史事實又是現實狀態」，因此主張「依照台灣主權現實獨立建國、制定新憲，使法政體系符合台灣社會現實，並依照國際法之原則重返國際社會」，「基於國民主權原理，建立獨立自主的台灣共和國及制定新憲法的主張，應交由台灣全體住民以公民投票方式選擇決定。」

17.民國八十一年五月十五日，陳水扁在立法院提出「台灣與大陸基礎條約草案」，主張「兩岸保證以和平方式解決爭端」，「尊重對方領土完整與主權獨立」，簽訂裁軍協定與劃分非戰區等，共十條。

18.民國八十一年五月廿日，成立「中國大陸政策研究小組」，成員包括前秘書長陳師孟、副秘書長邱義仁、中常委姚嘉文、政策中心主任陳忠信、前財務長徐明德、外交部主任楊黃美幸等六人。（按：該小組可能亦稱「台灣、中國關係小組」，簡稱「台中小組」）

19.民國八十一年六月，民進黨立法邱連輝在立法院提出「台灣與中國大陸關係法草案」，主張以國際法來處理兩岸關係。

20.民國八十一年八月一日，民進黨國大黨團決議成立「（對）中國政策研究小組」，成員包括蔡明憲、張富美、許瑞峯、曹啟鴻、蔡明華等人。該黨團並決議於八月組團赴大陸訪問，後以中共拒絕民進黨組團前往而作罷。

21.民國八十二年九月一日，民進黨公布該黨立委選舉「政策白皮書」之一的「現階段兩岸關係與中國大陸政策草案」。

22.民國八十二年三月中旬，民進黨民進黨立院黨團副總召集人張俊宏赴大陸訪問，並會見中共統戰部副局長陳安東及「台灣同胞聯誼會」副會長郭平坦，張返台後並宣稱中共同意與民進黨在第三地舉行黨對黨談判，惟遭中共否認。

23.民國八十二年三月十日，民進黨中常會撤銷「台灣、中國關係小組」（可能就是「中國大陸政策研究小組」），並於三月十七日另外成立「兩岸關係專案小組」，小組由姚嘉文任召集人，成員包括顏錦福、邱義仁、謝長廷、洪奇昌、及立院黨團、國大黨團各推派二人組成。

24.民國八十二年三月九日，民進黨中央去函行政院，表明參與陸委會及海基會有關大陸事務之意願，該黨主席許信良並宣稱不在乎名額之多寡。

25.民國八十二年三月二十一日，民進黨國大黨團「對中國政策研究小組」公布兩岸關係政策研究結論，主張由總統在最短期間內召開兩岸關係國是會議，廢除國統會，由國安會、陸委會及海基會分層負責對兩岸關係政策及大政方針的釐定與推展，應有充分比例的在野黨人士及專家學者參與。民進黨國大黨團同時確立對中國政策的四項基本原則：一、「一台一中」的台灣法律主權獨立原則。二、「台灣安全」的優先原則。三「平等互惠」的實質原則。四、「和平共存」的善意原則。

26.民國八十二年三月廿三日，民進黨立院黨團通過四項與兩岸事務發展有關的決議，包括：一、成立民進黨團「辜汪會談觀察團」，由黨團副幹事長蔡同榮擔任團長，主要成員為陳唐山、呂秀蓮及張旭成，其餘成員自由參加。二、由黨團主辦於北、中、南三區舉辦「台灣與中國經貿發展」座談。三、力促修正「受託處理大陸事務財團法人監督條例」第五條、第八條，強化國會對兩岸事務監督功能。四、透過政黨協商，力促立院成立「中國事務特別委員會」常設機構，有效監督兩岸事務往來。

27.民國八十二年三月三十一日，民進黨中常會通過決議，表示「在當局不讓反對黨及國會監督，及反對黨參加條件未成熟，導致人民疑慮的情形下，要求暫緩『辜汪會談』」。

三、民進黨「現階段兩岸關係與對中國政策」的具體主張

縱觀民進黨的大陸政策，以民國八十一年十月八日所公布的「政策白皮書」——「現階段兩岸關係與對中國政策」最為具體、完整，除前日國大黨團所建議的兩岸關係國是會議未提及外，餘幾包括歷次民進黨大陸政策之主張，且該主張亦融合台獨激進派的主權優先及緩獨派的交流優先之觀點，現將該報告之主要內容略述如下：

（一）政治方面的政策主張

1.台灣獨立。

2.反對國民黨預設中國統一終極立場。

3.反對任何形式之黨對黨兩岸談判，應政府對政府談判。

4.反對進行政治性談判，主張進行非政治性談判。

5.談判應以默認現實的方式處理相關問題。

6.雙方應互相承認並尊重對方之法律體系及其效力。

7.兩岸人民均有主張與討論兩岸關係之各種言論自由。

（二）與兩岸關係有關之國防、外交方面的政策主張

1.主張兩岸關係應整合建構外交政策、國防政策、中國政策與經貿政策合一的國家總體安全政策。

2.第一目標促使中共承諾不以武力解決台灣問題，第二目標促成同意限武，以維護兩岸和平。

3.台灣應建立以海、空力量為重心的防禦性武力。

4.速建立一支有強大機動能力的「緝查巡邏艦隊」，以防大陸偷渡客等。

5.反對一個中國政策。

6.應堅持現實主義的外交政策。

7.應以務實精神、國際社會所能接受之現實狀態爭取加入經濟性國際組織。

8.應重視非官方之民間組織外交的重要性。

9.應積極規劃加強建立與東南亞、東歐等國關係，降低與中國往來之風險。

10.主張香港問題應進一步國際化、加強台灣與香港之實質關係。

（三）兩岸關係專責機構方面的政策主張

1.裁撤國統會，另成立總體國家安全政策的決策機構。

2.國安會應設兩岸關係小組。

3.行政院設兩岸關係委員會，取代陸委會。

4.立院增設兩岸關係委員會。

5.海基會應納入法制規範。

6.政府應設獨立運作之「中國政策研究暨資料中心」。

（四）兩岸經貿、投資關係方面的主張

1.對中國之經貿政策應考量兩岸朝緩和互動、全球經濟區域化等諸多客觀條件。

2.兩岸間應先擱置政治性議題，相互尊重，進行經貿、社會與文化往來。

3.兩岸經貿往來應依國際規定及慣例。

4.反對推動「大中華經濟圈」等構想，主張傳統情感意識或文化背景不能、也不應化為經濟結合甚至政治統一的基礎。

5.對經貿往來，政府應責付專責機構對業界做定期追蹤訪查。

6.政府應對流向中國股市及房地產市場之台灣資金加以查緝鉤漏。

7.兩岸應簽署「投資保證協定」。

8.政府應大量投資基礎設施，改善投資環境。

9.反對引進大陸勞工，應鼓勵促成兩岸科技交流。

10.兩岸應在不影響台灣主權及國家安全之前提下通航。

11.發展台灣成為東南亞地區性之貿易金融中心，藉此對中國予以良性且強有力刺激。

12.積極參與東南亞地區之經濟合作，降低對中國經貿風險。

（五）兩岸社會、文化交流方面的政策主張

1.主張兩岸交流應擺脫兩岸政權「促進統一」之類意識形態前提的羈絆。

2.兩岸往來應依國際法。

3.政府應鼓勵中國各層面有影響力人士來台，使他們對台有了解。

4.政府應託學術、文化界，製作台灣各層面發展情況的書刊、錄音帶、錄影帶等，透過管道傳送給大陸人民，以促成他們對台的認識。

四、綜合分析

（一）綜上所述，吾人可以發現民進黨之大陸政策隨著時空的轉變而有三階段的變化，第一階段是民國七十五年至七十七年，它的大陸政策符合務實原則，著眼於兩岸交流的現況，不但主張開放兩岸交流，甚且亦主張開放兩岸直航與直接貿易。第二階段自民國七十七年「四一七決議文」、「一〇〇七決議文」，至七十九年十月通過「台獨黨綱」，則是主權優先的論調日益凸顯，一味主張台獨，而放棄對大陸政策之發言權。第三階段為二屆國大選後至今，改採彈性之做法，一方面因已略具執政能力，且大陸政策影響範圍日廣，因乃思所調整、參與大陸政策決策，一方面則試圖整合務實派與主權優先派，以凝聚黨內共識，八十一年立委選舉「兩岸關係與中國大陸政策」之「政策白皮書」及近期要求參與海、陸兩會，召開兩岸關係國是會議，決議組團「監督辜汪會談」，

及試圖與中共建立溝通管道等，皆是。

（二）民進黨黨內對大陸政策之意見約可分為三派：一、美麗島系主張務實交流，對主權等爭議性問題則暫時擱置，一九九〇年年底，許信良辦公室所發表的「原則性看法」可為代表；二、新潮流與台獨聯盟則強調主權優先原則，認為兩岸交流須先確立台灣主權獨立為基本原則，否則任何交流將自失籌碼，「台獨黨綱」的通過即為其代表作；三、施明德、謝長廷的陳水扁等中間派系則介於兩者之間。具體之爭執如：美麗島系主張開放兩岸直航、直接貿易，新潮流系反對；美麗島系贊成與中共會談，新潮流系亦反對；美麗島系與施明德等中間派系主張監督「辜汪會談」，新潮流系也反對。因此吾人可以預期，隨著大陸政策之推展，民進黨內各派系可能因主張不同，矛盾日深，而引爆爭執。

（三）泛新潮流系深知必須務實地去面對大陸政策，但卻又不願放棄主權優先的台獨主張，因此，面對大陸政策乃不得不採取審慎態度應付，一方面，它深恐美麗島系在參與大陸政策後，由「台獨」走向「獨台」，因此在「兩岸關係專案小組」的五名中常委完全排除美麗島系參與，一方面著重攻訐國民黨的大陸政策是賣台政策，批評海基會與大陸協商是國共勾結。

（四）雖然朝野之間對大陸政策之主張仍存有若干岐異，但亦有甚多的共識，因此，如何爭取民進黨放棄意識形態之羈拘，積極參與、推動大陸政策，實為當今之要。此外，民進黨今後必會加強對大陸政策之參與，如所主張修正「受託處理大陸事務財團法人監督條例」第五條與第八條，以強化國會對兩岸事務監督功能，及主張立法院成立「中國事務特別委員會」等構想均是。

一九九三、四、十四

台獨聯盟現況之分析

一、前言

「台灣獨立建國聯盟」（以下簡稱「台獨聯盟」）在今（一九九三）年七月十日召開遷台以來第一次盟員代表大會，會中通過一篇大會宣言，揭櫫「總體戰」觀念以及選舉路線與群眾路線交叉運用的運動策略，並將推動國民制憲、以台灣名義進入聯合國和打破無線電視壟斷列為當前三大主要課題，除另外選出廿五名中央委員及五名候補委員，並決議開除江蓋世等七名本土的改革派盟員。

「台獨聯盟」在未開放黨禁前，一直扮演反對運動的「指導老師」角色，但黨禁開放、民進黨成立後，「台獨聯盟」亦不得不放下身段，遷盟返台，與民進黨形成又合作又競爭的微妙關係，以期主導台獨運動，因此本文試就「台獨聯盟」遷盟返台之動機與過程、組織與運作現況、當前所面臨之困境等面向作一剖析，並對其未來發展粗作蠡測，以供參考。

二、「台獨聯盟」返台之動機與經過

（一）「台獨聯盟」與反對運動

「台獨聯盟」的前身是日本的「台灣青年獨立聯盟」（一九六五）及美國的「台灣獨立聯盟」（一九五五）、「全美台灣獨立聯盟」（一九六六），一九七〇年一月一日，台灣、日本、美國、歐洲、加拿大等五地區的台獨團體正式合併，成立「台灣獨立聯盟」，一九八七年改名「台灣獨立建國聯盟」。

在國內的反對運動步入政黨競爭之前，「台獨聯盟」一直是國內反對運動的主要支持力量，他們一方面在國外募款支持國內反對運動，並向美國國會遊說支持反對運動，打擊政府，一方面不時使用暗殺、暴力手段製造社會動亂，企圖顛覆政府，因此「台獨聯盟」不但是一個叛亂團體，就反對運動而言，它更是國內反對運動的老大哥、指導老師，儼然有霸主之尊。

（二）「台獨聯盟」遷盟返台之動機

隨著國內外政治氣候之改變，「台獨聯盟」亦不得不調整路線，一九八八年二月提出「島內獨立運動公開化、海外返鄉普遍化」的主張，復於一九九〇年一月發表聲明，宣布放棄武力抗爭，並計劃在兩年內遷台。促使該盟遷台的動機有四：

1.國內政治局勢不變的結果。黨禁解除，民進黨成立，國內反對精英多投入民進黨旗下，以前單打獨鬥的反對運動已向政黨政治邁進，政府加快政治民主化的腳步與反對運動的轉型，在在使海外體制外抗爭的影響力日益萎縮，因此「台獨聯盟」不得不遷盟返台，在國內續求突破發展。

2.許信良闖關回台的刺激。民進黨在一九八六年九月成立，該年十月許信良闖關回台不成，又於八九年九月闖關，雖然被捕入獄，但「台灣民主運動海外組織」之主要幹部皆隨後相繼返台，大有奪取反對運動領導權之勢，故「台獨聯盟」不得不跟進，兩大海外反對運動團體於是由國外打到國內，開始第二階段的競爭對抗關係。

3.金大中與艾奎諾返國的鼓舞。由於金大中與艾奎諾返回韓國與菲律賓，迅即對該兩國執政者產生衝擊，南韓反對黨雖未能擊敗執政黨取得政權，但反對勢力卻日益高漲，菲律賓則由艾奎諾夫人取得政權。中華民國隔鄰兩國反對運動領袖的返國所造成的震撼，對「台獨聯盟」遷台起了鼓舞作用。

4.東歐國家民主化的影響。波蘭、匈牙利、捷克等東歐共產國家的民主化與非共化，亦對「台獨聯盟」起了催化鼓舞作用。

（三）「台獨聯盟」遷盟返台之經過

八八、八九年「台獨聯盟」的若干幹部莊秋雄、吳信志、蔡正隆、李憲榮及郭倍宏等人，即曾以改名護照或透過秘密管道返台。九〇年一月，當「聯盟」決定遷盟返台後立即成立「遷台策略委員會」，並決議廢止「島內工作委員會」及「策劃委員會」與秘書處等單位。「遷台策略委員會」由聯盟主席許世楷出任主任委員，其下設四小組，分別擘劃「公開闖關」、「取得簽證」、「安排秘密管道」與「島內外聯繫」。此外亦積極執行各項計畫，包括：（一）培訓「島內」反對運動黨工，並吸收其優秀者為「島內」盟員；（二）透過海內外溝通會議，與「島內」各反對運動團體廣結善緣；（三）不斷派人潛回台灣，安排遷台之有關連絡與準備。其間，李應元、陳婉真、王康陸等人陸續闖關回台，進行各項準備工作。

為了支援「台獨聯盟」遷盟返台，民進黨也成立「台獨聯盟遷黨回台支援會」，此外，亦由外圍的學界人士發起一〇〇行動聯盟，展開一連串要求廢除刑法第一百條「和平內亂罪」的抗爭行動。

一九九一年十二月七日張燦鍙從日本搭機返台，在機場被捕，但「獨盟」卻在同年十二月廿日，在台北市海霸王餐廳舉行盟員大會，雖然與會幹部多人被捕，但「獨盟」總算遷盟回台。一九九二年五月十五日，刑法一百條修改，黃華、陳婉真、王康陸、郭倍宏、李應元等「台獨聯盟」核心成員相繼獲釋，同時政府亦廢除對黑名單的入境管制。六月廿七日「獨盟」在台召開第二次盟員大會，改組中央委員會，在獄中的張燦鍙連任主席。並改組「獨盟」組織，將總部設在台灣。「台獨聯盟」在主客觀因素下終於解除限制，在國內正式展開活動。

三、「台獨聯盟」的組織與運作現況

（一）「台獨聯盟」之組織現況

1.「台獨聯盟」遷台一年多，經過一番經營目前已在台北、台中、台南、高雄等地設立工作站，其他縣市亦已分別設有支部據點及負責人，盟員也由兩百人增加到近五百人。

（台南市工作站召集人為周叔夜，台中市為何敏豪。台中市辦公室由原「台建組織」人馬組成，高雄市辦公室則由「新國家聯盟」班底組成。）

2.依今年四月十五日通過的憲章規定：

(1)聯盟總部設在台灣，以台灣地區為直屬本部，另在國外設立美國、日本、加拿大、歐洲及南美洲本部。(第三條)

(2)中央委員會為最高決策機構，由各地選出之中央委員構成，其分配名額：台灣地區廿五名，美國本部十名，日本本部七名，加拿大本部一名，歐洲、南美本部各兩名。主席由四十七位中央委員互選產生。此外，新憲章亦廢除各海外本部之中央委員會。

(3)直屬本部及國外各本部以盟員代表大會為聯盟員最高代表機關，盟代表大會每兩年召開一次。但經三分之一以上代表連署要求時，主席應在三個月內召開臨時代表大會。盟員代表產生辦法另訂之。(第十條)

(按：台灣直屬本部選出一百六十位盟員代表，其中三分之一為當然代表。)

(4)直屬本部盟員代表大會之職權如下：一、選舉及罷免台灣之中央委員。二、檢討中央委員之工作報告。(第十一條)

直屬本部之中央委員由盟員代表大會以「全額連記法」投票產生。

(二)當前「台獨聯盟」的三大運動目標

1.催生國民制憲會議。今年四月十九日，「台獨聯盟」與反對運動籌組「台灣國民制憲運動委員會」，確定五階段的工作目標，公民投票「台灣共和國憲法」，宣布台灣獨立，組織新政府則為其主要目的。目前工作仍停留在第一、二階段的宣傳、動員階段，目前除已成立「台灣憲法學院」開班授課，台中市、台南市等地亦分別成立「制憲運動促進會」，其他縣市則將陸續成立。為推動此一工作，「台獨聯盟」特地召回撰寫「台灣共和國憲法草案」之「獨盟」前總部主席許世楷。此外，獨盟高市工作站在五月底展開「獨立建國系列演講」，以為配合呼應。

2.推動「以台灣名義加入聯合國」運動。「台獨聯盟」分別與其他獨派人士籌組「一台一中行動聯盟」及「台灣加入聯合國同盟」，在全國舉辦說明會、示威、遊行等活動，以遂其台獨主張。

3.突破電子媒體，籌組無線電台。為突破執政黨的無線電視壟斷局面，「台獨聯盟」正與國內人士接洽成立「美麗島廣播公司」，準備招收五萬至十萬個發起人。

四、當前「台獨聯盟」所面臨之問題

（一）採取武力革命或和平改革的爭執

雖然「台獨聯盟」為了遷盟返台而在一九九〇年一月宣布放棄武力抗爭，但內部尚有爭議，姚嘉文等人希望「台獨聯盟」能放棄向來武力革命的訴求，以避免破壞該組織在台灣的形象，並進而爭取更廣大的支持力量，然而郭倍宏、郭清江等年輕一輩成員，堅持在推翻國民黨這個「暴力制度」的過程中，除了運用體制外的和平改革手段，也不得不保留武力革命的主張以做為最後的訴求。

（二）群眾路線與選舉路線的困惑

「台獨聯盟」在去年十月舉行遷盟返台一週年酒會時，曾發表聲明指出，該組織的運動方向在於發展群眾運動，不以取得公職為目的；他們認為當前體制下的選舉，只是獨立建國運動的一部分，「應避免不知不覺的陷入國民黨精心設計的選舉遊戲殼中」。惟到了今年初聯盟舉行年度記者會，張燦鍙雖強調仍保持「總體戰」觀念，但已認為基於目前政治環境，選舉活動實為不可避免，也確有必要積極介入，培養適當人選。他鼓勵盟員從組織和運動的發展角度投入選戰。雖然李應元、郭倍宏、陳唐山三人在民進黨黨內初選全軍覆沒，但亦可看出「台獨聯盟」已逐漸向選舉路線貼近。本次盟代會更否決「專職盟部人員不得參選公職」及「今後要參選之盟員須經當地盟員過半數同意連署」等提案，可見一斑。

（三）與民進黨關係定位之曖昧

「台獨聯盟」領導人一直強調該盟是「全方位的運動團體，不是民進黨的一個派系」，「民進黨偏重於選舉路線，獨盟著重於群眾路線，彼此可以互補」，一方面堅持「台獨聯盟」自主的、崇高的地位，一方面卻放任其盟員在民進黨體系內參選。因此雖然「台獨聯盟」不認為自己是民進黨的派系之一，但民進黨其他派系及一般民眾卻都把「台獨聯盟」視為民進黨的派系之一。因此顏錦福、陳唐山等具公職人員身分的獨盟成員，無不希望獨盟放下身段，直接介入民進黨內部運作，不要忌諱成為民進黨的派系，以藉此掌握民進黨的領導權。另施明德更直言「獨盟」的階段性任務已了，該是解散的時候了。

（四）階級路線與訴求主題之模糊

相較於新潮流積極推動農民與工人運動，及美麗島系的資產階級屬性，「台獨聯盟」雖然宣稱主要在爭取知識分子與中產階級的支持，但卻無具體步驟與方針來推動。此外，訴求主題亦缺乏吸引力，因此新潮流系總幹事林錫耀即指出「台獨聯盟」憑靠過去的品牌和經驗原有一定的潛在開發實力，但現在台獨已非其專利，隨著組織神秘性的失去，聯盟只有跟著衰退，訴求號召的貧乏成了該組織擴張的最大危機。

（五）內部改革派民主化、公開化的壓力

「台獨聯盟」是一屬於列寧式的革命政治團體，組織嚴密，活動不公開，因此當此封閉性的政治團體進入快速民主化的社會，內部馬上跟著起變化，本土改革派的江蓋世、林秋滿要求組織公開化、民主化的呼聲迅速浮現，他們甚且連署三分之一的盟員，要求召開臨時盟員代表大會，對盟章及整個組織進行檢討，「獨盟」盟代會雖然開除江蓋世等人，但卻引發本土派盟員的強烈不滿，分裂危機一觸即發。

此外，「獨盟」內部尚有郭倍宏的非主流派，陳婉真的小支流，加以土、洋獨理念不同，美日本部心結難解等等更使「獨盟」在台發展雪上加霜。

五、展望「台獨聯盟」之未來發展

（一）當國內已邁入政黨政治的政治環境，而「台獨聯盟」仍不放棄其革命屬性；當反對運動已由群眾運動與台獨訴求走向公共政策的政黨競爭，而「台獨聯盟」仍然堅持其運動路線；當反對運動已由各方單打獨鬥整合為民進黨獨樹一幟時，「台獨聯盟」仍流沈醉於過去的歷史，仍想當反對運動的老大哥。這是「台獨聯盟」的歷史包袱，若不及早去除，則無以存續。

（二）「台獨聯盟」當前的困境可歸結為三，一是心態的問題。是否願意認同體制，在體制內活動？（一方面是認同國家，在中華民國體制下活動；一方面認同政黨，在民進黨體制下從事反對運動）二是運動的方法與目標問題。如何在體制內從事競爭？如何提出訴求吸引選民？走的階級路線為何？如何爭取？三是組織的問題。是否願意放棄革命屬性，面對現實，讓組織公開化、民主化？

（三）因此，「台獨聯盟」若能認清時勢，勇於拋棄過時的意識形態，重新調整出發，則以其成員的優秀素質，加上其組織之國際影響力，必可成為反對黨之助力與主力，否則，當政黨政治愈趨成熟，則其地位將愈形尷尬，不但該組織隨時可能煙消雲散，甚且其不合時宜之暴力色彩與群眾路線，更可能成為反對黨茁長之阻力。

一九九三、七、三十

當前民進黨的路線之爭及新世代的思想內涵

一、前言

今（一九九六）年總統大選民進黨大敗，選後該黨中央與彭明敏陣營互相指責，黨中央認為台獨的選票大半被李登輝吸收，而彭陣營仍以台獨作主訴求，因此才會輸得這般難看；彭陣營則認為選前黨中央拋出「大和解」、「大聯合政府」的口號及與新黨喝咖啡的作為，模糊了政黨立場，讓支持民進黨的選民反感，而把票投給李登輝，黨中央應為敗選負責。之後，更逐漸形成爭論黨未來方向的路線之爭。對此，一群學運界出身的黨內新生代乃挺身而出，要求對當前黨的政策及未來路線進行一場跨世紀大辯論。

近一個月來，民進黨內外已對台獨黨綱及黨的未來路線進行多場辯論或座談。本文即綜合各方資訊對該黨的路線分歧及新世代的思想內容作一分析，以供參考。

二、民進黨內的路線之爭

（一）民進黨路線之爭的沿革

民主進步黨自一九八六年九月成立以來，內部派系鬥爭不斷，其中有權力鬥爭，也有路線鬥爭。初期主要是美麗島系與新潮流系的爭鬥。美麗島系採行議會路線，強調溫和的體制內改革路線，因此又稱「務實派」，新潮流系採取群眾路線，主張激進的改造體制路線，側重獨立建國的台獨訴求。嗣後，民進黨的外圍組織台灣教授協會及社運團體則與新潮流站在同一戰線，抗衡美麗島系，外界歸為「基本教義派」。兩派的爭鬥到一九九一年該黨第五屆全國代表大會達到高潮，在權力鬥爭上，美麗島系獲勝，許信良當選黨主席，在路線鬥爭上，則泛新潮流獲勝，通過「台獨黨綱」。

期間，新潮流系在一九八九年後開始大量參選，並逐漸調整路線，主張群眾—議會路線併行。同時由於台獨聯盟遷盟返台及黨內派系進一步分化，正義連線及福利國戰線相繼成立，因此，一方面黨內派系間的合縱連橫更為頻繁，一方面黨與台教會和社運團體愈走愈遠，雙方關係大為緊張。此後黨內主張議會路線公職掛帥者被歸為「台獨務實派」，強調堅持台獨訴求、群眾運動者，則被歸為「台獨基本教義派」，以台獨聯盟、台教會及社運人士為主。而新潮流則已由基本教義派轉為務實派。

（二）當前民進黨路線之爭的起因

近年來國內外的政治環境不變，在國內，執政黨一黨獨大的地位面臨在野黨的強力挑戰，在兩岸關係上，由於我政府積極發展對外關係，並加速政治民主化，推動公民直選總統，而引起中共恐慌，因此對我文攻武嚇，採行威逼併行的統戰策略。是故民進黨在第三屆立委選舉與總統大選期間，提出「大和解」及「大聯合政府」的口號，主張國內各黨派、各族群和解，共組大聯合政府，以團結一致，共同對抗中共政權。

但此政策不為民進黨總統候選人彭明敏接受，其競選總部另提出「終結外來政權，建立台灣共和國」的競選口號。選舉結果，彭明敏遭到重挫，只得到百分之二十一的選票。他的競選幕僚台教會人士遂對黨中央進行批判，認為黨中央在選舉期間所倡導的「大和解」、「大聯合政府」口號，導致民進黨支持者的反彈，才使選舉重挫，彭明敏並在選後籌組「建國會」，宣稱該會與民進黨無關，並揚言，如果六月主席改選，支持聯合內閣的人士或派系獲勝，該會將與「獨盟」及台教會人士另組「台獨黨」，與民進黨恩斷義絕，分道揚鑣。

對此，民進黨中央提出反擊，指出大選期間台獨的單一訴求才是敗選的主因，並指責基本教義派非但不知自我檢討，還亂扣帽子指「大和解」、「大聯合」是「大分贓」，企圖轉移責任。

黨內務實派與基本教義派各說各話，爭執不下，造成外界極大的反感，因此黨內一批學運界出身，自稱「新世代政治工作者」的青年遂挺身而出，對基本教義派進行批判，並指陳黨的若干錯誤政策路線，要求黨就未來的路線與發展進行大辯論（共有包括黨領導幹部等一百多人參與提案連署），並於五月七日提出「台灣獨立運動的新世代綱領」，就台獨運動的發展提出具體的主張與看法。這些人包括中央黨部的黨工、新選出的中央及地方公職人員及國會助理，主要有段宜康（台北市議員），鍾佳濱、鄭麗文（國大代表）、周奕成（文宣部副主任）、陳俊麟（選對會副執行長）、洪耀福（美麗島辦公室主任）、王時思（新國會研究室副主任）李健鴻（翁金珠國會辦公室主任）、沈發惠、魏瑞明、黃國洲（彭明敏競選總部幕僚）等人。

三、新世代與基本教義派的爭辯

新世代認為，由於國內外政治生態丕變，因此不能以舊的思想來看待目前黨及國家所面臨的問題，對台獨的訴求及如何實踐也要以現實的眼光來思考，針對目前諸多問題，有必要舉行黨內大辯論來加以釐清，並凝聚黨內共識。綜其最近言論，與基本教義派的主要分歧有：

（一）對台獨的定義與解釋不同

台獨基本教義派認為目前台灣仍由國民黨外來政權所統治，而且尚未加入聯合國，因此不能稱為主權獨立國家。目前民進黨的總目標是推翻外來政權，建立「台灣民主共和國」。

新世代則與務實派看法接近，認為台灣自一九四九年以來已經是一個主權獨立的國家了，國會全面改選、總統直選後，人民主權的獨立型態更為確立。而且自李登輝主政以來，國民黨已經是一個本土化政黨，已非是兩蔣時代的外來政權。

（二）對現階段台獨運動的操作策略觀點不同

基本教義派認為要區隔政黨的國家認同，做為民進黨邁向執政之路的主要訴求。相對於國民黨的維持現狀，新黨的統一主張，民進黨不但要堅定，而且要強化台獨訴求，來教育、爭取選民，以達獨立建國的主目標。

新世代與務實派則認為「台灣獨立不是什麼神聖的使命，而是務實的政治主張」，隨著國內政治生態的變遷，台獨的階段性運動策略亦須作相應調整，第一階段結束外來政權的訴求，在國民黨本土化之後已經完成。目前國民黨也提出台灣（中華民國）是一主權獨立國家的主張，新黨也提出以聯邦或國協來解決兩岸政治對立，在國家認同上，三黨的差異將漸漸縮小，因此要以統獨來做主訴求的客觀條件已不存在了，現階段「台獨運動以凝聚二千萬人民的國民意識與認同為基礎與優先目標」，加強內部和諧，團結一致對抗中共威脅，保障台灣的主權獨立。

（三）對現階段台獨運動的具體作為認知不同

基本教義派認為當前台獨運動應強化台獨訴求，且不應放棄體制外街頭抗爭的群眾運動，以加速推翻外來政權。

新世代與務實派則認為現實政治環境已無統獨作為政黨區隔的條件了（如民調顯示總統大選，堅持台獨者有三九・二％支持李登輝，四六・一％支持彭明敏；贊成台獨者五七％支持李登輝，只有十五・四支持彭明敏）。而在政黨競爭的時代，任何公共政策皆可透過議會提出，形成政策，街頭運動不但無法爭取人民認同，且可能造成族群對立，分化社會團結。因此運動策略應從衝突導向走向和解導向，以溝通代替對抗。而且要放棄以台獨作為唯一訴求的議題，提出以公共政策為主的多元議題，也就是說要紮實於對國際政治、兩岸關係、國內政經情勢的研究，提出整體性、前瞻性的公共政策，以取信選民，主導國內政局。

（四）對台獨是目的或手段的見解不同

基本教義派認為台獨是民進黨追求的總目標、最終目的，不能放棄或絲毫動搖。

新世代與務實派認為基本教義派天天喊台獨，將不喊台獨或不認同他們的人視為異類、叛徒，是澈底的台獨法西斯主義。新世代認為民主才是政黨的主要目標，滿足人民經濟生活，實現民主政治才是政黨成立與追求的目的，基此，台獨只是實現民主的手段，而非目的。因此在「新世代綱領」中他們提出「台灣獨立不是最優先的政治目標，而是為了實現社會改革理想的途徑」、「台灣獨立運動不能統攝一切政治社會改革運動，台灣獨立不一定以『台灣』為國家的名稱，國號、國旗、國歌的變更，不是台獨運動的目的」、「台灣獨立運動可能將不再是反對運動，而是國家整體目標」等異於基本教義派的主張。

（五）對台獨與族群問題的看法不同

基本教義派強調台獨意識，反對中國意識。認為民進黨才是唯一本土政黨，國民黨是外來政黨，新黨是外省人政黨。他們雖然強調族群和諧，卻不能接受不同族群的不同意見，罵主張統一者是「中共同路人」、「外省豬」，並批評許信良以客家母語在客語區從事競選演講。

新世代批判基本教義派這種思想是「台獨法西斯主義」、「台獨唯心論」、「大福佬沙文主義」。他們認為不能以認同台獨主張及會說福佬話的程度，來作為判斷認同台灣的標準。當福佬人已是台灣的優勢族群時，不能以優勢族群的態勢來「寬容」弱勢族群，如此只會加深族群間的矛盾與對立。民進黨早期利用族群矛盾所引發的對立，來教育、動員支持者，這種惡因才結下今日民進黨群眾對「大和解」反彈的惡果。因此本土意識或台灣意識不能無限上綱為「大福佬沙文主義」與「台獨法西斯主義」，否則只會丟掉外省人、年輕選民及婦女的選票。因此民進黨應提倡「大台灣人生命共同體」，確實落實對弱勢族群的關心與照顧，並經由族群間彼此的尊重，建構一個族群融和、族群和諧的新台灣。

四、新世代對民進黨的批判

（一）批判黨缺乏指導思想與整體政策規劃

新世代認為，一個有理想的政黨必須有一個明確的指導思想去建構國家的發展藍圖，並作為黨與黨員的思想中心，同時對目前國家政經情勢，也須提出一套完整、統一的政策規劃，以使人民肯定你有執政的能力，但民進黨在這兩方面卻繳了白卷，老人年金雷聲大雨點小，虎頭蛇尾草草做收，全民健保意見不一致，兩岸關係提不出具體政策，亞太營運中心沒有政黨主張，舉凡這些都不是一個想獲得執政的政黨該有的表現。

（二）批判務實派「聯合內閣」的主張

新世代反對許信良、張俊宏「聯合內閣」的主張，他們認為參加聯合內閣必須有一定的政黨實力，可以主導政策時方可為之，否則不但無法獲得政治資源與培養執政能力，還可能造成選民的疑慮與黨的分裂。

（三）批判黨內缺少民主素養

新世代認為縱觀當前黨內的主要危機是，包含黨的領導幹部在內的多數黨員同志缺少民主素養，不能包容不同意見者，不但對黨外人士亂扣帽子，對黨內不同意見者，往往亦冠以「走狗」、「叛徒」等帽子，大加撻伐。這對一追求民主進步的政黨可說是一大諷刺。

（四）批判黨內人頭黨員充斥、地方派系壟斷等弊端

新世代成員在提出「台灣獨立運動的新世代綱領」後又決議，近期將針對目前黨內面臨黨員參與感不足、人頭黨員充斥、地方派系壟斷等問題，提出「新世代版」的黨組織改造方案。

五、結論

（一）新近在政壇及輿論界嶄露頭角的這批民進黨新世代，個個學養豐富，口才便給，思路清晰，而且作風開朗、務實，不似老一輩充滿偏見與悲情，不久這些人將成為民進黨內的主流，對國內政黨政治的發展將有良性作用。

（二）新世代倡議舉行了幾次黨的路線大辯論，不但雙方無法統一思想，凝聚共識，而且對立益形嚴重，在「新世代綱領」提出後基本教義派甚至批判新世代是「國民黨的走狗」，是國民黨派來臥底、分化民進黨的。理性之爭不在，情緒對立愈烈。因此民進黨在六月即將召開的第七屆全國代表大會上將會引爆一場更大規模的權力與路線鬥爭，屆時台教會、建國會及社運團體與民進黨的分合，將會有決定性的發展，值得密切觀察。

一九九六、五、十

建國黨的衝擊

一、建國黨成立的背景分析

以台教會人士為主的反對人士在九六年總統大選前後，與民進黨漸行漸遠，甚且爆發嚴重的路線之爭，這些人自五月初揚言另組新黨，到十月六日短短不到五個月的時間，宣布成立建國黨，速度之快不得不令人咋舌，十二月十日下午及晚間建國黨在高雄舉行創黨慶祝遊行及創黨慶祝大會，吸引數千名群眾參加，獨派人士更齊聚一堂，儼然是一場台獨秀。建國黨的成立對國內政情將有不小之衝擊，綜其成立之背景原因，約可歸為以下數端：

（一）一九八九年年底，一向主張群眾運動的新潮流改採議會—群眾路線併行策略，並大舉介入該年選舉，一九九一年年底許信良當選民進黨第五屆黨主席，提出邁向執政之路—選舉總路線後，民進黨除了在九二年發動公民直選的大型群眾運動外，改將主要力量投入選舉與議會鬥爭，不再偏重群眾運動，因此近幾年民進黨與社運團體、弱勢團體之關係益形疏遠，而時遭指責，綠黨的成立即兩者關係淡化的具體呈現。

（二）近年幾次選舉，民進黨的席次迭有斬獲，對執政黨產生甚大壓力，為了進一步爭取中間選民，加速執政腳步，因而修改其一貫以宣揚台獨理念為主的選戰訴求（九一年底國大選舉以台獨為主訴求，遭致大敗），改以批判國民黨的黑金政治與施政弊端，此舉導致台獨基本教義派的不滿，認為是背叛台獨，台教會人士在九二年後更很少幫民進黨候選人站台。

（三）今年總統大選，民進黨中央與彭明敏陣營之選舉策略更是南轅北轍，彭主張以台獨反擊中共的武力威脅，民進黨中央則認為此舉將使選票流向李登輝；此外，彭陣營對部份民進黨籍縣市長為李登輝站台，民進黨在大選期間提出大和解、大聯合政府亦反彈甚烈，導致彭明敏在選後另組建國會，與民進黨分道揚鑣。

（四）總統大選後，民進黨重提大聯合政府主張，並為立法院長改選而與新黨喝大和解咖啡，此舉更使基本教義派甚為不滿，指責大聯合政府是政治分贓，違反在野黨監督立場，與統派掛勾則是背叛台獨，導致教義派與務實派（以新生代為主）爆發持續兩、三個月的台獨大論戰，教義派更揚言，六月民進黨黨大會的主席改選，若新選舉的黨主席不能符合他們的期望的話，建國會、台教會、台灣建國陣線等組織將與社運界人士另組「台獨黨」。

（五）建國黨人士對九七香港回歸中國大陸後，也感受到中共對台統一的壓迫感，因此他們認為這兩、三年是台獨的關鍵時期，一定要大力宣傳台獨，讓國際認同台灣是不隸屬中國的主權國家。

二、建國黨政治理念、組織運作及其與民進黨之比較

（一）建國黨的政治理念與組織運作

1.政治理念：

建國黨的決策人士以台獨基本教義派人士為主，相對於台獨務實派，基本教義派認為；(1)台灣還不是一個主權獨立的國家；(2)國民黨是外來政權，建立主權獨立的台灣共和國，任何對台獨的修正或掩飾的作法，都是對台獨運動的背叛。

2.組織運作：

(1)建國黨的組織分為總部與分部兩級，總部包括決策委員會、紀律委員會、推展委員會、提名委員會、政策委員會與決策委員會的各執行單位及各地辦公室。每二十至二百名黨員經決策委員會同意或指定，則可以成立分部，又分為專業黨員及一般黨員分部。

(2)建國黨為一由上而下寡頭領導型的精英政黨，決策委員會猶如人體之中樞神經，為決策中心，掌控整個組織的所有運作，不但重要單位主管多由決策委員兼任，且黨內大小人事任命、政策形成皆需經由決策委員會同意。

(3)黨主席與決策委員會任期皆為三年，主席由黨員直選產生，決策委員四分之三由全體黨員以二分之一限制連記法產生，四分之一由主席指定。

(4)吸收台獨黨員、宣揚台獨理念、建立台灣共和國為建國黨的建黨宗旨，因此在運作上採群眾運動為主，議會鬥爭為輔的鬥爭策略，選舉與公職只是宣揚台獨理念的手段而已，因此黨章規定決策委員中公職人員不得超過五分之二，並規定提名委員會委員在任期及任期後一年內不得參與公職選舉。

（二）建國黨與民進黨政治理念與組織運作之比較

1.政治理念之比較

民進黨與建國黨在主張台獨與反特權、反黑金的理念上有其共通點，但就台獨的內涵與實踐方法卻有南轅北轍之處，因此才有「台獨基本教義派」與「台獨務實派」之爭，及新近新舊台獨論之分，主要的差異有：

(1)對台灣是否已經獨立的認知不同：民進黨在一九九四年經由台獨理論大師陳隆志修改以往台灣地位未定論的台獨主張，宣稱「自一九四九年以來，台灣事實上已經是一主權獨立的國家了」，在國會全面改選、總統直選後台灣的主體地位愈益明顯，因此目前台獨運動的主要任務是在公共政策下加強台獨的內涵，以爭取國際的承認，因此維持現狀也是一種台獨。民進黨內有部份人士甚至主張，只要能維護台灣的主體性，在兩岸關係上並不反對類似邦聯之關係模式；而建國黨人士則認為台灣現今仍未獲得國際承認，未加入聯合國，仍在國民黨外來政權的統治之下，故何言已經獨立，因此台獨的唯一目標、最終目的是要推翻國民黨外來政權，建立一新而獨立的台灣共和國。

(2)對國民黨和新黨的態度有異：隨著李登輝執政及國民黨政權逐漸本土化、民主化，民進黨也不再視國民黨政府為外來政權，雙方關係亦逐漸由對抗關係走向競爭、溝通、妥協關係，雖然反對、批評新黨的統一言行，卻尊重其思想形成的歷史背景及族群差異，認為兩黨在公共政策上可合作對抗國民黨，統獨爭議則可經由不斷溝通及時間逐漸淡化、解決，而建國黨人士則視國民黨為外來政權，必須加以推翻，新黨則是中共的同路人，統派的代言人，必須劃清界線，嚴加批鬥。

（3）對實踐台獨的手段見解不同：民進黨認為群眾運動已不符現實環境，因此採行以議會路線為主，群眾運動為輔的策略，認為唯有透過選舉取得執政，才能實踐台獨，否則任何台獨的論調將只是空談，其中有人認為在台灣已經漸走向多黨競爭的政黨政治時代，未來任何一黨要取得半數將非常困難，因此爭取聯合執政不但可在外交及大陸政策上取得發言權，而且可提早完成執政之目標，建國黨則認為透過選舉要推翻國民黨政權，實踐台獨是緣木求魚不可能，唯有以群眾路線為主，議會鬥爭為輔，號召台灣人覺醒，才能實踐台獨，因此所謂聯合政府不過是一些政治投機分子政治分贓的藉口罷了！

2.組織運作之異同

建國黨黨章中不乏抄襲民進黨者，如黨員的權利與義務，經費來源、黨綱與黨章的修正等，幾乎原文搬自民進黨的黨章，但其間亦有不同之處：

（1）建國黨規定黨員入黨年齡為十七歲，有別於民進黨的十八歲。

（2）建國黨的組織分為總部與分部兩個層級，民進黨則分中央、縣市及鄉鎮三級。

（3）建國黨黨章禁止黨員跨黨或參與其他政治團體之活動，且禁止黨員在黨內另組派系或次級團體，民進黨則無此限制。

（4）民進黨黨章規定全國代表大會為黨的最高權力機關，除了研擬修訂黨綱黨章外，尚有議決或變更黨的決策，選舉罷免主席、中執委、中評委之權，而建國黨則規定決策委員會為最高決策機關，黨員大會或黨員代表大會只能聽取工作報告，受理決策委員會之提案，議決黨綱黨章，並無決策權。也就是說民進黨的組織運作是採取由下而上的民主方式，建國黨則採由上而下的集權運作。

(5)建國黨的決策採中央集權方式，大小人事、政策皆需經決策委員會同意，黨員大會或代表大會皆無變更之權，且主席權威無限，幾可專制，除提名副主席、正副秘書長外，亦可指定四分之一的決策委員，提名所有紀律委員、推展委員、提名委員，對組織運作與決策有最高的決定權，且在任期期間沒有任何人或機關可以罷免，民進黨權力來源則來自黨員代表大會，中常會採合議制，主席並無決策權。

三、當前建國黨所面臨的問題

(一)建國黨的成立雖對我國政黨政治造成巨大衝擊，但彭明敏婉拒出任建國黨主席及榮譽主席，無形中已降低其聲勢，重量級獨派人士林義雄、辜寬敏、史明、陳定南、葉菊蘭、許添財、彭百顯、陳永興、李應元、黃爾璇等亦表明無意願加入，亦減低其號召力，目前加入該黨的民意代表只有民進黨不分區國大李端木、高縣籍國大楊金海、高市議員蔡龍居、高縣議員戴進吉、台南市議員錢林慧君及前立委李慶雄等人，至於立法院及省議會，目前僅有立委陳文輝、陳光復表態加入，因此近期內建國黨若不能號召更多獨派民意代表加入該黨，則將不利其組織發展。

（二）建國黨黨章中對其他政治團體之幹部入黨加以限制，此無異是建國會及台獨聯盟的限制條款，導致建國會及台獨聯盟成員的裹足不前，對兩個獨派政黨採取等距離關係，此亦無形中削弱了建國黨的聲勢。

（三）就體質而言，建國黨的決策階層多為中上階級的社會菁英，這群人社會地位高、道德感特別強，但年紀老化，活動力稍差，而且沒有政治和選舉經驗，就他們而言，台獨是絕對的信仰理念，是神聖不可褻瀆的，而其支持者卻是一批極度世俗化，單純又容易衝動的中下層人士，這兩種極端不同性格的人因台獨理念而結合，在決策者缺乏組織統御能力及寬大包容力，支持者暴躁容易失控的情況下，已為該黨組織之發展埋下不利的變數。

（四）就體制而言，建國黨強調群眾路線，主張以黨領政，以黨領公職，參與選舉與取得民代只是為了宣傳台獨理念而已。此已違背民主國家政黨政治之常軌。選舉是民主國家政治參與的主要工具，在台灣已逐漸民主化之際，選舉更是政黨爭取執政的唯一選擇，新潮流由群眾路線走入體制內的議會路線，是其對國內政治情勢的敏銳反應。在群眾激情已隨民主化而逐漸減退之際，建國黨堅持的群眾路線能號召多少能量，讓人懷疑，而且建國黨主張以黨領公職也不符合時代潮流，試想，有多少政治人物不以謀取公職為目的，公職不得連任更違背民主政治之倫規，因此有實力、有政治企圖心的政治人物誰願意加入該黨自縛手腳，此在在限制組織之發展。

（五）另一對建國黨發展組織的不利因素為：大多數選民都不希望反對運動分裂，而且近年來以往游離的台獨選票已有地方派系化的傾向（即傾向支持民進黨某派系或某候選人）因此未來除非建國黨不參與選舉，否則必須面臨與民進黨之間的市場區隔問題，建國黨人士除了標榜他們有更高道德情操外，兩黨的候選人面對相同選民如何提出不同的政治理念來爭取台獨選票？在選舉時雙方是合作關係，競爭關係，或對抗關係？是敵是友？這恐怕是民、建兩黨必須面對的關鍵問題！

（六）此外，未來建國黨組織擴大後，地方是否願意追隨中央一條鞭式的領導方式，決策核心與基層黨部間的權利義務關係、提名制度問題等中央集權與地方分權之爭必將引爆。

四、綜合研析

就宏觀的角度觀察建國黨的成立，該黨實力的強弱對國內政情與兩岸關係會有不同的影響：

（一）就國內政情而言，若是建國黨成為有力量的反對黨，則將升高統獨爭議與族群對抗（因其視國民黨為外來政權，新黨為統派代言人）；反之，若建國黨只淪為象徵台獨意義的泡沫政黨，則可減低統獨爭議與族群對抗。（因民進黨及其支持者認為國民黨已是本土化政黨，且統獨爭議要透過不斷的溝通來淡化、解決，以免刺激族群對立，導致社會動盪，讓外力有可乘之機）。

（二）就兩岸關係而言，若是建國黨成為有力量的反對黨，並大肆宣揚台獨，則可能更加激化兩岸的緊張關係，並促使中共更進一步的打壓我國際空間，提昇對岸統一的緊迫感；反之，則兩岸將持續此不戰不和，既競爭又鬥爭的關係，兩岸關係會相對的比較緩和。

（三）就民進黨而言，雖然建國黨的成立，在短期內會使其流失部份選票，但就長期發展而言，基本教義派的出走，可避免雙方因理念互異而自相殘殺，相互攻訐，影響戰力，且若干喜歡惹事之激進分子轉向，正可以洗刷民進黨在成長過程中揮之不去的暴力形象，逐漸向中庸理性政黨轉型。

（四）因此吾人對建國黨的成立毋庸抱持過度悲觀的看法，短期內或會有不安的情況，但就長期發展來看，政黨政治的光譜呈現多樣性、多元化，國、民兩黨大黨慢慢走向統獨的中間，新、建兩黨點綴在統獨之兩極，其他小黨則交叉期間，又何嘗不是民主政治之幸？全體國民之福

一九九六、十二、十三

林義雄的政治理念與政治挑戰

民進黨第八屆黨主席選舉在爆發高雄群眾砸毀票箱事件之弊端後，終於在各界注目下完成首次由黨員直選產生的黨主席，林義雄以懸殊的票數擊敗張俊宏當選民進黨第八屆黨主席。然而外界更好奇的是，林義雄的政治理念與從政風格為何？林義雄如何帶領民進黨邁向執政之路？

主張重建新的價值觀——台灣精神

林義雄給人的一般印象是嫉惡如仇，是非分明，因此身為黨內賄選小組的召集人，對初選舞弊者絕不手軟；不滿許信良的修憲作風，曾推動黨員連署罷免。獨派人士認為，林義雄的優點是道德形象高，可以提昇民進黨的整體形象，同時他對工作，對民進黨的認真投入，以及樂於引進年輕的人才，這些特質都是對民進黨未來發展甚有助益，但也有人擔憂，林義雄的高道德標準如果運用在黨務及實際政治上，不但會令派系人物受不了，更可能出現運作上的失當，畢竟現實政治是不能以道德來量衡的。

林義雄長期以來一直從事社會改造運動，因此他曾提出一套重建台灣社會價值觀的理念架構，他認為台灣社會的主流價值觀念存在三個壞成分，一是人和集體關係的態度，一是人和人之間關係的態度，一是人和自然界之間關係的態度。它們表現出來的價值觀都是自私自利，以己為尊。為了去除主流價值觀念的壞成分，他主張建立新的價值觀，他稱之為「台灣精神」，「台灣精神」有四大要義，一是要以品德、是非、公義來衡量人；二是要尊重生命，對鄉土環境有深厚的感情和愛惜之心；三是要對公共事務熱心參與，把公益擺在私利之上；四是要存有寬容的心，對不同類層的人報以尊重、理解的胸懷。林義雄追求的是一個人與自然界、人與集體、人與人之間保持平衡和諧關係的社會。

政治理念缺乏實際操作

在政治理念方面，林義雄除了在民國七十八年公布「台灣共和國基本法草案」外，近幾年非但沒有涉及政治，相關言論亦不曾發表，要解讀林義雄的政治理念，只能從他參與黨主席前後所發表的相關言論加以分析：

一、對於黨主席的定位與黨務革新的看法：林義雄認為民進黨是合議制，主席只是對外代表中常會和全黨，所以主席的看法不能超出中常會、中執會和全代會的決議。對於上述決策機關未有決議事項，「主席也不應該隨便發表自己的看法」，「主席必須壓抑個人意見」。在黨務革新方面，林義雄認為有兩大目標，一是黨內領導人才及公職人員的產生，須建立一套民主公平的遊戲規則，一是成立「影子內閣」，讓立委問政專業化，並吸納學界及文化界人士，建立一個常設性的顧問團。

二、對於聯合政府與政黨合作的看法：許信良從政治現實作考量，認為三黨不過半的政治局面很快來臨，因此某種程度的聯合內閣必將出現，加入聯合內閣不但可培養民進黨執政人才，且可加速執政時程。內閣中閣員席次則按政黨實力分配。陳水扁則強調聯合內閣必須掌握主導權。林義雄則從政黨政治的角度看聯合內閣，執政黨和反對黨各有使命，但如果三黨不過半，「這表示人民要求政黨組成聯合政府。至於如何組成聯合政府，有很多可能性，包括和新黨一起，但一定要視人民的需要和希望而定，如果民進黨繼續當反對黨對人民有利，就繼續當反對黨。」「聯合內閣，就是不當附庸，不是分幾個部長就了事，必須在政策及人事上互相尊重」，對於政黨合作，林義雄則持不同見解，他認為「政黨之間可以為一個共同的目標一起工作，如全民健保、抵抗外敵，是所有政黨可以一起完成的，但這種作法不能視為『合作』，而是各自向自己的選民負責，因此，政黨之間相互監督制衡的功能還是不能拋棄的」。

三、對於經濟政策與環境保護的看法：從林義雄長期參與社會運動與反核四的立場來看，未來民進黨推動「反核」與「公投」的行動將會升高，林義雄認為「公投是人民表現意見的最後手段。當地方與中央決策衝突的時候，應該以公投解決。但是專家的意見一定要讓人民了解。如果說，注意環保就是反商，這是不公平的。從長久的觀點來看，環保做得好，是不是更有利投資？」

四、對於兩岸關係的看法：林義雄認為「台灣是小國，所以在處理與中國的關係上一定要慎重。共存共榮、互助合作的原則一定要把握。中國是大國，有時候態度會強硬一點，我們不能意氣用事，國家的領導人更不能用刺激性的言詞去挑釁中國。」他甚至不排斥到大陸訪問，「台灣與中國的問題不可能因為互不理睬而得到解決，兩岸一定要有許多機會對話，了解各自立場，才能得到圓滿結果。但中國政策需要經過民進黨的決策機制討論，而如果民進黨中常會決議要黨主席帶團到中國訪問，他並不排斥。」

五、對於就任民進黨主席後工作目標的看法：林義雄認為民進黨要成為執政黨必須做好下列工作：

（一）隨時就社會發生的公共議題，給予密切的關注研究，並發表適當的意見。

（二）對於其所相信的理想（黨綱），努力宣傳，並使更多人民來認同。

（三）對於人民的要求或期待，感同身受，而願深入群眾，與人民共同追求其實現。

（四）從政黨員克盡職守，清廉自持，並確實落實黨綱，盡一切能力滿足人民的期待。

（五）黨員的言行符合社會的期待，對於有辱黨譽的言行，能有效的防止或處罰。

（六）用心於組織的鞏固和擴張，黨員和幹部的教育訓練，以及從政人員的培養。

就任後面臨六大挑戰

林義雄的政治理念約略如上所述，但我們可以發覺大部分都是他在決定參選黨主席後才做的即時反應，不但稍嫌空洞不具體，且若干意見亦欠周延，如他對聯合內閣與政黨合作之區隔就語焉不詳，說黨主席應少講話，他卻是主觀甚深的政治人物。不過林義雄真正所面臨的挑戰尚未開始，八月林義雄就任黨主席後必須面對六大挑戰：

一、必須面對年底三合一選舉的硬戰。年底選舉不僅攸關朝野政治勢力與聲勢之消長，對公元二〇〇〇年總統大選更具指標意義，因而今年大選民進黨如何拉抬「北扁南長」的聲勢，以提升民進黨各地候選人的氣勢？如何組織中央助選團？如何研擬文宣策略及選戰策略：：等等，這些都是林義雄必須克服與解決的首要問題。

二、必須整合黨內派系利益及國會黨團。民進黨是標準的派系治黨，派系不但影響黨務運作，決定公職提名，甚至左右黨的決策，因此林義雄如何在無派系包袱下，協調各派系利益，推動黨務運作，這將是林義雄能否順利領導民進黨進入二十一世紀的主要關鍵。此外，在決策過程必須加強整合國大、立院黨團的意見，以免發生類似國發會召開期間．中央與立院黨團互扯後腿的糗事。

三、必須妥善處理與獨派團體的關係。民進黨在施明德和許信良兩位前後任主席的推動下，開始轉型，與新黨大和解，主張中華民國早已是主權獨立的國家，聯合內閣，強本西進（大膽西進），因此也造成基本教義派出走，成立建國會、建國黨及新國家陣線。林義雄與基本教義派人士較熟且政治理念又頗為接近，其當選黨主席馬上獲得這些人的積極回應，因此林義雄要如何在持續推動轉型的過程又能與獨派團體維持合作關係，將是另一重要課題。

四、必須面對黨務革新的難題。黨務革新包括體制改革和體質改造，在體制改革方面，除前面所提改善黨的甄拔人才制度，成立影子內閣外，目前最重要的是要妥善處理黨中央各部門的人事佈局，以便能照顧派系利益並順利推動黨務。在體質改造方面，民進黨黨員素質浮濫，人頭黨員盛行，這不但導致初選弊端重重，且派系操控，內鬥情況益烈的主因。體制改革容易，體質改造艱難，也因而轉型危機重重。

五、必須研擬一套切實可行的公共政策。雖然民進黨大言不慚準備執政，但在公共政策的研訂上卻繳了白單，只會批評執政黨的公共政策，卻提不出自己的對案，只有個別從政黨員的隨性主張，沒有整體的黨的具體政策。由於民進黨對待公共政策的態度輕忽，造成選民的不信任感，尤其兩岸關係政策及產業政策之空泛，更造成人民的不安全感，因此如何針對重大公共政策研擬具體可行的方案，亦是當務之急。

六、必須加強朝野協商的準備工作。年底立委選舉，不管國民黨是否能過半，未來國內政治生態走向政黨協商的態勢已是不可避免，因此如何引進朝野兩大黨黨對黨、國會黨團對國會黨團的協商工作非常重要，林義雄跟國民黨決策層更應建立協商溝通的正常管道，以利公共政策之制定與執行。

施明德的殷鑑不遠

政治在尋求個人或集體理念與利益的妥協，而道德則力求是非分明，未來林義雄必須展現極高的智慧來求取兩者平衡。林義雄和施明德是民進黨內象徵台灣人的苦難的兩大代表，不過施明德在當選第六任黨主席之後，也因實際政治的操作與基本教義派分道揚鑣，甚至反目成仇。如今民進黨內最後一位神主牌步入塵世，是否會步上施明德後塵，抑或可以為自己及民進黨的政治藍圖打出一片天？且讓我們拭目以待。

（本文原刊載一九九八年六月國民黨內部參考資料「政情分析」）

林義雄經歷簡表

民國三十年　出生在宜蘭縣，父親是太平山林場工人。

民國五十三年　台大法律系畢業。

民國五十四年　任教五結國中，文史科教員。

民國五十五年　律師高考第一名及格，隨即在台北、宜蘭兩地執行律師業務。

民國六十二年　擔任宜蘭律師公會理事，並與姚嘉文、陳繼盛等人創辦「台北平民法律服務中心」，免費為貧民解決法律與訟問題。

民國六十三年　任中國比較法學會秘書長。

民國六十六年　在宜蘭參選，最高票當選第六屆台灣省議員。

民國六十八年　參與美麗島事件被捕入獄。

民國六十九年　發生林宅滅門血案，母親及一對雙胞胎女兒被刺身亡，大女兒也身中六刀。

民國七十四年　獲釋出獄，先後在美國哈佛大學、英國劍橋大學、日本筑波大學研究。

民國七十六年　獲哈佛大學公共行政學碩士學位。

民國七十八年　返台提出「台灣共和國基本法草案」。

民國八十年　創立「慈林文教基金會」，從事社會及政治改造運動。

民國八十三年　籌組「核四公投促進會」，並展開絕食反核四，「核四公投千里苦行」等運動。

民國八十四年　參加民進黨總統黨內初選落選。

民國八十五年　出任民進黨首席顧問。

民國八十七年　當選民進黨第八屆黨主席

陳水扁倡議「兩岸政治統合新架構」

一、前言

陳水扁總統繼五二〇就職演說提出不台獨、不公投等「五不」的消極性兩岸關係主張，他在今年元旦致賀詞中更提出，在一屋簷下推動兩岸政治統合新架構的積極性主張，一個獨派總統提出兩岸統合，無疑地是向中間靠近了一大步，頓時之間左右易位，獨派人士雖未疾言批判，卻是暗幹在心裡，在野黨雖有所疑惑，卻也不得不肯定其善意，未來發展則須視陳水扁的具體政策作為。本文旨在對兩岸政治統合的相關意涵及未來演變作一淺析，以供參考。

二、陳水扁政治統合的兩大意涵

（一）整合國內對國家發展與兩岸關係之意見

陳水扁：「回顧二十世紀之初，兩岸人民曾經而對相同的苦難，可以說是一對患難的兄弟，個人在就職演說中曾經強調，兩岸人民源自於相同的血緣、文化和歷史背景，我們相信雙方的領導人一定有足夠的智慧和創意，秉持民主對等的原則，在既有的基礎之上，以善意營造合作的條件，共同來處理未來『一個中國』的問題。

事實上，依據中華民國憲法『一個中國』原本並不是問題，我們希望對岸能夠深入了解台灣人民心中的疑慮在那裡，對於兩千三百多萬人民當家作主的意志，對岸如果不能尊重體諒，反而會使得兩岸之間的認知產生不必要的落差。

如今新世紀即將來臨，台灣人民對於兩岸關係的改善與台海的永久和平有最深的期待，阿扁要感謝包括跨黨派小組在內的各界人士，對於改善兩岸關係付出的心力，在跨黨派小組提出『三個認知、四個建議』基礎上，有關『建立新機制或調整現有機制，以持續整合國內各政黨及社會各方對國家發展與兩岸關係之意見』，這一點個人願意在最短時間內做出積極回應。」

（二）在屋頂理論下逐步推動兩岸經貿、文化、政治統合

陳水扁：「個人一直認為，兩岸原是一家人，也有共存共榮相同目標，既然希望生活在同一屋簷下，就更應該要相互體諒、相互提攜，彼此不應該想要損害或者消滅對方。

我們要呼籲對岸政府與領導人，尊重中華民國生存的空間與國際的尊嚴，公開放棄武力的威脅，以最大氣度和前瞻智慧，超越目前的爭執和僵局，從兩岸經貿與文化統合開始著手，逐步建立兩岸間的信任，進而共同尋求兩岸永久和平、政治統合新架構，為二十一世紀兩岸人民最大的福祉，攜手開拓無限可能的空間。」

三、政治統合與中程協議及邦聯之關係

（一）三者之關係

政治統合是兩個或多政治實體間的結合或聯合關係，這種關係包括聯邦、邦聯或國協，中程協議則是為達成政治統合目標的過渡性安排，而邦聯則可以是一種過渡性安排，也可以是終極目標。

（二）兩岸政治統合與美國對台政策

一九九五年李輝訪美後引發台海危機之後，美國為避免台海雙方誤判而引發危機就積極推動預防外交與雙軌會談，其重點則是建立一套雙方互信機制，也就是雙方簽署一項過渡協定（或中程協議），保證在「台灣不獨，中共不武」的情況下，海峽兩岸維持三、五十年和平不變，「中程協議」九八年由美國白宮國家安全會議亞洲事務資深主任李侃如提出，九九年三月後成為白宮官方文件正式用語。（美方有關中程協議主張詳見附表）

（三）陳水扁兩岸統合可能採取的步驟

陳水扁就職後其兩岸政策游走在美國台海政策及台獨黨綱之間，此項政治統合的提出可以說是陳水扁接受美方觀點，在兩岸關係的短、中期政策上朝中程協議的方向邁進，至於其具體步驟則可能有：

1.重開國統會或改組國統會及跨黨派小組，比較可能是將兩者合併，改成「國家發展委員會」。

2.運作兩岸關係新機構推動兩岸經貿、文化交流合作，及簽署類似兩岸基礎條約或兩岸非戰協定之文件。（陳水扁曾在九二年提出中華民國與中華人民共和國基礎條約）。

（四）民進黨內對政治統合的反應

1.民進黨中國事務部主任顏建發表示，「統合」的現實意義，就是統中有獨、獨中有統，兩岸現階段既然不可能統一，就該朝向分享權利、共擔義務的大方向努力。陳總統不提出具體新架構內容的原因，就是有望兩岸能在既有獨立基礎上「放空」，這樣才可能往統合的大方向共同努。

顏建發說陳總統的處境其實相當艱難，因為中共高層對陳總統的疑慮仍未消除，而在國內各黨派尚未凝聚高度共識前，陳總統讓太多、讓太少其實都會遭受強烈批評。但即使如此，他相信在已經有五萬多家台商赴大陸投資的現實環境下，陳總統釋放的「難兄難弟」、「同在一個屋簷下」、「兩岸政治統合新架構」等重要善意，未來應能獲得多數民眾認同，民進黨內部的反彈聲浪也不致於太大。

2.前民進黨文宣部主任郭正亮表示，陳水扁總統提出「政治統合」新概念，其實是以總統身分，提出一個跨越統獨、族群的「共識性」觀念。陳水扁站在全體人民的角度，為民進黨年底立委大選，開拓了很大的戰略空間。

3.一月二日，新潮流召開政協會議，會議中曾討論陳水扁總統元旦祝詞。他們認為，陳水扁總統在此時此刻作此宣示，就美國及大陸當前的全球戰略看來，並無意義，而且更可能會讓美日認為我方已向大陸傾斜，對我而言並不是很好的策略，但是為避免外界有黨內同志牽制總統的感受，因此並不準備公開表示反對。該系領導人洪奇昌在接受訪問時指出，在五二0講稿，陳水扁總統提出「五不」，也就是不台獨、不公投等，尚只是消極的不作為，但是在元旦祝詞中，陳水扁總統提到從經貿文化到政治統合，則已展開了動態的整合過程，如果如同歐盟的整合模式，國與國之間各交出部分主權，並且在互惠狀況下共享部分主權，則應該也是可考慮的模式。但是洪奇昌略有微詞地批評指出，李登輝時代曾提出國統綱領，提出進程及條件，在李登輝整套戰略下，國統綱領形同不統一綱領；但是相對的，陳水扁總統雖提出統合概念，但卻看不出整套戰略觀，否則可能受制於對岸，無法施展。該系獨派理論大師林濁水也認為，如果民進黨想在國統會上退步，以求在野黨的支持，從而解決政經困境，是不切實際的。立委蘇煥智則表示，陳水扁總統提到「憲法一中」，會讓支持者失去信心，但是又會讓在野黨有過度期待，未來只怕會再引起爭議。

4.一位民主黨資政指出，憲法一中與統合的用語，非常容易引起誤會，並且缺乏積極作用，不似當年李登輝提出兩國論時深刻的意義，黨內目前事實上對此「非常火大」，之所以不公開批判，是基於紀律，不想讓陳總統難堪，但他們不必與陳總統的意見事事一樣，因此黨並不願意為陳總統背書。他並說，陳總統的元旦講話在民間根本沒有太多人注意，對岸也沒有什麼回應，因此談不上有何效應；不過，國家元首這類的言談對於整體的國民意志將造成很大的傷害，可能引起失敗主義興起。

四、結語

（一）陳水扁的「政治統合」其實只是名詞上的弔詭而已，其真正意涵是在避談統獨下推動類似中程協議下的兩岸關係中程架構，這與連戰主張的邦聯不同，邦聯是在一個中國下的兩岸關係過渡性關係，也可以是終極目標，是以統一為出發點。

（二）中共一直認為美國推動中程協議的目的是要保持兩岸「不戰、不獨、不統」的局面，企圖「以拖待變」，因此在陳水扁不明確承認一個中國下，兩岸想簽署美方所推動的中程協議或和平協定皆不可能。

（三）不過就陳水扁提出兩岸統合的觀點來看，這已經是從台獨向中間邁進了一大步，未來獨派會有什麼反應，陳水扁會前進？或後退？皆須密切觀察。

（本文原刊載於二〇〇一年一月國民黨內部刊物「政情分析」）

美國方面各種兩岸過渡性協議主張之內容比較(一)

提出者	用詞	提出時間	主要內容
李侃如 Kenneth Lieberthal	Interim agreement	1998年2月	● 雙方同意簽訂五十年的過渡協議（interim agreement),屆滿雙方展開有關政治統一的正式談判(formal talks)。只有當雙方皆出於自願時，才可以將上述日期提前。 ● 雙方同意，在此一過渡時期台灣和中華人民共和國皆存在於「一個中國」之內，彼此的關係既不屬於兩個排他的主權體，也不屬於中央與省的關係，而是「台灣海峽雙邊」，任何一方都不挑戰國家的基本統一。 ● 台灣方面明示它是中國的一部分，也不宣稱「法律上」(de jure）的獨立。 ● 中華人民共和國明示並不使用武力對付台灣。 ● 在接受前述四項承諾的限制下，雙方同意在過渡時期在國內事務與外交政策上保有其自主權（autonomy）。 ● 同意展開高度政治層級的談判（talks）以降低衝突提高互信。這些談判包括：①台灣的軍購，可能與中共軍力部署的議題掛勾。②開放雙方有關貨物及勞務的市場。③建立雙方人民之間各方面的直接接觸。 ● 雙方同意，爲了進一步降低緊張，將「中華人民共和國」改爲「中國」，將「中華民國」改爲「台灣、中國」(或類似用語)，在過渡時期可以用「大中國」來指涉中國的兩個部分。 ● 爲了確保協議能夠實施，兩岸應該成立某種形式的共同機構來監督或實行這些協議。
奈伊 Joseph S Nye	未明	1998年3月	● 美國應該明白宣示，其政策是「一個中國」和「不使用武力」，如果台灣宣布獨立，美國將不會承認，也不會協助防衛台灣的獨立。 ● 台灣方面明確否定宣布獨立的念頭，則北京也將不會反對給台灣更多的國際生存空間，台北明確表示台灣是中國的一部分，就將獲得更多在國際上表達意見的機會。擴大到「一國三制」，使台灣可以真正維持自己的政治、經濟和社會體制。 ● 要求台北明確表示放棄任何走向獨立的運動，加強兩岸間的對話，並增加與大陸方面的投資與人員交流。

美國方面各種兩岸過渡性協議主張之內容比較(二)

<table>
<tr><td rowspan="2">陸士達
Stanley Roth</td><td rowspan="2">Interim agreements</td><td>1999年3月</td><td>● 美國對兩岸人民的創意有很大的信心，兩岸可透過必要人員的交流最自然的過程使對話有意義，此一對話或許有助於雙方在任何困難的議題上達成一些過渡協議。
● 美國一向堅持在兩岸和平解決歧見的情形下，避免干預。
● 在「沒有協議」與「最終協議」之間，雙方可以簽署各種過渡協議。</td></tr>
<tr><td>1999年6月</td><td>● 僅僅在兩岸關係的細節上達成一些技術性的協議，並不足以大幅改善雙方的關係，或者激發信任、信心，和爲這個關係更多進展來布局。
● 在缺乏信任和信心的情況下，要期待兩岸的問題能在今年的會議中（指汪道涵訪台，舉行辜汪會談）達成全面的解決，時間似乎尚未成熟。
● 台海雙方可以就「高於技術性議題，低於全面性解決」的重要議題，尋求達成過渡性協議。
● 在兩岸議題上，美國不會扮演調停者、談判者、中間人等角色。</td></tr>
<tr><td>何漢理
Harry Garding</td><td>Modus vivendi</td><td>1999年4月</td><td>● 兩岸相互提出保證，即中共不武，台灣不獨。
● 兩岸展開全面交流包括通航在內。
● 在台灣不單方面宣布獨立的前提下，提升台灣在國際社會的角色。
● 持續兩岸之對話，利用第二軌道探討包括雙方可接受之各種模式下最終統一之可能性。此一對話台灣方面應包含各主要政黨代表。
● 兩岸應建立軍事互信機制。
● 此一臨時協議的創立（特別是只要台灣不片面宣布獨立，中國大陸就承諾不對台灣動武），將容易讓美國在軍售台灣方面有所節制，尤其是TMD。</td></tr>
</table>

資料來源:羅致政，(美國對兩岸過渡性協議的主張與看法)，《國策專刊》，1997/07/15，20頁(本文3-6)。轉引自張亞中，兩岸統合論，生智文化公司，2000年8月，頁51-53。

陳水扁和民進黨能孵出台獨的巨蛋？

立委選後，民進黨政府釋放出一個訊息：中共原欲在選舉期間舉行兩次軍演，但卻怕激化台灣的民粹而作罷！

最近聯晚總編輯蔡詩萍不斷在媒體放話，陳水扁和民進黨所推動的「國歌去歌詞」、「新聞局更改局徽」、「護照加註台灣」等作為是抓住台灣社會脈動，是「務實」的作為，而在野黨一味的反對是「務虛」的，因此他要在野黨在「台灣價值」的議題再修學分。

此外，六月十四日美國國務院發言人包潤石在被詢及台灣當局在護照上加註「台灣」字樣時表示，美國相信民進黨所說的他們的政策沒有改變的說法。

這三則訊息說明了什麼？首先，就美國對民進黨政府來說，陳水扁上台後提出「四不一沒有」，讓美國政府相信陳水扁政府沒有挑釁中共而放心，同時陳水扁上台後幾乎一面倒的在中美台關係上向美國傾斜，凡重要決策必先向美國報告，加上布希上台後把中共視為「戰略競爭者」，因此陳水扁過境美國時給予高格調的待遇，對柯林頓的「三不」亦絕口不談。是以儘管九一一事件爆發後美國基於戰略考量而加強改善美中關係，但基本上仍偏愛民進黨政府，甚至在選舉期間美國媒體還散發對民進黨有利資訊，如美智庫表示在野黨要求中共不要和陳水扁對話，CNN發表香港記者林中立文章說江澤民暗助在野黨等，在在暗示陳水扁拉美抗中，及美國暗助陳水扁的政治現實。

其次，在兩岸關係上，自從九五年飛彈危機以來，似乎也看出中共對台政策的無奈與侷限，除了加強吸引台資及兩岸民間交往，與國親新等交往對話外，對逐漸走向去中國化的李登輝及民進黨政府亦只能「聽其言，觀其行」，即使將之定調為台獨亦莫可奈何，飛彈威脅、外交孤立等等只會加深台灣獨派的民粹訴求。因此在民進黨逐步推動去中國化，以文化台獨走向實質台獨時也只能召開記者會批判民進黨在推動漸進式的台獨罷了？

再則，就在野黨而言，國民黨在宋楚瑜出走後，黨的整體實力遭到壓縮，加以在民進黨、親民黨的分化下，黨內產生路線之爭，黨的內聚力產生問題，失去執政優勢後又相對的爆發財務問題，而親民黨及宋楚瑜又無法認清時局大勢，只想壯大自身實力，因此在野黨間聯合形式重於實質，在面對民進黨「聯中反台」、「聯中制台」、「一中就是賣台」等民粹訴求時又畏首畏尾，不敢強力反擊，台灣意識、本土訴求遂成為民進黨壓制在野黨的最佳手段。

在美國政府及輿論的支持、中共無力反制、在野黨畏於民粹力道等三重因素下，民進黨遂一步一步的推動「去中國化」、「文化台獨」等實質政策，開始孵化台獨的巨蛋了。

民進黨在孵台獨的巨蛋的具體作為有哪些呢？就現有的林林總總有：

一、漢語拼音台獨化（去中國化）。

二、史地等教科書台獨化（去中國化）。

三、故宮更名台獨化（去中國化）。

四、護照台獨化（去中國化）。

五、新聞局更改局徽台獨化（去中國化）。

六、中國國際法學會台獨化（去中國化）。

七、修改憲法，落實台灣主權獨立。

因此誠如蔡詩萍所言，陳水扁及民進黨在推動去中國化，落實文化台獨等政策構想是「抓住台灣社會的脈動」，是「台灣價值」，在野黨應該順應台灣民意，不應反對。

如果這種走向一路走下去，那麼民進黨將會將台灣帶到什麼樣的境地？陳水扁在ＦＡＰＡ的致詞時已悄悄地修改他的「四不一沒有」不推動台獨公投的承諾，而再提台灣前途由台灣人民公投決定，因此在台灣意識不斷高漲，時機成熟時，或許到二〇〇七年或二〇〇八年就是台獨公投的時候了，也就是在五、六年後陳水扁、李登輝等人就會對兩岸關係攤牌，若公投台獨通過，那時李登輝和陳水扁將就名符其實的是台灣之父、台灣之子了！

問題是那時中美將作出何種反應？中共是否要不顧台灣民意及國際輿論出兵攻台？而美國是否願意為維護台灣民意出兵助台？

而在這過程中，國民黨和親民黨又將如何作為？

二〇〇二、一、十八

民主進步黨五大派系簡介

一、正義連線—民進黨內最大派系

一九九二年二屆國大臨時會，通過總統選制由委任直選為公民直選的重大憲政變革，當時的民進黨主要是由許信良和黃信介領軍的美麗島系和邱義仁、吳乃仁領導的新潮流相互抗衡，非兩大集團者只能在夾縫中求生存，為此，許多中間派系人士乃有結盟並互為奧援的動作。九二年一月十日，陳水扁、邱連輝等中間偏美麗島系人士率先宣布籌組正義連線，並積極參與二屆國大臨時會的修憲工作。

正義連線成立時有成員十五人、立法委員四人：邱連輝、陳水扁、彭百顯、葉菊蘭；國大代表八人：張晉城、許陽明、鄭寶清、邱子正、蔡文斌、李宗藩、唐碧娥、劉輝雄；另外三人為陳水扁之助理陳淞山、馬永成及羅文嘉。會長為邱連輝，副會長為張晉城，秘書長陳水扁，副秘書長許陽明，連線下並設有組織宣傳組、國大連線組、立院連線組及秘書處等部門。

正義連線利用國大修憲之議場賣力演出，分別提出制憲宣言和制憲藍圖，因而吸引不少民進黨中間清流人士加入，九二年底立委選舉民進黨共獲五十席，而正義連線獲得十一席，成為美麗島系、福利國連線外民進黨第三大派系。

正義連線在九三年呂秀蓮、余政憲當選桃園縣、高雄縣縣長，九四年陳水扁當選台北市長後，勢力達到顛峯。之後，九五年三屆立委當選九席，九七年呂秀蓮、余政憲、李進勇、彭百顯（退黨參選）分別當選桃園縣、高雄縣、基隆市、南投縣縣市長，九八年四屆立委當選十一席，總體言之，正義連線在穩定中發展，尤其當陳水扁當選台北市長成為民進黨的明日之星後，正義連線後勢更是直線上漲。

正義連線和福利國連線一樣，雖然在民進黨內逐漸派系化，其氣勢不斷上升，和美麗島、新潮流併稱民進黨內四大派系，派系間亦形成合縱連橫的競合關係，不過其成員間的向心力卻十分薄弱，因此有人形容正義連線是個體戶間精神加盟的連鎖店。九六年台北市黨部主委選舉還出現沈富雄出馬和陳水扁支持的高志鵬同門鬩牆的局面，九八年立委選舉，正義連線人馬更有多人（如許添財、陳永興、陳文輝）和不屬建國黨的台獨基本教義派另組「新國家連線」，和民進黨、建國黨三股台獨勢力形成正面撕殺的局面。

去年（二〇〇一）年底立委選舉，正義連線共當選十九席立委，在陳水扁嫡系高志鵬到處招兵買馬後，郭正亮、盧博基、鄭余鎮等多人紛紛加入正義連線，目前正義連線共有三十三位立委，占民進黨立委席次三分之一強，加上各地的扁友會及陳水扁利用總統職權所能運用的政經資源，正義連線儼然已成為民進黨內最大的派系。目前在民進黨內只有組織嚴密、地方經營紮實的新潮流系可與之相抗衡。

雖然目前正義連線因陳水扁當權而水漲船高，但陳水扁在民進黨內人緣並不好，因此吳淑珍才會在陳水扁「世紀首航」新書發表會上感慨說陳卸任總統後，將會是另一個年輕又孤獨的李登輝。也因此除非陳水扁卸任後沈富雄、余政憲、羅文嘉等人能在民進黨內迅速竄出，否則未來民進黨仍將是新潮流的天下。不過就目前而言正義連線和新潮流將處於微妙的競合關係中。

二、新潮流─民進黨黨內紅衛兵的崛起和未來

（一）新潮流的成立、理念和組織特性

一九八〇年左右，以政論性雜誌做為黨外鼓吹民主運動的主軸，吸納了一群投入政論雜誌編輯的黨外新生代，這群新生代以邱義仁為首，在一九八一年發起批判黨外領袖康寧祥「公職掛帥」的批康風潮。

一九八三年，當時的黨外運動有了結構性的轉變，由黨外公職人員所組成的「黨外公政會」，與新生代作家所組成的「黨外編聯會」互相抗拮，爭取黨外運動的主導權。雙方爆發群眾路線V.S議會路線，自決V.S民主的路線爭鬥。這年「黨外編聯會」的成員成立了「新潮流」的政治小團體，並在次年發行「新潮流雜誌」，之後，隨著民進黨內派系的不斷分化，新潮流便逐漸壯大。

「新潮流雜誌」的十八位編輯委員成為該系的發起人，當時被稱為「十八飛鷹」，主要成員包括邱義仁、吳乃仁、洪奇昌、林濁水、劉守成、賀端蕃、謝史朗、簡錫堦、蘇治芬、魏廷昱、吳乃德、謝穎青、黃昭凱、陳武進、劉峰松等人。

新潮流具有濃郁左派的社會主義性質，其三大基本信條為堅持台獨立場，堅持群眾路線，堅持社會民主主義

路線。

新系從申請到加入程序十分嚴謹，任何人要「入流」必須經過一系列嚴密的觀察、考核及審查程序。除需有兩位幹部的推薦、背書之外，再由區會送交政協討論，其入流三大標準在於檢視對台獨立場、群眾路線及社會民主主義的了解，此外，申請表格上還有其對操守、能力、專長及團體性的審核。

由於堅持嚴謹的入流程序使得創建近十八年的新潮流，至今僅維持約二百五十名左右的會員。過去新潮流因成員較少，在決策上採取「直接民主」，後來隨著人數增加而透過區會設計產生全國代表，並選出十五名政協委員。其中，派系代表大會每三個月舉行，至於政協則每週聚會，每年改選一次。而其決策機制則是採行「民主集中制」，開會時可以充分討論，但做成決議後成員都必須嚴格遵守，同時也嚴禁成員跨派系。

此外，由於新潮流講究「集體生產、資源共享」，也使得派系充斥著濃厚的「反個人英雄主義」集體意識。除了早年「反公職掛帥」的路線，新系迄今仍重視公職與非公職之間的平衡，如過去規定公職每月必須捐出三分之一薪水給派系統籌支配；不分區立委僅能連任一次；或如黨內決策機制保留三分之一非公職的參與比例。

（二）新潮流快速崛起的二大原因

1.透過社會運動對社會各階層強力滲透。

新潮流強調社會運動、群眾運動的優先性，在運動的過程中一方面可以培養一梯梯的接班隊伍，一方面可強化對各階層的動員能量及其支持度，諸如學運（李文忠、賴勁麟）、農運（戴振耀）、工運（簡錫堦、曾茂興）

等等，滲透面則有勞支會、台權會、台教會、環保聯盟等，逐漸地新潮流成為民進黨內最有戰鬥力，動員能量最大的派系。因此總統大選期間新潮流便能操控各地的扁友會，不斷在黨內坐大。

2. 透過聯合陣線逐漸掌握黨權。

民進黨成立後，新潮流只是一個小派系，但卻不斷透過聯合其他派系取得黨的領導支配權，如第一屆黨主席支持江鵬堅、第二屆黨主席支持姚嘉文、第六屆支持施明德，第七、第八、第九屆分別支持許信良、林義雄、謝長廷，經過權力的分配，順利的取得黨秘書長及其他部會的重要職務，而江鵬堅、姚嘉文、施明德、許信良在新系利用完後，馬上被遺棄（江、姚），或出賣（施、許）或自我放逐（林），而最後獲利、勝利者則非新系莫屬。

如今，新潮流和陳水扁總統及黨主席謝長廷亦處於這種微妙的競合關係中，屆時誰勝誰負，且看明朝。

（三）新潮流的轉變及其未來

新潮流的三大基本信條隨著權力的移動而逐漸變質。首先就台獨立場而言，一九八七年十一月新系首先將「自決」精神注入全代會決議中，強調「人民有主張台灣獨立的自由」。一九八八年四月臨全會又推動台灣獨立的「四個如果」，一九九〇年十月又在全代會通過「我國主權不及於中華人民共和國及蒙古共和國之領土」，一九九一年十二月更進一步通過「台獨黨綱」。這些原本是基本教義派的理念隨著時間的轉移也遭到調整，現在他們主張「台灣已經是一主權獨立的國家了，他的名字叫中華民國」，有關台獨的論述，近年來除林濁水等少數幾人仍堅持基本教義立場外，餘者的立場都顯隱晦不明了。

再者，就堅持群眾路線方面，自一九八八年新潮流就開始有大量人員投入公職選舉，也因其轉變路線，在現今民進黨立委及縣市長兩大量表新潮流才會有傲於其他派系的成績，未來相信新系在公職及政務人員的比例將會逐漸增加。

最後，就堅持社會主義民主方面，原先重視弱勢和環保、人權的新系在吳乃仁的操盤下，已逐漸向資本財團靠攏，並企圖綠化國營企業。

由於新系的快速崛起，引起其他派系的極大恐慌，沈富雄就說要爭取黨內提名只要加入新潮流就好了，再者，本屆大選，新系在台南有縣長候選人蘇煥智及立委候選人鄭國忠和侯水盛，黨中央要其他立委參選人支持蘇煥智又要配票給票源不足的鄭、侯兩人，引起其他立委參選人的不滿，這些現象其他縣市亦司空見慣。

除了與其他派系關係不睦外，新潮流和陳水扁總統之間關係亦十分微妙，陳水扁在許多場合都暗示對新潮流的老大作風不滿，一方面總統權威不斷強化，一方面新系實力不斷壯大，兩者要如何分配權力，互相取暖，將考驗兩造智慧。

而新系和民進黨的盟友台聯之間亦十分微妙，選前吳乃仁就不斷批評台聯是來「分食大餅」，而不是要把餅做大，選後台聯亦不滿吳乃仁視台聯為禁臠，罵李登輝是國家安定聯盟的絆腳石，因此新系和台聯未來在泛綠陣營有關權力及意識形態的衝突值得觀察。

最後，就新潮流內部而言，由於年青政治菁英政治參與的熱度不斷高漲，在僧多粥少下（尤其若立委減半案通過），年青人對老一輩形成促退的壓力將使新系的內聚力面臨挑戰。

新潮流系主要成員一覽表

單位	姓名	現職、經歷
行政院	邱義仁	國安會秘書長，曾任黨副秘書長、秘書長，新系二大龍頭之一
〃	陳菊	勞委會主委，曾任國大代表、北高兩市勞工局長
〃	賀端蕃	勞委會主任秘書，曾任民進黨民調中心主任
〃	林逢慶	經濟部所屬資訊策進會執行長
〃	顏萬進	海峽交流基金會副秘書長，曾任民進黨中國事務部主任
縣市長及縣市議員	劉守成	宜蘭縣長，曾任省議員
〃	翁金珠	彰化縣長，曾任立法委員
〃	蘇煥智	台南縣長，曾任立法委員，吳淑珍助理
〃	楊秋興	高雄縣長，曾任立法委員、省議員
〃	林錫耀	台北縣副縣長，中常委，曾任省議員
〃	李建昌	台北市議員
〃	蕭裕正	高雄市議員
〃	鄭文燦	桃園縣議員
〃	柯金德	彰化縣議員，妻丁詠蓀為前國代
黨務工作	吳乃仁	民進黨秘書長，與邱義仁為新潮流二大龍頭
〃	田欣	國際事務部主任

〃	陳俊麟	民調中心主任
〃	劉俊榮	黨中央執行委員
〃	楊福建	黨中央執行委員
〃	洪瑞達（女）	黨中央評議委員
〃	林樹山	雲林縣黨部主委
〃	張維嘉	新潮流系現任總幹事
立法委員	李文忠	台大學運出身，曾任國代
〃	賴勁麟	台大學運出身，曾任國代
〃	洪奇昌	醫師，曾任國代
〃	林濁水	獨派理論大師
〃	邱太三	檢察官出身
〃	曹啟鴻	曾任省議員
〃	陳景峻	曾任三重市長
〃	劉世芳	現任中常委，台中縣副縣長，曾任北市民政局長
〃	郭俊銘	曾任省議員，黨組織部主任
〃	簡肇棟	曾任台中縣大里市市長
〃	李明憲	曾任國大代表，現任黨中央評議委員
〃	陳金德	曾任國大代表
〃	段宜康	曾任台北市議員
〃	魏明谷	曾任彰化縣議員
〃	邱創進	曾任彰化縣議員

〃	鄭國忠	曾任省議員
〃	賴清德	醫師
〃	林岱華	高雄縣鳳山市長林三郎之女
其他	李昆澤	曾任國大代表，楊秋興競選副總幹事
〃	黃偉哲	曾任國大代表
〃	鍾佳濱	曾任國大代表
〃	周威佑	曾任國大代表
〃	利錦祥	書商，曾任國大代表
〃	劉俊秀	交大教授，曾任國大代表
〃	史哲	前台中縣長廖永來機要秘書
〃	許傳盛	廖永來台中縣社會局局長
〃	劉俊榮	新潮流台南地區輔選大將
〃	彭紹瑾	曾任立委，今年參選桃園縣長失敗
〃	蔡明憲	曾任立委，今年參選台中市長失敗
〃	廖永來	曾任立委、台中縣長，今年連任台中縣長失敗

三、福利國連線

九二年一月十日，由陳水扁、邱連輝所籌組的民進黨內次級團體「正義連線」正式成立，並在二屆國大臨時會的修憲議場有不錯的演出，以謝長廷為首的黨內中間人士遂加緊進行籌組次級團體，以和現有民進黨內派系相抗衡，該年九月九日，謝長廷、張俊雄、田再庭、李慶雄、魏耀乾、姚嘉文、蘇嘉全等七人正式宣布成立「台灣福利國戰線」（後來一般都稱之為「福利國連線」）。

「台灣福利國連線」成立後即加緊對外招兵買馬，和「正義連線」不同，正義連線成員在美系與新系對抗時多傾向美麗島系，而「福利國連線」則傾向新潮流系多屬中間親獨派人士為主，對外標榜的是選舉連線。該年年底二屆立委選舉該連線共一舉攻下十三席立委，在立委席次上甚且超越美麗島系的十二席，成為黨內僅次於美麗島系的第二大派系。

九三年縣市長選舉尤清連任台北縣長，儼然成為民進黨新的領袖人物。九五年三屆立委選舉民進黨成績不太理想，未有任何成長，而福利國依舊獲得十一席，仍力保黨內第二大派系，九七年縣市長選舉，蘇貞昌、張溫鷹、蘇嘉全分別當選台北縣、台中市、屏東縣縣市長，九八年四屆立委當選十二人。同年陳水扁連任市長失敗，謝長廷卻當選高雄市長，二〇〇〇年謝又兼任黨主席，此時可算是福利國和謝長廷政治行情的高峰期。期間九四年謝長廷和陳水扁爭奪黨內台北市長提名落敗，九六年尤清曾參與總統大選黨內初選，該年謝長廷更辭去黨不分區立委第一名的頭銜，與總統候選人彭明敏搭檔參與總統大選。

福利國連線雖然號稱黨內第二大派系，但其組織十分鬆散，成員的自主性高，而且該系沒有實質的領袖，謝長廷號稱是該系的精神領袖，卻無法號令連線成員，倒是該連線不少成員都是黨內大老級或實力派人物，除謝長廷外，姚嘉文曾任第二屆黨主席，蔡同榮曾是台獨聯盟主席及FAPA會長，尤清、蘇貞昌則是前任、現任台北縣長，張俊雄是前行政院長。因此福利國連線比正義連線更像個體戶精神加盟連鎖店，彼此之間的依存度不高，因此在黨內中執委、中常委，甚或不分區立委選舉常常因不能整合而無法勝出。甚至在連線開派系會時常常因出席人數不足而流會或改為談話會。

二〇〇一年底立委及縣市長選舉，福利國連線當選十六席立委及北（蘇貞昌）、屏（蘇嘉全）兩縣縣長，還維持一定實力，不過在黨內已掉在正義連線及新潮流之後，成為黨內第三大派系。目前謝長廷在黨內不斷遭到陳水扁打壓，而其他派系又不斷向福利國連線挖腳，因此連線如何鞏固內部的內聚力防止挖腳，並在新潮流及正義連線兩大派系夾殺中再求突破與發展，則是當務之急。

四、逐漸沒落的美麗島系

美麗島系顧名思義，源自美麗島雜誌社。美麗島雜誌做為黨外反對運動的主要政論據點，由於當時尚未解除黨禁、報禁，因此黨外政論雜誌多經由地攤、書報攤等地下管道發行，當時創辦美麗島雜誌的黃信介、許信良、施明德、林義雄、張俊雄等黨外精英，他們為突破禁錮，於是串連全國各縣市，在各縣市成立美麗島雜誌社的辦事處，作為雜誌的發行網站及黨外政治人物聚會的場所。

一九七九年爆發美麗島事件，這群黨外精英多數被捕入獄，黨外運動陷入群龍無首的境況，迨一九八三年「黨外公政會」成立，黨外運動再度聚集，以共同政見互相奧援，以求取勝選，而「黨外公政會」的成員就是當時各縣市美麗島雜誌社的負責人，這些人主要有台南市的蔡介雄（省議員）、台南縣的謝錦川和謝三升（省議員）、高雄縣的余登發和余陳月瑛、南投縣的林宗男（省議員）、屏東縣的邱茂男（省議員）、苗栗縣的傅文政、趙綉娃夫婦（省議員）、台中市的何春木（省議員）、雲林縣的蘇洪月嬌（省議員）、桃園縣的黃玉嬌（省議員）及台北縣的王兆釗等人。

一九八六年九月，在開放黨禁的前一年，這群黨外人士宣布成立民進黨，當時的民進黨是以美麗島系的「黨外公政會」和新潮流系的「黨外編研會」為主。由於美麗島群龍無首，因此新成立的民進黨初期都由新潮流系操控，前兩任黨主席江鵬堅和姚嘉文都是在新系的操控、支持下當選，也因此黨務都由新系把持，迨一九八七年，張俊宏、黃信介相繼獲釋，並發起號召萬人入黨活動，八八年十一月黃信介當選第三屆黨主席，是年年底許信良闖關返台，美麗島人士再次集結，美麗島時代宣告來臨。

所謂美麗島系包括美麗島事件受刑人及其家屬、辯護律師及各縣市美麗島雜誌社負責人（受刑人中林義雄和施明德一直扮演中間人士、姚嘉文則和黃信介有隙，未加入美系），而黃信介、許信良和張俊宏則號稱是美麗島三大龍頭。

從一九八七年到一九九八年整整十年可以說是美麗島系的風光時期，黃信介連任三、四兩屆黨主席，許信良則蟬連五、七兩屆黨主席，期間除了九四年許信良因選舉失利下台負責，第六屆黨主席由施明德擔任外，美麗島系可以說是主控黨內一切事務與決策，包括八九年的國是會議及九七年的國發會。

九六年七屆黨主席選舉美麗島系發生嚴重內鬨，並導致美系一蹶不振。當時的秘書長張俊宏下跪求情，要求許信良基於同袍情誼讓他扶正，但許信良堅持不讓，導致最後張俊宏割袍斷義，兄弟情絕，次年張俊宏更另組「新世紀」次團，美系一分為二宣告分裂。九九年許信良退出民進黨參選總統，同年黃信介病逝，三大龍頭去其二，美麗島系從此一蹶不振。

其實許張決裂只是加速美麗島的沒落而已，在四、五屆立委選舉，美麗島系面臨組織嚴密、群眾動員能力強大的新潮流系，及社會形象較佳的正義連線及福利國連線，就經常陰溝裡翻船，吃敗仗，甚且二〇〇一年立委選舉許信良之妻許鍾碧霞在桃園慘遭滑鐵盧，因此許多美系形象清新者紛紛轉投其他派系，特別是正義連線發展，故就政治現實面觀察，美麗島系的沒落乃是勢所必然。

美麗島從風光到暗淡，令許多美系大老無限唏噓，因此近日有不少有心人四處奔走，希望能把形同散沙的美麗島再度聚合發光，不過在缺少魅力型的政治領袖及人情抵不過政治現實的情勢下，美麗島要重振雄風恐非易事。

五、「台獨聯盟」的衰敗

「台獨聯盟」的前身是日本的「台灣青年獨立聯盟」（一九六五）及美國的「台灣獨立聯盟」（一九五

五）、「全美台灣獨立聯盟」（一九六六），一九七〇年一月一日，台灣、日本、美國、歐洲、加拿大等五地區的台獨團體正式合併，成立「台灣獨立聯盟」，一九八七年改名「台灣獨立建國聯盟」。

在國內的反對運動未步入政黨競爭之前，「台獨聯盟」一直是國內反對運動主要支持力量，他們一方面在國外募款支持國內反對運動，並向美國國會遊說支持反對運動，打擊政府，一方面不時使用暗殺、暴力手段製造社會動亂，企圖顛覆政府，因此「台獨聯盟」不但是一個叛亂團體，就反對運動而言，它更是國內反對運動的老大哥、指導老師，儼然有霸主之尊。

隨著國內外政治氣候之改變，「台獨聯盟」亦不得不調整路線，一九八八年二月提出「島內獨立運動公開化、海外返鄉普遍化」的主張，復於一九九〇年一月發表聲明，宣布放棄武力抗爭，並計劃在兩年內遷台。八八、八九年「台獨聯盟」的若干幹部莊秋雄、吳信志、蔡正隆、李憲榮及郭倍宏等人，即曾以改名護照或透過秘密管道返台。九〇年一月，當「聯盟」決定遷盟返台後立即成立「遷台策略委員會」，並決議廢止「島內工作委員會」及「策劃委員會」與秘書處等單位。「遷台策略委員會」由聯盟主席許世楷出任主任委員，其下設四小組，分別擘劃「公開闖關」、「取得簽證」、「安排秘密管道」與「島內外聯繫」。此外亦積極執行各項計畫，包括：㈠培訓「島內」反對運動黨工，並吸收其優秀者為「島內」盟員；㈡透過海內外溝通會議，與「島內」各反對運動團體廣結善緣；㈢不斷派人潛回台灣，安排遷台之有關連絡與準備。期間，李應元、陳婉真、王康陸等人陸續闖關回台，進行各項準備工作。

為了支援「台獨聯盟」遷盟返台，民進黨也成立「台獨聯盟遷黨回台支援會」。一九九一年十二月七日張燦鍙從日本搭機返台，在機場被捕，但「獨盟」卻在同年十二月二十日，在台北市海霸王餐廳舉行盟員大會，雖然與會幹部多人被捕，但「獨盟」總算遷盟回台。

一九九二年五月十五日，刑法一百條修改，黃華、陳婉真、王康陸、郭倍宏、李應元等「台獨聯盟」核心成員相繼獲釋，同時政府亦廢除對黑名單的入境管制。六月二十七日「獨盟」在台召開第二次盟員大會，改組中央委員會，在獄中的張燦鍙連任主席。並改組「獨盟」組織，將總部設在台灣。「台獨聯盟」在主客觀因素下終於解除限制，在國內正式展開活動。

「獨盟」遷盟返台後仍自視其為台獨運動的領導者，其領導人一直強調該盟是「全方位的運動團體，不是民進黨的一個派系」，「民進黨偏重於選舉路線，獨盟著重於群眾路線，彼此可以互補」，一方面堅持「台獨聯盟」自主的、崇高的地位，一方面卻放任其盟員在民進黨體系內參選。因此雖然「台獨聯盟」不認為自己是民進黨的派系之一，但民進黨其他派系及一般民眾，卻都把「台獨聯盟」視為民進黨的派系之一。因此雖然顏錦福、陳唐山等具公職人員身分的獨盟成員，無不希望獨盟放下身段，直接介入民進黨內部運作，不要忌諱成為民進黨的派系，以藉此掌握民進黨的領導權，但「獨盟」仍自我陶醉在其以往反對運動的崇高地位，無意介入民進黨的派系運作，因此二屆立委選舉，「台獨聯盟」慘敗在「土獨」新潮流的手下，只有黃爾璇和陳唐山當選，獲得兩席立委，其他盟員則更多人投入民進黨其他派系參選，如李慶雄、顏錦福、蔡同榮、尤宏、魏耀乾代表福利國連線參選，許添財、李進勇代表正義連線參選，三屆立委只有李應元和黃爾璇當選，四屆只有王幸男、林國華、黃爾璇、李應元當選，五屆只有王幸男、林國華、陳唐山當選。期間陳唐山曾分別在九三、九七年當選台南縣長，張燦鍙在九七年當選台南市長，但也只是聊備一格，無法成為民進黨內之大派系。

「台獨聯盟」返台後，由於水土不服，在國內政治市場很快就淪為附庸角色，其盟員為追求政治職位紛紛投效其他派系，九六年建國黨成立後，其黨員幾乎清一色都是「台獨聯盟」盟員，而建國黨在次年選舉全軍覆沒，更注定「台獨聯盟」的沒落。

據「獨盟」核心幹部透露，目前其盟員有三種屬性，一是根本依附在其他派系，不參加聯盟的任何活動，一是偶而到聯盟走動走動，至於對「獨盟」保持一貫忠貞的盟員，則已少之又少，因此近年「獨盟」在民進黨內有關的黨內公職或民意代表初選幾乎是一敗塗地，毫無起色，因此有人戲稱「獨盟」已在台灣的政治現實下被淘汰了，或許現在該是遷盟出台的時候了！

二〇〇四、三、二十五

當前陳水扁所面臨的政經困局

一、前言

陳水扁就任總統至今已快兩年，期間歷經三次內閣改組及兩次選舉（立委暨縣市長選舉，及鄉鎮長與縣市議員選舉），在立委選舉方面，民進黨在李登輝的義助下，奪下八十七席成為國會第一大黨，加上「台灣團結聯盟」的十三席，泛綠陣營共有一百席，暫時穩定執政權，無交出政權的危機。至於在縣市長、縣市議員及鄉鎮長等基層選舉，泛藍軍國民黨仍保有相當優勢。

儘管民進黨在陳水扁執政後成長有限，但陳水扁利用其執政優勢，使得國內的政經情勢有明顯改變，諸如企業界及媒體逐漸向執政者靠攏，國營企業及公營企業逐漸綠化等等，在在使陳水扁的執政基礎更加穩固，據三月中的一份民調顯示，如果現在選總統，投給陳水扁的有百分之三十七，宋楚瑜為百分之三十一，連戰只有百分之十二。若政經局勢無特別變化，這種差距在兩年後還會拉大，甚至有人悲觀的認為，屆時即使連宋合都無法阻止陳水扁連任。

二、當前陳水扁面臨的五大難題

（一）黨內派系及黨團對無法參與人事及決策權十分不滿。陳水扁當選總統後，民進黨內各派系及黨團成員和幹部卻無執政的喜悅，首先，陳水扁經常在總統府發號司令，黨中央形同被架空，其次，有關內閣的人事，陳水扁主要以其嫡系人馬、李登輝班底及李遠哲等國政顧問推薦人選為主，黨內派系領袖幾無置喙的餘地，再者，重大決策雖然形式上有九人決策小組，實則由總統府一手操控，黨中央及黨團甚少聞問，卻要為府院的決策負責背書，因此黨內派系早已醞釀反彈情緒，陳水扁內定副院長人選洪奇昌在黨團投票僅以一票險勝蔡同榮及陳水扁嫡系陳其邁在黨團幹部投票慘遭滑鐵盧，及近日民進黨黨務改造有關「總統兼任黨主席」、「擴大中常會職權」等皆是黨內不滿情緒反彈的反應，企圖將陳水扁納入黨內體系之中，使黨中央及派系領袖有決策及人事參與權。

（二）和李登輝及「台聯」間關係曖昧不明。總統選後，陳水扁幾乎每個星期都往李登輝住所跑，不論在人事及決策上都充滿李登輝著墨的痕跡，立委選舉前，李登輝為幫陳水扁穩定政局，成立了「台灣團結聯盟」並投入選戰，選舉結果「台聯」異軍突起，並獲得百分之八的得票率和十三席立委，選後「台聯」和民進黨併稱泛綠軍，共組執政聯盟，在立法院副院長選舉及覆議財政劃分法上，兩者立場一致，共同對抗國親合作的泛藍軍。

「台聯」雖然在一般政策上支持執政黨，但在意識形態上卻是極端的台獨基本教義派，對一直想向中間傾斜以爭取中間選民的陳水扁卻處處掣肘，選後至今短短幾個月「台聯」共拋出多項議題，翻攪新內閣成立後的政治生態：

1.要求陳水扁赴立法院做國情報告。

2.擬提議修改選罷法，規定總統候選人必須在台出生，即「台生條款」。

3.擬提議將台語列為第二官方語言。

4.反對晶圓廠赴大陸設廠，並要求朝開放方向決策的行政院副院長林信義下台，及計畫動員群眾包圍立法院。

「台聯」上述作為對企圖走向中間路線，全力拼經濟的水扁及新內閣都產生掣肘，有拉後腿的味道，也因此引發民進黨立委的不滿，林育生和湯火聖就跳出來開記者會，要「台聯」「踩煞車，不要像過動兒一樣搗蛋」，他們說「台聯」動不動就點名政務官下台，不但不能穩定政局，更可能為穩定政局埋下炸彈，「台聯」的這些作為是「腦筋不清楚」。

儘管許多民主黨人士對「台聯」為吸引鎂光燈的這些種種作為十分不滿，不過對扁政府的兩岸開放政策還是起了「決定性」的牽制作為，經「台聯」如此一鬧，游錫堃馬上夜訪黃主文，並示意要延後八吋晶圓廠赴大陸投資的決策。

立委選後我們就大膽的預測，陳水扁的兩岸政策必定會受李登輝的影響而搖擺不定，原因無他，若沒有「台聯」的十三票，扁政府在立法院要順利推動政務必會更加艱難，因此「十三票」便能裹脅整個政府。有趣的是，有些親扁人士樂觀的認為，「台聯」的這些提議正可以彌補民進黨執政後「左翼」言論作為之不足，「台聯」在民進黨的左翼可以讓民進黨更大膽地往中間靠攏。問題是：一、「台聯」的這些作為必定會對兩岸政策產生相當大的牽制作用，而這種牽制是否會對目前經濟困局造成更無法突破的關鍵，並進而影響到企業界對扁政府的信心，及兩千零四年的總統大選？問題二是，「左翼」的位置若被「台聯」佔領，是否會對未來選票結構產生影響？我們的觀點是，在單一選舉（如總統、縣市長選舉）不會，但對複數選舉則會，「台聯」不像建國黨和「新國家連線」，「台聯」有李登輝，「台聯」和李登輝的聯繫比「民進黨」和陳水扁的聯繫還強，這點必會在北高兩市市議員選舉中顯現。也因此我們可以大膽預測，陳水扁和李登輝間，及民進黨和「台聯」間必然會隨著時間而雙方的矛盾和衝突會逐漸浮現。

（三）內閣不穩與財經危機。游錫堃出任行政院長至今才兩個月，但已有經濟部長宗才怡辭職，另據傳主計處長林全、研考會主委林嘉誠及行政院發言人莊碩漢等人亦相繼表示辭意。其中宗才怡請辭後更有找不到接任人選的窘境，最後才由林義夫匆匆接任，因為閣員的折損率太高及流動率太頻繁，因此許多學商界的人才一聽到入閣不是搖搖頭就是紛紛走避，誰願意擔三日京兆之心入閣任人擺佈呢？

內閣之不穩肇因於財經團隊的薄弱，也因而使「拼人文，拼經濟」的戰鬥內閣流於口號，經濟的停滯使國家稅收減少，財經窘狀更加明顯，中央和地方更為爭食財政預算大餅而劍拔弩張，陳水扁的不加稅政見形同空頭支票，為彌補預算赤字，健保費、水費、電費紛紛醞釀調漲，相對的減弱人民的購買力，因而減緩經濟復甦的活力。財政的窘境更出現在中美關係上，布希的共和黨一直想對台軍售以從中獲利，而陳水扁亦想利用對美軍購來加強台灣的防衛能力與中美關係，但月中國防部長湯耀明赴美軍事交流時，面對美方的軍售壓力，湯的回應卻十分無奈：「我們的預算經費也有困難」，顯見台灣已非美國眼中的金雞母，它的財政困境正在浮現。

（四）兩岸關係的僵持與政商關係的攤牌。兩岸關係包含民間經貿、文教等交流的速度與幅度及官方政治僵局的和平解決，而政治上的對峙又往往限制了民間的各種交流與互動。陳水扁上台後雖然提出「四不一沒有」，暫時緩和了兩岸的緊張氣氛，但陳水扁拒絕接受「九二共識」與「一中原則」，並推動一連串的文化台獨化與名稱（國號）台灣化的正名運動，並企圖透過ＷＴＯ的雙方對話模式來迴避「一中原則」，中共亦將之定調為「漸進式台獨」，拒絕恢復溝通對話。

也因為政治的僵持，導致經貿互動的放緩，並影響財團前進大陸的全球化佈局，因此近日王永慶、張忠謀、曹興誠、辜濂松、高清愿及張榮發等企業鉅子對政府戒急用忍政策紛紛展開嚴厲的批判，張榮發更將船隊移往他國註冊，此外外商如優比速等亦將公司經營重心移往他國，使台灣的經濟困境雪上加霜，因此近日陳水扁有關重啟「兩岸跨黨派小組」及討論開放八吋晶圓廠赴大陸投資案等等，就是試圖緩和業界不滿情緒，但若陳水扁仍想一味迴避「一個中國原則」，則兩岸關係要想突破，台灣政商關係想要避免對立，則是緣木求魚，不太可能。

（五）社會問題日益嚴重。社會問題導因於經濟不景氣與失業率太高，由於傳統產業的競爭力喪失，因此目前台灣四、五十歲的中壯年失業、待業人口十分多，恐怕比官方公布的百分之五失業率高出五、六倍有餘，而這些人在這兩年坐吃山空，已把以前的積蓄花費殆盡，生計問題遂一一浮現。報載彰化員林有一所國中有兩、三百名學生無錢購買營養午餐，台東高工更有三分之一的學生繳不出學費。社會問題主要表現在自殺率的提高，搶案及強盜案的提升。此外加入WTO後農民的收入更加減少，花農、果農、菜農抗議事件層出不窮。而這些社會問題中南部尤為嚴重，若無法有效迅速處理，陳水扁競選連任的中南部選票勢必大量流失。

三、未來展望

陳水扁執政這兩年稱之為「李扁體制」毫不為過，對一個體制外主張台獨的政客，突然攫取體制內的政治權力，如何去鞏固權力推動政務，都是一項極其艱鉅的挑戰，而治國之「術」亦只有向先行者師法了，因此短時間陳水扁想要擺脫李登輝幾乎不可能。

雖是如此，但李扁關係卻存在諸多不確定性與矛盾點，首先，就權力的本質而言，前任者想繼續掌控權力，但後繼者卻想擺脫控制，自創歷史，因此雙方存在共生與互斥的矛盾關係，其次就權術的運作觀察，李扁間有多少不足為外人道的私密關係？及陳水扁有多少把柄掌握在李登輝手中？李登輝主政期間又有多少不足為外人道的弊案須要陳水扁保護？最後，就思想路線而言，李登輝親日式的台獨和陳水扁傾向依靠美國的台獨，未來如何共生、互動？

近日有關開放八吋晶圓廠赴大陸投資案及國家安全局機密資料外洩案更使扁李關係面臨考驗，「台聯」及親李媒體對陳水扁處理這兩件事的作法表現出強烈的不滿。就八吋晶圓廠大陸投資案，陳水扁須考量台灣經濟發展的前景和選票因素，但李登輝卻只在意其三階段台獨任務的實現；就國安局洩密案，陳水扁須考量弊案的黑洞到底有多深多大？對外關係（尤其是對美關係）如何修復？及情治單位如何整頓？對「台聯」和李登輝則是如何迴避政治及司法審判，雙方思考的方向和基礎幾乎全然不同。

因此我們說這兩案是考驗扁李關係的關鍵點毫不為過，而扁李關係的主要差異便是「日式台獨」和「美式台獨」的不同，李登輝主政十二，年其人脈（官方和民間）與路線已深根蒂固，陳水扁有辦法在短短兩年間擺脫李登輝從「日式台獨」走向「美式台獨」嗎？它對台灣的未來及兩岸關係將有極深遠影響。

最後，影響台灣未來走向的一關鍵因素是李登輝的年齡因素，據說李現與人晤談時講話有點有氣無力，恐無法在年底為「台聯」站台，若是如此，則亦將對台灣的政治生態產生巨大衝擊。

二〇〇二、四、五

陳水扁兼任民進黨主席的選舉考量與利弊得失

七月二十一日，民進黨召開第十次全國黨員代表大會，會中選出中常委、中執委及中評委等新的權力核心，同時也進行新、舊黨主席的交接典禮。

本次全國黨代表大會最值得注意的是正義連線和新潮流公開合作配票，在票選中常委中正義連線和新潮流共拿下五席，加上陳水扁和他指定的三席中常委，陳水扁至少能控制九席、三分之二的中常委。在中執委部分，新潮流和正義連線共有十七席，加上陳昭南、陳美壽、洪耀福等三人歸順，亦可控制中執會二十席超過半數的席位（中執委共三十五席）。此外，在中央黨部一級主管方面，除了社會發展部主任卓榮泰、中國事務部主任陳忠信外，餘皆是扁系、新系人馬。因此在扁系、新系合流後，黨權已被陳水扁掌控，在黨政權力集於一身下，未來陳水扁的意志將可更進一步的貫徹、執行，像謝長廷當主席時，經常黨政不同調，互扯後腿的現象亦可消除。

陳水扁出任民進黨主席，在野黨批評他違反競選承諾，自由派學者譏之為列寧式政黨復活，大開民主倒車，甚至田弘茂等親獨派學者亦連署上書期期以為不可，呂秀蓮並說如此會使民進黨成為「民主退步黨」。

在眾多批評聲音中陳水扁仍考慮出任黨主席不外有三：

一、謝長廷仍想兼任黨主席，若此，長扁間似乎仍有存在競爭關係，黨政權力無法一把抓，這對他二〇〇四年總統大選時的競選團隊與團結極為不利，因此兼任黨主席後黨政競選團隊可一體為用混合編組，達到事權集中的目的。

二、可透過入主黨中央，並且修改內規讓立委兼任黨一級主管，強化陳水扁黨內的決策影響力，讓立院黨團凝聚捍衛政策的向心力，作為行政部門施政的後盾，行政院、黨中央、黨團成為相互支援的有機體。

三、也可透過黨政同步的人事布局，或以政治實力或以專業能力考量，並且兼顧派系平衡，網羅黨內政治菁英，一改過去派系據地自重，讓全黨為他所用。也唯有透過人事布局穩住民進黨的基本盤勢後，才有可能進而開拓中間選民支持，而不流失原有的支持群眾。

陳水扁兼任黨主席旨在「安內後攘外」，為二〇〇四年總統大選舖路，上述考量對其未來參選連任雖有幫助，但也面臨許多政治風險，首先，他勢必失去總統超然角色與迴旋空間，不可能像過去國民黨強人總統一樣在兩種角色間遊刃有餘；其次，他必須「概括承受」黨主席所有政治責任，從黨內賄選歪風，到核四與台獨黨綱的可能束縛、再到北高市長選戰成敗，陳水扁都必須承擔所有責任；最後，如果「黨政同步」改造失敗，黨中央、立院黨團與行政系統仍然步調不一，各派系仍然擺不平，則陳水扁更必須面臨退無可退的尷尬處境，民進黨的執政危機也將排山倒海而來。

此外，他更需面對三大問題的考驗：

一、內部整合的問題：民進黨號稱是一個民主政黨，可是內部意見分歧，派系林立，對外口徑表面上雖趨一致，但派系、甚至個人之間，矛盾叢生，少數人的動作，經常影響到整個政黨脈動。就品質而言，成員良莠不齊，立場迴異，經常呈現進步與退化、成長與腐化的兩極情狀，以這次全代會選舉而言，派系中新潮流系與正義連線妥協配票，成為最大贏家，其他派系只有銜恨以退，這是否會因而引發下一波反彈，仍有待觀察。大會進行中，黨的基層組織成員為爭經費待遇，在門外鬧場，也顯示了內部蘊藏問題的隱憂。黨政合一後的民進黨應如何提高黨員素質，打破派系的藩籬，將嚴酷的考驗身負重任的陳主席。

二、政黨關係的調適：陳水扁這次榮登黨主席寶座，泛藍軍的主席均未到場祝賀觀禮，僅派員出席「點綴」。親民黨主席宋楚瑜並公開表示不願替陳背書，國民黨則公開譴責陳沒有誠信。這表示在野黨對陳本人的積怨頗深。以實質的情況論，陳就任總統後，接見連戰後立即宣布廢除核四，不僅打了連戰耳光，使泛藍軍人人離而生畏，是種下積怨的主要原因，尤其本屆立院開議後的數次對決，民進黨人對泛藍軍或施小惠，或加以壓力，「恩威並濟」，屢次造成泛藍軍的失血流散，成員被迫叛離，這種仇恨，又豈能是黨主席之間握個手、打個照面就能化解？又如這次他訪問非洲友邦，一方面揚言重組國安聯盟，並罵連、宋綁在一起，自掘死路，一方面又口口聲聲要舉行政黨高峰會議，這種出爾反爾的個性如何改善朝野政黨關係？

三、兩岸關係的發展與統獨立場的表態：陳水扁兼任黨主席當天，中共宣布與我建交廿二年的南太平洋島國諾魯共和國簽署建交公報。這無異打了陳水扁一記無情的耳光，打出他肚子的怒火，使他在就職演說中脫稿大罵中共搞金錢外交，並不惜公開表態，要認真思考「走咱們的台灣路」。陳水扁的這番講話誠如中共學者所言，兩年多來陳水扁在兩岸關係的善意言論，一夕間化為烏有。兩岸關係在陳水扁上任後為「一中問題」、「九二共識」僵持不下。現在陳水扁兼任民進黨主席更使他面臨是否要修廢「台獨黨綱」的困境，若修改台獨黨綱勢必與基本教義派攤牌（甚至李登輝之流），若不修，則中共對陳水扁的疑慮將加深，兩岸關係要改善更加不可能。

因此，陳水扁任黨主席對其競選連任利弊得失兼而有之，但就其個人而言，絕對是弊多於利，將得不償失。

二〇〇二、七、二十六

民進黨第十屆全代會權力結構一覽表

職稱	姓名	派系屬性	主要經歷
主席	陳水扁	正義連線	曾任台北市長，現任總統。
副主席	游錫堃	親正義連線	曾任宜蘭縣長，現任行政院長。
副主席	謝長廷	福利國連線	曾任立法委員，現任高雄市長。
副主席	洪奇昌	新潮流	曾任國大代表，現任立法委員。
中常委	張俊雄	福利國連線	曾任立法委員、行政院長，現任民進黨秘書長。
中常委	張俊宏	新世紀辦公室	曾任民進黨秘書長，現任立法委員
中常委	陳其邁	正義連線	現任立法委員。
中常委	高志鵬	正義連線	曾任台北市黨部主委，現任立法委員。
中常委	林錫耀	新潮流	曾任省議員，現任北縣副縣長。
中常委	陳　菊	新潮流	曾任北、高兩市勞工局長，現任勞委會主委。
中常委	陳勝宏	新動力	曾任北市議員，現任立法委員。
中常委	許榮淑	新動力	曾任國大代表，現任立法委員。

中常委	蘇貞昌	福利國連線	曾任省議員、屏東縣長，現任台北縣長。
中常委	蔡同榮	福利國連線	曾任台獨聯盟主席、FAPA會長，現任立法委員。
中常委	柯建銘	福利國連線	現任立院黨團總召（當然中常委）。
中執委	羅文嘉	正義連線	曾任文建會副主委，現任立法委員。
中執委	蔡啟芳	正義連線	曾任國大代表，現任立法委員。
中執委	蔡煌瑯	正義連線	現任立法委員。
中執委	林國維	正義連線	曾任台南市黨部主委。
中執委	鄭貴蓮	正義連線	曾任國大代表，現任立法委員。
中執委	張花冠	正義連線	曾任國大代表，現任立法委員。
中執委	劉世芳	新潮流	曾任立法委員、台中縣副縣長，現任行政院秘書長。
中執委	林岱華	新潮流	現任立法委員。
中執委	蘇嘉全	福利國連線	曾任立法委員，現任屏東縣長。
中執委	邱永仁	福利國連線	現任立法委員。
中執委	管碧玲	福利國連線	現任高雄市新聞處長。
中執委	蔡天啟	福利國連線	全國黨代表。
中執委	尤　宏	福利國連線	曾任立法委員。
中執委	許金純	福利國連線	曾任中執委。
中執委	黃晀秀	新動力	現任中執委。
中執委	林純美	新動力	全國黨代表，立委林豐喜之妻。
中執委	劉俊雄	新世紀辦公室	現任立法委員。
中執委	陳昭南	新世紀辦公室	曾任立法委員、中常委。

中執委	陳美壽	新世紀辦公室	全國黨代表。
中執委	洪耀福	舊美麗島系	現任嘉義縣政府計畫室主任。
中評委	沈富雄	正義連線	現任立法委員、中評委主任委員。
中評委	杜文卿	正義連線	曾任苗栗縣黨部主委，現任立法委員。
中評委	藍美津	正義連線	曾任北市議員，現任立法委員。
中評委	鍾佳濱	新潮流	曾任國大代表。
中評委	陳素芬	新潮流	曾任國大代表，現任律師。
中評委	吳秉叡	福利國連線	現任北縣政府主任秘書。
中評委	賴家雄	福利國連線	曾任彰化縣黨部主委。
中評委	林永堅	福利國連線	曾任高雄市議員，現任高雄市副市長。
中評委	張貴木	台獨聯盟	曾任省議員。
中評委	林國華	台獨聯盟	曾任農權會會長，現任立法委員。
中評委	林進興	中間派系	現任立法委員。

（按：副主席游錫堃、謝長廷、洪奇昌三人因故未發布）

民進黨政府反對兩岸三通及直航的政策作為

十月十六日，中共副總理錢其琛在接受聯合報採訪團訪問時，提出以「兩岸航線」來定義兩岸直航問題，企圖迴避雙方所堅持的「國內航線」或「國際航線」之爭執，以順利推動兩岸直航。加以近日親民黨在立院提出「兩岸直航條例」，使兩岸直航在民間、學界及立院引發熱烈討論。預料十一月底立院在審查法案時，朝野會有激烈的攻防。

關於兩岸通航問題，陳水扁和蔡英文、民進黨中央、民進黨立委間一直在唱黑白臉，陳水扁在競選總統時曾提出一年內開放的政見，之後在很多場合亦表達相同立場，就以最近為例，陳水扁在五月的「大膽談話」，八月的「大溪會議」，及十月初的民進黨中常會都一再提出要儘早規畫兩岸三通事宜，十月十八日，陳水扁在與媒體喝咖啡時，更公開對錢其琛「兩岸直航是兩岸航線」的說法表示歡迎，並要求行政院部門應著手規畫直航，俟兩岸談判完成，將會立即實施。

陳水扁雖然對兩岸三通，兩岸直航問題，發表了無數次積極性的政策宣示，但陸委會、民進黨中央、民進黨立委及獨派媒體卻都抱持相反的態度與立場，置工商界大老辜濂松、高清愿、王永慶、張忠謀、施振榮等的呼籲而不顧，使他們對政府決策日益灰心與不滿。

就此次錢其琛拋出的善意政策，這些反對三通的人又陸續表態抵制：

一、十月十九日、二十日，群策會舉行國政研討會，會中「中國磁吸效應因應研究小組」提出報告，報告中將台灣現今的經濟問題，歸因於台商登陸，並做出開放三通是自尋死路的結論。

二、十月十九日，行政院長游錫堃在國政研討會致詞表示，兩岸互動，台灣不能流血輸出，暗示三通之不可行。

三、十月二十日，國安會秘書長邱義仁公開表示，「軍文關係很糟」，對軍方對政府政策不積極參與表示意見，只是「消極的配合政府政策」的作為表示不滿，暗示在三通議題上，對「維護國家安全」的軍方應跳出來發表反對意見。果不其然，十月二十一日，湯曜明在立院答覆民進黨立委的提問時表示，軍方對於開放兩岸直航議題曾提出包括「兩岸直航必須定點、定航、定時」等二十八項建議，包括有「戰管反應不及、預警時間不足、我國空軍訓練空域受到壓縮」等八項屬於嚴重危害台海安全的意見，以及兩岸直航中共可能對台進行「以民航機對台實施電子偵測、戰機偽裝或民航機掩護戰機對台攻擊」等對台潛在軍事安全危機。他並表示，軍方對於兩岸直航可能對國家安全造成的危害已深入研究，因為不願成為民間三通壓力的絆腳石進而遭外界指責，在政策上持配合態度，不過，如果國防部所提八項可能嚴重危害國防安全的建議，無法透過兩岸談判獲得進一步解決，國防部仍將堅持反對兩岸直航、大三通。

四、十月十九日到十月二十四日，反對三通最力的獨派媒體自由時報，一連發表六篇反三通的社論，分別是「中共以通促統，台灣豈可掉入陷阱」（十九日），「莫讓三通陷台灣於萬劫不復」（二十日），「政府應有效防範內外夾擊的促通攻勢」（二十一日），「台灣產業應升級創新才能走出新途」（二十二日），「台灣絕不可被迫服下『三通』的毒藥」（二十三日），「政府應明確向三通直航說NO」（二十四日），此外亦刊載相關論述，引經據典，反對三通。

五、十月二十三日，陸委會主委蔡英文在立院表示，「兩岸航線問題」需兩岸坐下來協調，同時，交通部長林陵三更進一步表示，三通必須由政府對政府談判。

陳水扁及民進黨政府對兩岸三通及通航，從「開放的態度」、「儘早規畫」，到「為維護國家安全，情願保守，也不願冒進」，及「三通是毒藥」；從可授權兩岸民間談判，到必須政府對政府談。可見民進黨政府是講一套，做一套；講三通，實際上是反三通。

民進黨在處理三通議題時，態度反覆，已是見怪不怪。令人訝異的是，為爭取工商界及中間階級，一向扮演白臉的陳水扁，竟然一改態度，在十月二十三日，引用日本和香港為例，強調三通並非萬靈藥。這種轉變可看出，民進黨的兩岸政策已擺脫昔日態度模糊、立場搖擺的作法，不顧在野黨及企業界要求兩岸直航的聲音，企圖以拖待變，處理兩岸問題。因此十一月份立院在處理「兩岸直航條例」時，行政院有可能以技術性擱置的戰略，而將提出「待兩岸完成協商後」該條例才能生效的但書。

民進黨政府及獨派勢力之所以反對三通，主要原因是三通不利於其台獨總目標的實現，因為開放三通後，兩岸勢必更緊密的結合與交流，這與民進黨政府高喊的台灣主體性、台灣認同，將產生互斥，並影響其所推動的

「去中國化」漸進式台獨，因此必須找些理由來反對。其說可分為三個層次：

一、在政治層面上，高喊所謂「台灣主權獨立」（有時亦喊中華民國主權獨立），用陳水扁的術語就是：「談判的先決條件是不能附加其他條件，不能泛政治化，尤其台灣不能被矮化、地方化或者邊緣化」；依陸委會及交通部官員的說法則是：「船舶航空器本來就是國家主權表徵的延伸，航線談判更是具有強烈的主權宣示意涵」。因此公權力必須介入兩岸直航談判，也就是必須政府對政府的談判。換言之，直航談判就是兩個主權國間的國際航線談判。

二、在軍事層面上，在邱義仁要求軍方表態反對兩岸直航，以及湯曜明在立院提出三通有「八項可能嚴重危害國家安全的建議」後，軍事及國防安全便成為民進黨政府現階段反對三通最有力的理由。因此就軍事觀點而言，兩岸直航必須在國軍做好各項國防安全的準備工作，而且中共公開表示不以武力犯台及撤除部署沿海的四百顆飛彈後，方可為之。

三、在經濟層面上，反對三通論者謂：「三通直航將更強化中國對台灣的磁吸效應，導致台灣邊陲化」，「積極開放政策實施的結果，非但沒有使台灣經濟脫離衰退陰影，反而使台灣的產業、資金加速流失，失業率居高不下，金融危機益形嚴重」。持這類觀點者，以中小企業理事長戴勝通最具代表性，他說，開放三通直航，將使台灣的房地產再跌一半，工廠關閉二十萬家，失業率將達百分之十五。

民進黨政府及獨派人士反對三通的理由似是而非：

一、就政治及軍事層面而言，就是因為兩岸關係特殊，才要迴避主權問題，不採政府對談方式；「辜汪會談」的「九二共識」、「一中各表」及台港航線問題之解決，不都是在迴避主權爭議下辦到的嗎？此外，有關中共放棄對台動武、撤除部署沿海飛彈等，也都可經由談判簽署類似「兩岸和平協定」、「兩岸非軍事協定」來解決。堅持「國際航線」、「政府對政府談判」、「主權國間的談判」，不是等於要台獨不要談判，要台獨不要和平嗎？又如何要求中共放棄對台動武及撤除沿海飛彈？

二、就經濟層面而言，開放兩岸直航可以減少兩岸經貿成本，促進國內產業升級，搶佔大陸市場，發展亞太營運金融中心，這是經發會的共識，也是中研院院士的聯名上書內容，更是大企業家如王永慶、高清愿、張榮發、張忠謀、施振榮、辜濂松等的企盼。此外，歐美商會亦曾大聲向扁政府倡言。至於所謂加速資金、產業出走，造成台灣產業空洞化及失業率居高不下等問題，其主要原因是台灣投資環境惡化、產業結構轉型太慢，應從改善國內投資環境及加速產業升級著手，與開放三通直航沒有直接與必然之關係。就近年兩岸經貿互動的現實面觀察，我們甚且可以提出一套觀點，亦即是，若非兩岸民間經貿互動擺脫政府戒急用忍的束縛，使台灣七、八年來對大陸貿易順差近一千五百億，台灣經濟豈能維持目前衰而不敗的局面？

最後，本人提出湯曜明和王作榮的兩段談話供扁政府參考：

湯曜明說：國家安全包括國防和經濟等層面的安全，在經濟安全層面，如果兩岸因為沒有三通而使台灣經濟不繁榮進而使百姓受害，也算是危害國家安全。

王作榮說：我估計五年後，大陸晶圓代工就會超過台灣，而台灣的晶圓代工業就會像傳統產業一樣，如不與大陸合作，在大陸設廠，就是死路一條—關廠。屆時台灣再有什麼產業可以接替呢？

（本文原刊載於民國九十一年十月出版之國民黨內部刊物「政情分析」二〇〇、二〇一期）

民進黨推動公民投票的經過及其策略分析

一、公民投票與台獨

一九七〇年海外台獨分子在美國成立「台獨聯盟」。同年台獨理論大師陳隆志和美國政治學者拉斯威爾（Laswell）根據舊金山和約等提出「台灣地位未定論」，主張「台灣前途應由台灣全體住民自決」。此項主張在一九八三年十一月並成為民進黨前身「黨外中央後援會」的選舉共同政見。

一九八六年民進黨成立。八七年十一月十日，民進黨二全大會發表聲明，強調「人民有主張台灣獨立的自由」。八八年二全第一次臨時會通過「四一七決議文」，主張「台灣主權獨立……，任何台灣國際地位之變更，必須台灣全體住民先決同意」，九一年十月十三日，五全大會更通過由林濁水提案，經陳水扁修正的「台獨黨綱」，主張「基於國民主權原理，建立主權獨立的台灣共和國及制定新憲法的主張，應交由台灣全體住民以公民投票方式選擇決定」。此後「公民投票」就和民進黨的台獨主張緊密地聯繫在一起。

一般而言，公民投票包含三個層次：一是二次大戰後亞、非及拉丁美洲等國家在英、法等帝國殖民主義瓦解後，被殖民地區以住民自決來尋求獨立；一是民主國家的一種修憲機制，修憲機關在修憲後，經由公民投票來確認修憲條文；三是一國人民對國家重大政策或地方自治事項實施主動的發動參與權。公民投票是在補代議政治之不足，因此又稱「直接民權」，或稱「公民主權」。

民進黨原來不承認中華民國是一個主權獨立的國家，因此其原先所主張的公民投票只是獨立建國、制定新憲的台獨自決（即住民自決）罷了，迨九〇年後反核四、反興建美濃水庫等重大政策爭議浮上檯面，民進黨再在公投議決事項加入重大國家政策事項。

二、推動時期民進黨公民投票的相關活動與立法工作

（一）公民投票的相關活動

1.一九八八年十一月，民進黨中常會決議：「由民進黨發起公民投票運動，要求政府於一九八八年公職選舉時，就『是否願意接受中共統治案』舉辦公民投票」。

2.一九九〇年五月全美台灣同鄉會代表大會發表聲明，主張「台灣前途應由台灣全體居民以公民投票決定」。同月高雄後勁舉行是否興建五輕公投，為台灣自治史上首次公投。

3.同年五月，由前台獨聯盟主席蔡同榮所發起的「公民投票促進會」成立，共有教授、律師、醫師、宗教人士、企業家兩百多人參加，蔡同榮擔任會長，並在各縣市陸續成立分會。

4.一九九一年五月二日、十月二十五日及九二年二月三日，「公民投票促進會」分別在台北、高雄、台中舉行三場大規模遊行，主張舉辦「以台灣名義進入聯合國」公投。

5.一九九六年三月，台北市長陳水扁舉辦核四公投，九八年十一月宜蘭縣長劉守成舉辦核四公投。

6.一九九九年四月「公民投票行動委員會」在立法院前舉行為期十一天的「公投救台灣」絕食活動。

（二）公民投票的立法工作

民進黨除了大肆進行有關公民投票的宣傳及運動兩項工作外，亦加緊在立院提出「公民投票法草案」，並就該法進行攻防。九〇年五月新潮流系的「新國會研究室」曾研擬一套公投法，但未提出。九三年二屆國大修憲，民進黨國大黨團曾提出公投入憲，該年六月十一日，蔡同榮向立法院提出「公民投票法草案」及「舉行公民投票進入聯合國案」，「公民投票法草案」共有九十六位立委連署，包括國民黨立委三十九人，「舉行公民投票進入聯合國案」也有八十三人連署，其中二十六位是國民黨籍。

「進入聯合國案」由於是全民共識，因此在討論後即遭封殺。「公民投票法草案」由於國民黨本土派立委連署者甚多，因此在立院形成激烈攻防，國民黨團一方面要應付民進黨的突襲，一方面要勸退支持該案之本土派立委，因此甚為吃力。七月十三日，民進黨團突襲成功，「公投法草案」交付內政與法制委員會審查。但國民黨以必須與行政院送來之版本一起討論為由，將之擱置。九月，國民黨立委趙永清（現已投靠民進黨）提出「台灣地區實施創制複決條例草案」，加上民進黨蔡同榮版、林濁水版、黃爾璇版，國民黨的高育仁版及新黨的郁慕明版，共有六種版本，其中趙永清的版本一度成為國民黨的藍本。

一九九四年四月二屆立委第三會期，立院經由政黨協商，整合蔡同榮、林濁水、黃爾璇、高育仁、郁慕明五人版本成一本協商版，並經內政與法制聯席會議一讀通過。一九九五年五月二日協商版公投法排入院會議程，進入二讀，但國民黨依舊採取技術杯葛，堅持只做「大體討論」而不做「逐條討論」，「公民投票法」終於胎死腹中，無法完成二讀。

三、轉型期民進黨台獨主張及公民投票立場的轉變

隨著國內外政治情勢的發展，民進黨的台獨主張和公投立法亦作了相應的修正與調整。首先，就國內情勢而言，一方面由於民進黨在九一年底通過「台獨黨綱」，該年國大選舉民進黨慘敗，九六年彭明敏參選總統「以終結外來政權、建立台灣共和國」為口號，亦遭慘敗，民進黨因而驚覺僵化的台獨基本教義思維已不能吸引選民；一方面由於民進黨實力不斷提升，慢慢的已有執政的氣勢與企圖，為了爭取中間選民，因此以往僵化的教條有修正的必要。其次，就國際局勢而言，由於中共經濟改革成功，國力大幅提升，且柯林頓政府不斷加強和中共的合作關係，使民進黨的台獨主張在當時的國際氛圍下已變得不可能（柯林頓在一九九七年與江澤民達成建立朝向「戰略夥伴關係」的協議，一九九八年七月赴大陸訪問又破天荒的提出「對台三不政策」—不支持台灣獨立，不支持兩個中國、一中一國，不支持台灣以主權國之名義參加任何國際組織），因此彈性調整台獨論述及公投實屬必要。

具體之調整做法有：

（一）一九九三年底，台獨理論大師陳隆志悄悄地修正其台灣地位未定論之台獨理論，稱「台灣自一九四九年以來事實上已經是一個主權獨立的國家了」。

（二）一九九五年九月十五日，民進黨主席施明德在美國參加一項研討會時，公開表示「民進黨如果執政，不必也不會宣布台灣獨立」。

（三）一九九六年五月七日，民進黨內新生代提出「台灣獨立運動的新世代綱領」主張「台灣獨立不是最優先的政治目標，而是為了實現社會改革理想的途徑」、「台灣獨立運動不能統攝一切政治社會改革運動，台灣獨立不一定以『台灣』為國家的名稱，國號、國旗、國歌的變更，不是台獨運動的目的」等異於基本教義派主張。

（四）一九九九年五月八日，民進黨八屆二次全國黨代表大會，通過「台灣前途決議文」，主張「台灣，固然依目前憲法稱為中華民國」，「台灣是一主權獨立國家，任何有關獨立現狀的更動，必須經由台灣全體住民以公民投票方式決定」。

四、陳水扁執政時期的公民投票和台獨主張

如前所述，由於民進黨將公投台獨修訂為公投拒統，因此二〇〇〇年總統大選陳水扁的「新中間路線」才得以遂行，並贏得總統大選。

陳水扁執政後，「為了讓美國放心，國際肯定，中國找不到挑釁的藉口。」因此在就職演說中提出「四不一沒有」──不會宣布台灣獨立，不會更改國號，不會推動兩國論入憲，不會推動改變現狀的統獨公投，也沒有廢除

國統綱領及國統會的問題。

在國家認同及公民投票等議題上，陳水扁更是採取兩手策略。在國家認同上，一方面口口聲聲高喊中華民國萬歲，一方面則與「台聯」聯手推動「台灣正名運動」，企圖消滅中華民國，同時也推動全面「去中國化」的文化、教育及語言政策。中共將之稱為「漸進式台獨」。

在公民投票的議題上，由於民進黨已執政，沒有推動統獨公投的急迫性，因此民進黨行政院推動的「創制、複決法」並沒有變更領土、更改國號的統獨公投。此外，對於「台聯」和蔡同榮聯手推動蔡版公投法時，民進黨也曾多次予以技術性杯葛，三月二十六日，立院在表決蔡同榮修正版的公投法時，總統府秘書長陳師孟更打電話給民進黨團，表明美國反對，要民進黨團不予支持。陳師孟也因而遭到台聯及基本教義派的嚴厲指責。

民進黨雖然在美國的反對下技術性地杯葛公投法，相較於國、親明白的反對，民進黨一方面樂於國、親當民進黨的擋箭牌，一方面卻對國、親大扣「反民主」、「賣台」的大帽（民進黨說公民投票是直接民權、人民主權，所以反公投就是反民主，反公投一邊一國就是反台灣，就是賣台，就是中共的同路人）。

國民黨及親民黨多數立委對於民進黨這種扣帽子的行徑本來就十分不齒，同時對民進黨在總統大選時必將會操作民粹牌憂心忡忡，六月中旬，包道格會見陳水扁時再次強調美國嚴重關切台灣舉辦任何形式公投的立場後，國、親高層在和立院黨團會商後決定加以反擊，不再反對公投，並將公投的壓力丟還給民進黨。七月十日，立法院臨時會就公投進行處理，泛藍和泛綠在各說各話，相互指責下，不歡而散，公投法及相關公投議題也就成為二〇〇四年總統大選最主要，也是最複雜的議題。

五、公民投票與總統大選

公民投票長久以來一直和民進黨的選舉策略聯繫在一起。一九九一年底國大選舉，民進黨就以「台獨黨綱」為主訴求，主張「公投、制憲、建國」，結果大敗。一九九七年修憲，陳水扁以「公投入憲」要脅，逼迫總統選舉國民黨放棄「絕對多數」，採行「相對多數」，使陳水扁在公元兩千年總統大選有機可乘。一九九九年總統大選前夕，陳水扁在民進黨八全二次大會上提出「台灣前途決議文」，將民進黨一向主張的台獨公投轉變為公投拒統，使其「新中間路線」得以落實，並贏得大選。

陳水扁執政後，由於政績乏善可陳，因此為期二〇〇四年總統大選勝出，陳水扁顧不得美國反對，再度把公投搬上檯面，成為選戰的主要策略。

（一）二〇〇二年八月三日，陳水扁在「世界台灣同鄉會」的視訊會議上，提出「台灣、中國，一邊一國」，並強調公投立法的重要性和迫切性。該主張提出後立即遭到中共的批評及美國的反對，陳水扁派蔡英文赴美解釋，風波才平息。事後，陳水扁發現台灣人民支持「一邊一國」和「公投立法」者達六成以上，因此又在多次場合重提「一邊一國」及「公投立法」

（二）陳水扁提出「一邊一國」及「公投立法」，旨在測試美國及中共的反應與底線，及國內輿論的反應，剛開始並沒有非做為選戰策略不可的打算。迨二〇〇三年二月十四日連宋會，四月十八日國親合、連宋配定案後，連宋民調比陳水扁超過二〇個百分點，陳水扁陣營才大為緊張，也因而確立以「公投」、「一邊一國」等議題作為操控民粹的競選主軸。因此在四、五月ＳＡＲＳ蔓延期間，民進黨大肆宣揚「反中仇共」情緒，說「匪諜比ＳＡＲＳ還多」、「ＳＡＲＳ是中國肺炎」、「中國要向全世界道歉」，並利用高明見事件，指親民黨和宋楚瑜「聯共賣台」；國親是「中共的同路人」，並且宣稱「要在一邊一國的架構下推動ＷＨＯ及核四公投」。公投議題提出後，再度遭到中共的嚴厲批判及美國的關注與不滿，美方並要求民進黨為公投結果「自負責任」。陳水扁一方面安撫美國，「不會背離四不一沒有」、「不會舉辦統獨公投」，一方面卻又變本加厲，強調要在「一邊一國的架構下推動ＷＨＯ公投」，「一邊一國打死不退」、「不講一邊一國愧對祖先及子孫」、「一邊一國、公投是民進黨黨魂」。七月二十七日，他在會見美國前在台協會理事主席李潔明時更強調本屆總統大選將是「一邊一國對抗一個中國的戰爭」。

（三）由於「一邊一國」及「公投」屬靜態陳述，尚不夠辣、不夠鹹，各方雖有反彈，但力道不夠，不足以挑動民粹，因此陳水扁在九月二十八日，在民進黨十七周年黨慶時，更進一步拋出要在二〇〇六年制定新憲法積極主動的動態作為，並稱新憲將提交公民投票，由人民複決。同時民進黨亦撤回行政院版的「創制複決法」，改以黨版的「公民投票法」取代。民進黨版的公投法包括主權、修憲議題都可公投。陳水扁「制憲論」提出後，美國與中共反應相對冷淡，皆將之定位為「競選聲明」、「選舉語言」，中共只冷冷的表示「等選上再說」，美國國務院發言人包潤石則唸出陳水扁的「四不一沒有」就職演說，要陳水扁不要忘記所提承諾。美國在台協會台北辦事處處長包道格則表示：「台灣要辦公投，美國沒有立場反對」，但「任何國家的內政發展如果擾亂西太平洋的和平與安定，美國對此表示關切」。在國內方面，國親都採取冷處理，除了將二〇〇六年制定新憲定位為「訂立台獨時間」表外，並不願在此議題上和陳水扁糾纏，隨陳水扁的節奏起舞。

面對國親的冷處理和美國的不滿與不耐，「新憲說」不但無法掀起國內熱烈討論與迴響，甚且引起中間選民的不滿與反感，認為陳水扁是在踩地雷，製造問題。因此府院黨各界一方面加緊滅火，指「催生新憲法，不等於建立台灣國」、「新憲不會改國號」、「不涉統獨也不會影響總統對四不一沒有的承諾」，一方面轉移話題焦點，將制定新憲定調為「推動憲政改革工程」，十月二日民進黨秘書長張俊雄並表示要成立「憲政小組」，推動陳水扁所提出的十一項憲政議題。

民進黨有關國家認同、統獨爭議、省籍對立的選舉議題操作，從公民投票↓一邊一國↓制定新憲↓憲政改革，歷經幾階段的變化。總言之，共包含三大議題：公民投票（公民主權）、一邊一國、制定新憲（國家主權）及憲政改革。這三大議題將是總統大選民進黨操弄民粹的主軸。

六、綜合分析

（一）陳水扁操弄「公民投票」、「一邊一國」及「新憲論」的目的

南華大學助理教授胡聲平分析陳水扁操控上述議題有五大目的：1.測試中共的底線。2.挑戰美國的耐心。3.鞏固台獨基本票源。4.轉移民眾對經濟及教改失敗的注意。5.為敗選預留退路。

質言之，其目的主要在不斷強化下述論述：「公民投票」就是「直接民權」、「公民主權」，「一邊一國」及「制定新憲」是「國家主權」。泛藍若反對「公民投票」就是反民主、反改革；反對「一邊一國」就是「反台灣」、「賣台」，是「中共的同路人」。同時也以「戰爭邊緣策略」，不斷刺激中共，企圖以民粹來鼓動台灣人民「仇中反共」的不滿情緒，讓中共成為其頭號助選員，以達到勝利的目的。

然而，陳水扁為此等作為在泛藍見招拆招，美國及中共冷處理，而台灣人民也逐漸洞悉其選戰伎倆後，不但效果遞減，信用破產（美國、中共及國內多數民眾將之定位為選舉語言、選戰策略，可見一斑），並且也增加台灣人民對其推動相關議題的不信任感，可謂弄巧成拙，自陷泥淖。

（二）「公民投票」及相關議題未來之演變

1.由於陳水扁在其他議題上已無牌可打，因此在「公民投票」及「一邊一國」、「制定新憲」等議題仍會緊咬不放，孤注一擲，甚至逐漸加溫。十月二十五日，將在高雄舉辦一場號召十五萬人參加的「公民投票大遊行」，陳水扁會親自參加，明年二月大選前並將舉辦號稱五十萬人參加的「台灣正名大遊行」。以此提高藍綠對抗，只要泛藍應對失誤或中共反應過激，陳水扁就可鼓動台灣民粹，從中獲利。

2.九月底、十月初，台北縣坪林鄉及南投縣集集鎮相繼舉辦爭取民眾使用交流道及反對興建焚化爐公投，坪林鄉公投甚且引發環保署長郝龍斌下台風波。此兩次公投事件引發環保和民意的爭辯，加以其他鄉鎮亦躍躍欲試，使國人對公投的可能亂象產生疑懼與不安。且民進黨和國民黨版的公投法在是否對主權議題設限，雙方毫無交集，因此本會期立法院要審議通過公投法，恐不樂觀。

3.國親反對沒有法源舉行公投，反對公投與總統大選掛勾，中央選委會主任委員黃石城在十月六日也表示反對在沒有法源下舉辦公投，而民進黨府、院、黨，信誓旦旦表示即使沒有法源也要舉辦核四、ＷＨＯ及國會改革公投（與總統大選合併舉辦），因此未來是否公投與總統大選合併舉行，朝野仍有得吵。

（三）「公民投票」對未來政局之影響

1.民進黨從立法公投到沒有法源也要公投，從強制性公投到諮詢性公投，從獨立公投到防禦性公投，可謂為了選舉，一意孤行，執意甚堅，因此即使大選落幕，公投議題仍然會持續發燒。

2.名政論家王杏慶（南方朔）在六、七月間曾為文反對台灣搞公民投票，他認為朝野在統獨、省籍等意識形態各有所圖之下，舉辦公民投票只會加深社會分裂，省籍對立，此非國家之福，加以最近各地炒熱的公民投票熱潮，亦會影響國家的環保和經濟發展。

3.令人擔憂的是，萬一總統大選陳水扁險勝，則在二〇〇八年北京舉辦奧運會之前，台獨分子推動「公投、制憲、建國」的工作必會加速進行，此舉將對兩岸、中美關係及亞太地區的穩定投下不可知的變數。若陳水扁敗選，公民投票仍亦將是民進黨在野抗爭，挑逗民粹的主要武器，泛藍及美中仍將予以正視。

（本文完稿於二〇〇三年十月十五日，一個月後，立院於十一月二十七日通過公民投票法，陳水扁並援用該法第十七條，於二〇〇四年三月二十日總統大選時同時舉行「反飛彈公投」，但被人民投票否決）

獨派團體與民進黨的制憲運動評析

海外時期的制憲主張與內涵

國民政府遷台後，除了雷震等人在五〇年代轟轟烈烈從事籌組「民主黨」的民主運動外，另有若干台籍異議人士開始推動台灣獨立運動。台灣獨立運動在日本萌芽，七〇年後，由於旅美、留美人士漸多，台獨運動乃由日本轉向美國，七〇年一月全球各地台獨組織在美整合成立「台獨聯盟」。七一年，台獨理論大師陳隆志在美出版「台灣的獨立運動與建國」，宣揚台灣地位未定論，主張推翻中華民國外來政權，並建立台灣共和國。台獨理論和台獨運動遂匯集合二為一。

台灣獨立運動之完成，除了需摧毀消滅外來政權之外，尚須建立一部「台灣新憲法」，因此台獨運動在海外展開伊始，即陸續有制定「台灣新憲法」的主張及呼籲，期間更有許世楷（一九七五）、黃昭堂、李憲榮等獨派份子提出「台灣共和國憲法草案」。八八年台獨份子鄭南榕因在「自由年代」刊登許世楷的「台灣共和國憲法草案」，遭起訴，並在八九年警方拘提時引火自焚。

島內制憲運動的熱潮

在島內，民進黨在黨外運動時期則有體制內民主制衡（美系）和體制外獨立建國（新系）路線之爭。八六年七月民進黨建黨後，由於美系政治領袖多仍身繫牢獄，因此新系的體制外獨立建國路線逐漸抬頭。八九年林義雄赴英美遊訪返國後即公布「台灣共和國基本法草案」，同年年底由新系掌控的「新國家聯線」亦拋出「台灣共和國憲法草案」。

九〇年六月，「國是會議」召開開前夕，美麗島系提出一部唯一非「台獨」的「民主大憲章」，主張廢除動員戡亂時期臨時條款，凍解中華民國憲法，制定「民主大憲章」。七月，民進黨中常會並決議將原有之「國會全面改選專案小組」改為「制憲運動委員會」，由黨主席黃信介兼任召集人。

九一年八月獨派人士在劍潭召開「人民制憲會議」，並通過「台灣憲法草案」。同年十月民進黨五全大會通過黨綱第一條修正案，增列新潮流「建立主權獨立自主的台灣共和國及制定新憲法的主張」，並在美系的折衝下加入陳水扁「應交由台灣全體住民以公民投票方式選擇決定」的修飾文字，以緩和台獨語氣，民進黨台獨黨綱正式確立，「台獨」、「制憲」、「公投」之三段論述亦於焉成型。

該年年底二屆國代選舉，民進黨以「人民制憲會議」通過之「台灣憲法草案」作為該黨候選人的共同政見，導致該黨空前大敗，得票率僅有二成三。

九三年四月十九日，為落實兩年前制定的「台灣憲法草案」，民進黨各級民意代表、社運團體、學術界人士再度發起設置「台灣國民制憲運動委員會」（成員名單見附表一），並決議將制憲運動分為五個階段：第一階段是宣傳運動的意義。第二階段是形成推進運動的具體組織。第三個階段是正式成立「台灣國民制憲議會」，以審議、制定「台灣憲法草案」。第四階段是將制憲議會所通過的憲法草案交付公民投票。最後的第五階段是公民投票通過憲法草案以後，宣布台灣獨立，組織新政府。

一九九四年六月，國大第三次修憲期間，第二次「台灣人民制憲會議」又通過新版「台灣共和國憲法草案」。九五年、九六年彭明敏在參選總統期間又以「終結外來政權，建立台灣共和國」為競選口號，亦遭慘敗。

制憲運動由體制外走入體制內

此時期，由於國內外政治環境不變，獨派的台獨理論已從否定現有體制的革命式制憲建國，慢慢轉為承認現制，在體制內遂行漸進式台獨的修正路線。其主要原因有：

一、八八年李登輝掌權後，要再將國民黨政府界定為外來政權已與現況不符。

二、九一年二屆國大選舉及九六年總統大選大敗，也讓民進黨驚覺極左的台獨路線已不能爭取台灣人民及中間選民的支持。

三、中國國力漸強，美中關係益趨磨合，九七年柯江簽署兩國「戰略夥伴關係」，九八年柯林頓又提出「三不」。在當時國際氛圍下台獨已變得幾乎不可能。

四、九二年民進黨立委獲得五十席，九五年五十四席，九八年七十席，尤其是九七年縣市長選舉，民進黨一舉攻下十二縣市，超越國民黨，更讓民進黨在體制內執政充滿信心，因此調整極左的台獨路線實屬必然。

當時在台獨路線之調整，修正的做法有：

一、一九九三年底，台獨理論大師隆志悄悄地修正其台灣地位未定論之台獨理論，稱「台灣自一九四九年以來事實上已經是一個主權獨立的國家了」。

二、一九九五年九月十五日，民進黨主席施明德在美國參加一項研討會時，公開表示「民進黨如果執政，不必也不會宣布台灣獨立」。

三、一九九六年五月七日，民進黨內新生代提出「台灣獨立運動的新世代綱領」主張「台灣獨立不是最優先的政治目標，而是為了實現社會改革理想的途徑」、「台灣獨立運動不能統攝一切政治社會改革運動，台灣獨立不一定以『台灣』為國家的名稱，國號、國旗、國歌的變更，不是台獨運動的目的」等異於基本教義派主張。

四、一九九九年五月八日，民進黨八屆二次全國黨代表大會，通過「台灣前途決議文」，將台獨公投黨綱修訂為「公投拒統」，主張「台灣，固然依目前憲法稱為中華民國」，「台灣是一主權獨立國家，任何有關獨立現狀的更動，必須經由台灣全體住民以公民投票方式決定」。

總之，台獨運動在九〇年~九四年期間，在海外「台獨聯盟」遷盟返台初期，曾有過短暫制定「台灣共和國憲法草案」的制憲熱潮（制定台灣新憲與公投立法，推動加入聯合國等三項運動相互呼應），但也只是曇花一現。質言之，民進黨在九〇年到二〇〇〇年這十年期間仍以體制內抗爭為主，體制外的制憲運動一直都未真正成為主流，陳水扁在九九年到二千年競選總統期間，甚且提出「新中間路線」，以吸中間選票。

陳水扁執政後的制憲主張

陳水扁二千年總統大選雖以「新中間路線」作為競選主軸，但為鞏固台獨票源，他在「憲政政策國政藍圖」中仍隱藏一段制定新憲的主張，他說「應為台灣打造一部新憲法，並積極提倡制憲的理念，致力於國民制憲共識的形成，以達到制憲的終極目標」，不過當時他並未提出制憲時間表。

陳水扁當選總統後，基本教義派雖然對實現台獨有很高的期許，但迫於美方壓力，他在就職演說中提出「四不一沒有」的兩岸關係新架構，在此架構下陳水扁仍遵循國民黨李登輝時期的路線，其執政前兩年兩岸關係雖然僵持，但仍算平穩，雖然偶有凸槌，但並無台獨之激烈言行。

隨著連任壓力日益逼近，加上連宋合後陳水扁氣勢低迷，因此相關台獨意識形態的激烈言論，逐漸搬上檯面，先有二〇〇二年八月三日，陳水扁在「世界台灣同鄉會」的視訊會議上提出「台灣．中國，一邊一國」，繼則在隔年九月二十八日民進黨十七周年慶上，又拋出「二〇〇六年催生台灣新憲法」的口號議題。

「制定台灣新憲」的議題自十月到十一月底延燒了兩個月。十月十四日，民進黨中常會通過設立「新憲九人小組」，由李鴻禧擔任召集人，成員有：邱義仁、張俊雄、陳繼盛、姚嘉文、陳隆志、許志雄、葉俊榮等人。並討論公布催生新憲三階段工作，第一階段為宣導工作，由「新憲小組」負責，第二階段為訂定新憲時間表，第三階段為討論新憲內容，第二、三階段考慮在總統府內設置「新憲委員會」負責，並廣邀政黨代表及社會賢達參加。新憲預計在二〇〇八年開始實施。

十一月一日陳水扁在美國出席「海外阿扁後援會」成立大會時，明確表示要推動公投和制訂新憲法。這是陳水扁首次提出制憲的主張。十日，他在接見外賓時更公開宣示：「希望在二〇〇六年十二月十日世界人權日，以公投來催生新憲法，但必須等二〇〇八年第十二任總統就職後開始實施」。

陳水扁相關制憲言論出爐後，剛開始外界反應冷淡，美、中只把它定位為選舉語言。但當其不斷加溫後，泛藍亦不得不加以反擊。連戰在十一月十五日提出「新憲三部曲」、「修憲十原則」，並要求與陳水扁公開辯論。總統候選人就修憲、制憲內容公開辯論，在民進黨技術杯葛後無疾而終（連、扁修制憲之主張詳如附件二）。十一月底雙方競選主軸重回公投法之立法攻防及陳水扁堅持推動的「防禦性公投」上，有關修憲、制憲之爭暫時停止。

當前體制內與體制外分進合擊的制憲策略

獨派人士對推動台灣獨立有強烈的急迫感，他們認為二〇〇八年若中共順利舉辦奧運會，則中國的民族主義勢必高漲，那時獨立建國的難度更高。因此在二〇〇八年之前以迅雷不及掩耳之勢推動台獨建國，中共在顧及國際抵制北京奧運會及實施經濟制裁等因素下，必然不敢對台動武，而默認台獨的現實。因此陳水扁及獨派人士才急急推出「二〇〇六年新憲公投」、「二〇〇八年實施新憲」的「台獨時間表」。

二〇〇四年陳水扁以兩顆子彈詐取總統連任後，國內形成藍綠兩極對抗，泛藍的支持者在總統府及中正紀念堂前持續一個多月的抗爭行動；兩岸關係亦空前緊張，中共對選後台灣局勢不斷放話，表示台灣問題是中國的內政問題，如果台灣發生動亂，將出兵平亂。同時國台辦在四月十四日及五月十七日兩度發表聲明，指控二〇〇六年制憲公投、二〇〇八年實施新憲的「制憲時間表」，實際上就是「台獨時間表」，並表示對台獨「絕不容忍」。五月初中共總理溫家寶在訪歐時接受訪問，表示「認真考慮訂定統一法」，以強制性的法律推動兩岸關係。另外，中共亦透過軍方將領發表強硬講話，表示台灣若獨立，則中共將甘冒停辦奧運、遭經濟制裁、沿海地區遭轟炸、軍隊死傷等打擊，也要對台動武。

六月底王金平率立院訪問團訪美，訪美期間美方曾告之，從三二〇到五二〇期間兩岸瀕臨軍事衝突邊緣。因而在此期間美方不斷和陳水扁斡旋、磋商五二〇就職演說內容，以期緩和兩岸局勢。三月底白宮國家安全會議總統特別顧問暨亞洲事務資深主任葛林秘密訪台，葛林表示，台灣要求民主改革與深化，美國沒有意見，絕對支持，但若台灣的憲政改造工程涉及象徵主權意義改變的項目，美方「絕不支持」。四月中旬，總統府秘書長邱義仁訪美，向美方解釋未來四年陳水扁要推動的十至十二項憲改內容，並表示二〇〇六年憲改工程絕非台獨時間表，也沒有任何象徵主權意義項目的更動與其他動機。五月十日，新系大老吳乃仁更跳出來反對現在談論修憲或制憲，他說以當前的政治環境尚無此條件，現在施政重點應是「與民生養」。

五月二十日，在美方斡旋下，陳水扁在就職演說中重提遵守「四不一沒有」的承諾，不過他也花費相當多的篇幅來闡述他的憲改理念，他說「未來，我們將邀請朝野政黨、法界、學界及各領域階層的代表，共同籌組憲政改造委員會」，「在二〇〇八年阿扁卸任總統之前，能夠交給台灣人民及我們的國家一部合時、合身、合用的新憲法」，「涉及國家主權、領土及統獨的議題，……不宜在此次憲改的範圍內」。五月二十五日，總統府正式成立「憲政改造委員會」，由秘書長蘇貞昌擔任召集人。

針對陳水扁在五二〇就職演說有關在體制內憲改的談話內容，多位獨派大老包括辜寬敏、李鴻禧皆表示無法接受，辜寬敏表示陳水扁「從制憲到修憲是對台獨的背叛」、「制憲的道路可以暫停但不能退卻」，李鴻禧更表示，若陳水扁在就職演說中重提「四不一沒有」他將退席抗議。不過在陳水扁多次和獨派人士懇談之後，已取得這些獨派大老的諒解，雙方並達成體制內和體制外雙軌併行，分進合擊的策略，辜寬敏並表示將推動二階段制憲，第一階段希望綠營年底國會過半，修改公投法，加入憲法創制權後，能以公投方式先處理大家有共識的政府體制、國會改造問題；至於較有爭議的改國號等問題，則可在第二階段進行公投。

體制內的修憲工作將在明年二、三月新國會開議後啟動，體制外的「台灣制憲運動」則在五月二十日正式宣佈啟動。

六月二十六日，北社成立三周年募款餐會，獨派人士再度齊聚，會中除了簽署一份「制憲運動誓詞」外，還公開徵求「制憲種子部隊」。同時李登輝宣布正式啟動「台灣自覺運動」，並表示年底立委選舉「台聯」將以

「制憲、正名、公投」三大訴求作為競選主軸。

七月一日，獨派人士召開「制憲運動大會」，並發表「台灣制憲運動宣言」，會中決議由李登輝擔任制憲運動總召集人，獨派大老辜寬敏、北社社長吳樹民、台聯黨主席黃主文、考試院院長姚嘉文、台獨聯盟主席黃昭堂、台灣智庫董事長陳博志、國師李鴻禧、李友會總會長黃崑虎等人為共同召集人，發言人為李勝雄。會中同時決議在七月十日及十一月分別召開「台灣憲政研討會」及「台灣制憲國際研討會」，以在國內及國際宣傳制憲理念及其重要性。

制憲運動的未來與兩岸關係

一、獨派人士長期以來在推動制憲建國的路線上，已發展出一套明確的程序和步驟，九三年「台灣國民制憲運動委員會」將制憲運動分為五個階段：宣傳；組織成立運動機構；成立「台灣國民制憲會議」、制定「台灣新憲法」；「公投新憲」；宣布台灣獨立、組織新政府。目前獨派人士的種種動作亦不脫此一模式。

二、陳水扁連任後，外有美、中反對改變現狀之壓力，內有國親對其政權合法化之質疑，因此才在其就職演說中迴避統獨，作出妥協性的宣示，要在現行憲政體制、程序下，及不涉及主權、領土及統獨的議題下，二〇〇八年制定一套合、合身、合用的新憲法。與此同時，獨派人士卻動作連連，宣布成立「台灣制憲運動」，召開「制憲運動大會」，發表「台灣制憲運動宣言」，召開制憲運動國內外研討會等，體制外制憲運動已如火如荼地展開。可見陳水扁政府、民進黨及獨派人士已形成共識，即運用體制內與體制外兩軌併行、分進合擊的兩手策略來推動制憲建國總目標，以體制內的修憲做煙幕來掩護體制外的制憲運動，同時又以體制外的制憲運動來壓迫體制內的修憲工作。體制內外交相運作，對現行憲法大幅翻修，以遂行以體制內的修憲手段來達成體制外的制憲目標。這就是辜寬敏所講兩階段制憲的第一階段工作。第二階段則伺機正名台灣新憲，宣布台灣獨立。

三、台獨制憲建國目標的實現除需考慮國內外的客觀環境與政治現實外（美、中的態度及國內台灣人民的統獨立場），最重要的還是取決於領導人的決心與意志。就陳水扁而言，執政八年想取得重要政績已甚無可能，加以槍擊事件陰影如影隨形將跟隨他一輩子，因此在二〇〇八年他任滿之前制定一套「合時、合身、合用」的新憲法不但是他唯一可能的政績，也是他與李登輝競逐台獨領導人的主要籌碼。因此立委選後獨派人士競飆臺獨熱舞已可預見，總統府的「憲政改造委員會」和李登輝的「台灣制憲運動」會在美中的台獨紅線前競速飆車這將引爆國內修憲、制憲之爭及有關憲政內容之爭辯，同時也將對美中的立場與反應，及美中關係形成重大的挑戰與考驗。

四、當前中共和民進黨對未來兩岸關係的統獨問題有兩種截然不同立場和思維，就中共而言，目前集中全力搞好經濟，把握二十年和平崛起的機遇期，是當前中國的總目標，但台灣在陳水扁連任後，有關處理台獨問題—國家主權的核心問題亦浮上檯面，若民進黨長期執政成為立委選後台灣的政治趨勢，則台灣問題（台獨問題），基於早解決比晚解決好的戰略考量（除非你默許台灣獨立），大多數兩岸及戰略專家都主張在二〇〇六年之前解決。就民進黨而言，民進黨一直向美、日反中的保守派人士強調，如果民進黨長期執政，則中共基於政治現實，必須和民進黨政府對話、談判，及在美、日的支持下，久而久之，台灣必會走向獨立，此亦符合美、日的國家利益。而有關修憲、制憲的工程，必將會在此路線思維下持續推動。

五、面對以上這兩種對台灣構成毀滅性及顛覆性的路線思維，要陳水扁及獨派人士緊急剎車，「停、聽、看」，目前看來似乎已不可能，在此兩岸攤牌的危急時刻，國親應如何提出一套具體的解決方案與對策，此才是國民黨當務之急。

二〇〇四、七、二十

附件一：

台灣國民制憲運動委員會成員名單

榮譽召集人：張燦鍙、林義雄、許信良、李鎮源、彭明敏、高俊明、黃信介

共同召集人：黃煌雄、許世楷、林山田、李鴻禧、許慶雄

常務委員會：葉菊蘭、施明德、賀德芬、鄭欽仁、李永熾、廖中山、吳豐山、林雙不、蔡同榮、羅榮光、李勝雄、姚嘉文、盧修一、張俊宏、張俊雄、謝長廷、黃昭堂、邱連輝、陳水扁、巴努・佳巴暮暮、黃爾璇、簡錫堦、林國華、江鵬堅、陳少廷、林逢慶、吳樹民

工作小組：陳芳明、劉幸義、陳儀深、李應元、許陽明、鄭余鎮、游盈隆

發言人：陳儀深

執行長：李應元

註：黃信介、林山田、廖中山、林雙不、盧修一等人皆已亡故。

附表二：

國、民兩黨有關修制憲主張比較表

議題＼政黨	民進黨（陳水扁）	國民黨（連戰）
修憲或制憲	區分「制憲」和「修憲」的意義不大，不需要在名詞上爭論。但陳水扁多次宣示「制憲」。	連戰主張透過「修憲」程序完成新憲。
新憲原則	原則未定，但歸納出12項必須處理的問題，包括： 1.國會如何改革？ 2.總統制或雙首長制？ 3.立法院應否取回閣揆同意權？ 4.是否取消任務型國大？ 5.總統選舉採相對或絕對多數？ 6.三權分立或五權分立？ 7.省政府組織應否完全廢除？ 8.投票年齡應否降為18歲？ 9.徵兵或募兵？ 10.修憲是否應經公民投票？ 11.基本人權及弱勢關懷。 12.增訂國民經濟條款。	10項，包括： 1.維護中華民國主權獨立。 2.總統府權責相符，行政院為總統幕僚單位。 3.公投入憲。 4.總統選舉採絕對多數制。 5.單一選區兩票制、立委席次減少，任期調整為四年。 6.女性公職名額比率不得少於3成。 7.滿18歲以上就有投票權。 8.實施募兵制。 9.調整中央政府體制，不論是總統制或是雙首長制，要三權分立或五權分立都可政黨協商，有共識即可。 10.推動不在籍投票
新憲是否交付公投	是	是
催生新憲的時間及程序	希望新憲法催生運動在2006年後展開，能在2006年12月10日經全民公投定案，自2008年5月20日，也就是下下屆總統上任時，開始實施。	新憲三部曲:第一、2004年2月1日前提新憲版本；第二、2004年3至5月推動「公投入憲」三、2005年初將朝野研商的新憲草案公民投票複決後實施。

附件三：獨派各種版本的「新憲草案」之政府體制設計

台灣共和國憲法草案（許世楷，一九七五）—內閣制，總統直接民選，國會採上、下兩院制。

台灣共和國憲法草案（黃昭堂）—內閣制，單一國會，總統由國會及縣市議會議員選舉產生。（黃昭堂另有一「台灣憲法草案」一〇六條）

台灣共和國基本法草案（林義雄，一九八九）—內容未詳。

民主大憲章（美麗島系黃煌雄負責起草，一九九〇）—雙首長制，總統直接民選，單一國會，國會有總統彈劾權，總統必須到國會提國情咨文。

「台灣共和國憲法草案」（新潮流版本，一九八九）—內閣制，總統直接民選（虛位），單一國會。

「台灣新憲法草案」（一九九一年人民制憲會議）

「台灣共和國憲法草案」（一九九四年人民制憲會議）—總統制，總統直接民選，單一國會。

當前民進黨的派系生態與權力結構

一、前言

二〇〇四年總統大選，陳水扁以兩顆子彈竊取總統大位，年底立委選舉泛綠受挫，泛藍過半，使綠色全面執政的夢想破滅，並導致陳水扁辭去黨主席、游內閣下台的選舉結果，也使國內政局持續僵持下去。

陳水扁無意泛藍多數組閣，形成朝小野大之局，也因而提名謝長廷組閣，並對國親展開合縱連橫，以求分化之效，加以兩岸關係有美國促談壓力，民間開放三通壓力。此外，陳水扁剩餘的三年執政期有政績壓力，更有黨內接班競逐的推送壓力，如何在未來三年製造出一些政績，且又不會因接班人競逐而提前跛腳，甚而卸任後繼續掌控政治權力，這些都是陳水扁所必須面臨的重大課題與挑戰，也是黨內派系及政治人物所關注的焦點，並對國內政局及兩岸關係形成鉅大衝擊。

二、當前派系實力現狀

（一）正義連線

正義連線在選後人數銳減，選前陳其邁、羅文嘉、張旭成入閣，王雪峰、鄭貴蓮棄選，何金松退黨，加以立委選舉，沈富雄、周雅淑、邱議瑩、陳宗義、張學舜、張清芳、陳道明等七人落選，派系人數由五屆立委最高時三十五人到六屆立委選後只剩二十二人，落在新潮流之後，比福利國連線也只多三、四人而已，因此六屆立委選後，嫡系人馬高志鵬、蔡煌瑯等人在高層支持下，既四處奔波，遊說新任區域及不分區立委加入，目前已掌握二十四人，據傳總人數將朝三十人邁進，繼續維持黨內第一派系的優勢，以做為扁政府的御林軍。

（二）新潮流

新潮流五屆立委有十九人，本屆立委選前賴勁麟入閣擔任勞委會副主委，邱太三擔任陸委會第一副主委，曹啟鴻則棄選連任，部署參選屏東縣長。立委選舉段宜康和簡肇棟兩位原本被看好的現任立委意外中箭落馬，不過李昆澤、蕭美琴、林淑芬、沈發惠、蔡其昌、林樹山、陳啟昱、潘孟安等初次投入區域立委的新人勝出，彭紹瑾、王世勛兩位四屆立委又重入立院，加以陳秀惠、田秋堇兩位新當選之不分區立委，以及原屬新潮流的黃偉哲、黃昭輝有意歸隊，王拓有意棄正義連線投靠新潮流，新潮流六屆立委人數激增，由原先五屆的十九人，激增到六屆的二十八人，成長三分之一，成長幅度驚人，成為民進黨內最有實力，有戰力的真正第一大派系。

（三）福利國連線

福利國連線有五屆立委十七人，本屆立委選舉，顏錦福、周慧瑛棄選，張秀珍初選落敗，卓榮泰轉任總統府副秘書長，周清玉、邱垂貞、陳茂男落選，但謝長廷嫡系管碧玲、高建智、徐國勇、王世堅、鄭運鵬等五人轉戰成功，加上張俊雄當選不分區，因此福利國連線還能維持十六席立委。但由於總召邱垂貞落馬，張俊雄、柯建銘形同扁系人馬，蔡同榮自成一格，尤清是獨行俠，因此嚴格說來福利國已幾近形同瓦解，未來謝系鄭運鵬、徐國勇、高建智、王世堅、管碧玲、邱永仁等六人，加上非謝系的郭玫成、王淑慧、張川田、李俊毅、杜育生、鄭朝明等十二人將是謝長廷競逐二〇〇八年總統大位的立院子弟兵。

（四）綠色友誼連線

泛美麗島系在一九九七年許張決裂，張俊雄另組「新世紀國會辦公室」後已日漸衰弱，一九九九年許信良退黨、黃信介過世，泛美麗島實力更是急劇下降，五屆立委只剩「新世紀辦公室」四人，「新動力辦公室」五人。二〇〇四年張俊宏宣布棄選六屆立委，美麗島系已形同瓦解。

六屆立委選舉，陳勝宏（其妻薛凌參選不分區）、林進興等為了在初選中勝出，因此以北、高兩市為中心，展開全省串連，結合各縣市原美系人馬，成立「綠色友誼連線」。主要成員有：台北市陳勝宏夫婦、黃慶林（北市黨部立委）、呂瀅瀅、陳碧峰（以上北市議員），高市林進興、黃晄秀夫婦，林武忠、蔡長根、鄭光峰、鄭新助（以上高市議員）、詹永龍（前市議員），高雄縣有立委徐志明、縣議員王金雄（違記參選六屆立委，已遭開除）、前縣議員李雲廷等人，中部南投縣林宗男、林耘生父子，台中縣前任立委林豐喜及現任立委吳富貴等人，陣營雖然不大，但內聚力已較前泛美系強化許多，該新派系甚至在十一屆改選的黨中常委中拿下兩席，顯示出實力不容小覷。目前該派系有立委五人，林進興、吳富貴、林耘生、徐志明、薛凌。另泛美系尚有兩名立委湯火聖、顏文章。

（五）台獨聯盟

台獨聯盟在九一年遷盟返台後，一直不願用派系名義推人參選，因此有意參選者皆以其他派系名義參選，久而久之，組織日益萎縮，五屆立委只剩李應元、梁牧養、王幸男三人，六屆更只有王幸男一人當選，目前該盟只存招牌，實際上已形同瓦解。

三、權力結構與接班部署

當前民進黨內有兩大勢力，一是以陳水扁及其嫡系正義連線為主的當權派，一是以邱義仁為首的新潮流系，是永遠當權的主流派。陳水扁目前掌握所有政經資源，可以號令全黨，而新潮流則是輔佐有功，分享執政資源，是陳水扁執政黨內唯一的獲利者，一方面在基層厚植地方實力，除前述的二十八名立委外，現有宜蘭縣縣長劉守成、彰化縣長翁金珠、台南縣長蘇煥智、高雄縣長楊秋興等四人在地方執政。年底已知已有邱太三有意競逐台中縣長；曹啟鴻選屏東縣長；林錫耀、陳景峻選台北縣長，以擴大地方執政基礎。一方面在中央培養接班梯隊，在財經有吳乃仁（證交所所長）、林逢慶（資策會執行長），國安有邱義仁（國安會秘書長）、蔡明憲（國防部副部長），內政有陳菊（勞委會主委）、賴勁麟（勞委會副主委）、賀端蕃（勞委會主任秘書），兩岸有邱太三（陸委會首席副主委）、顏萬進（海基會副秘書長），及其他有陳俊麟（研考會副主委）、廖永來（行政院中部辦公室主任），有這些人在中央部會歷練，只要時機成熟，就可全面接班。因此我們可以說目前陳水扁是主要執政者，新潮流則是次執政團隊。兩大勢力存在既合作又競爭的關係，如最近新潮流系林濁水、段宜康相繼批評陳水扁一人單線領導的決策作風，及傳言中新系介入中信購買國民黨復華投信的總總作為，雖已引起陳水扁的不滿及雙方關係緊張，但目前雙方仍在互有需求，尚不致撕破臉。

但是，陳水扁及新潮流兩大當權系統目前都有一窘境，即二〇〇八年陳水扁下台後，該兩大勢力並無檯面上具接班實力的人物，因此勢必與目前檯面上的三王一后尋求合作以求共生互利。

就陳水扁而言，一方面他必須防止二〇〇八年任期屆滿前提前跛腳，一方面他也必須精算他在任期屆滿後，仍能持續掌控政局的權力部署，而目前最好的辦法就是讓三王一后間的競逐能平衡發展，不能讓其中一人過早浮上檯面，迨任期屆滿前全力拉抬配合度高，能掌控的人出線。

三王一后間的競逐態勢，就目前國內政治生態而言，呂秀蓮是現任副總統，日前又成立辦公室，已提前展開部署，除與獨派人士持續保持良好的關係外，亦積極拉攏學界人士及媒體人，動作明顯，其弱點則是民間聲望不高，與游錫堃、蘇貞昌兩大對手不睦，與新潮流更是形同水火，若要出線阻力不少。

蘇貞昌是目前民間聲望最高者，又與新潮流關係甚佳，行情一直看漲，但也因而引起當權派陳水扁的戒心，此次內閣改組拉謝貶蘇，其壓抑蘇貞昌的動作不言而喻。

謝長廷是四個接班人選中腰身最柔軟，班底最紮實的一個，加以最近民眾對其高雄市政績極為肯定，立委改選五位子弟兵出線，近日又被提名行政院長，擁有雄厚的政經資源，因此實力一夕間爆漲，已成為凌駕所有對手的超級黑馬。

尤其謝在目前黨內、朝野及兩岸間都有較令人期待的作為，在黨內他有自己的班底，與其他勢力又關係不惡，如其在和陳水扁競逐台北市長時，因新潮流挺扁，而關係破裂，但其任十屆黨主席時，卻又提名吳乃仁出任秘書長（與扁爭提名失敗又主動出任其競選總部總幹事），可見其胸襟與身段。在朝野，除多次獲得李登輝的贊揚外，與國親關係亦保持低姿態的尊重，不似游錫堃的敵對立場，不願協商態度；在兩岸，主張「一中憲法」，大陸方面對其態度不壞，兩岸僵局相較下較有機會尋求突破。

游錫堃雖然這次在內閣改組中未能續任閣揆，而轉任總統府秘書長，看似已經出局，但其與陳水扁配合度較高，最聽話，因此陳水扁未來如果還能強力主導政局，扁挺游做一個乖乖牌的接班人物，以利陳水扁幕後操控，此並非不可能。

四、結論

距離二〇〇八年總統還有三年多，但各政黨候選人的角力與浮出會在兩年內揭曉，目前各檯面上人物除加強合縱連橫，積極擴張黨內外的支持外，未來兩年還有縣市長、鄉鎮市長、北高兩市市長改選，修憲國大選舉，在在都影響競逐者勝負實力的消長。此外，行政院施政政績，朝野關係，兩岸關係等等錯綜複雜的因素，目前佔居優勢的謝長廷，是否會因政績不好而出局？或因政績不錯而遭陳水扁壓制？或而一馬當先，陳水扁無力馴服而直奔終點？此皆有賴政治事實的考驗與檢驗。

二〇〇五、二、三

國大修憲及其對未來政局之影響評析

一、修憲案之提出與修憲國大之選舉

（一）修憲案之提出

前年總統大選，連戰和陳水扁雙方陣營曾就「公民投票法」及憲政改革兩項議題激烈交鋒，「公投法」在該年年底通過立法，而有關憲政改革議題則延燒到去年立委選舉，甚且還引發「台聯」要求「正名」、「制憲」的修憲與制憲之辯，最後在林義雄「核四公投促進會」的插花與施壓下，朝野各政黨在去年八月五屆立院加開的臨時會終於通過「公投入憲」、「單一選區兩票制」、「國會席次減半」等多項修憲議題。

（二）修憲國大之選舉

依據憲法增修條文第一條，立法院所通過之修憲案經公告半年，須在三個月內進行修憲國大選舉。五月四日，修憲國大選舉開跑。原本這是一場冷得不能再冷的選舉，卻因連、宋在四月底、五月初相繼訪問大陸而炒熱選情。

由於陳水扁在連戰訪中期間言詞反覆，時而大加撻伐，時而予以肯定，讓民進黨團、行政院及民進黨中央抨擊連戰的人個個成為「豬頭」，不知如何自圓其說，因此引起黨內嚴重內鬨，呂秀蓮說「希望掌舵者改變方向前能先告之」，郭正亮說「總統不是這樣幹的」，林濁說阿扁「一面滅火，一面點火，造成到處烽火連天」，王幸男更直陳要陳水扁退出民進黨。此外，陳水扁又對宋楚瑜及李登輝開罵，造成親民黨和台聯的反彈。在黨內外四面楚歌，及人民不滿情緒日益高漲下，陳水扁的聲望及民進黨的支持度大幅滑落。

而國民黨在連戰訪問中國大陸的加持下，氣勢一度大漲，幾波民調都領先民進黨，卻也造成國民黨在戰略上的輕敵與戰術上的錯誤，超越民進黨成為第一大黨的自滿心態不絕於口。這也造成陳水扁及民進黨的緊張，因此在選前一週陳水扁連續三天接受電視專訪，蘇貞昌和謝長廷在選前一日同時接受電視訪問，這種危機意識達到了催票的效應。而國民黨的過度樂觀，加上親民黨及張亞中聯盟在選前大作廣告，抨擊國民黨主張公投入憲是支持「法理台獨」，選舉結果終於讓民進黨穩住第一大黨的地位，而國民黨則差點，未能如願重登第一大黨。

雖然投票率只有二成三的超低投票率，但選舉結果卻一面倒向支持修憲，民進黨得票率四成二，得到一百二十七席，國民黨三成九，得到一百一十七席，得票率與席次皆達八成，加上贊成修憲的中國民眾黨三席，公民黨一席，農民黨一席，贊成修憲案的政黨席次達二百四十九席，比修憲最高門檻的四分之三多數還多出二十四席。

反觀反對修憲陣營，親民黨只得票零點六成，十八席，幾乎泡沫化，而台聯亦只獲零點七成的得票率及二十一席，加上張亞中聯盟五席、新黨三席、無黨聯盟二席及建國黨、王廷興聯盟各一席，總共五十一席，離欲阻擋修憲案通過的四分之一—七十五席尚差二十四席，因此若非兩大黨臨時變卦，要阻止修憲案過關恐怕是難上加難。

這次選舉，一般的評論是民進黨勝利，其實這是見樹不見林的說法，若仔細分析選民結構與選戰效應，其實是國民黨大勝，為何？首先，就得票率觀之，國民黨這次得票率比九一年立委選舉高出十一個百分點，較九四年立委選舉若不含新黨近二個百分點，則高出八個百分點，其支持度是持續上升。反觀民進黨，較九一年立委高八個百分點，較九四年高六個多百分點，支持度的增長國民黨猶勝民進黨一截；其次，國民黨的政黨支持度長期以來都落後民進黨甚多，這次因連戰訪中效應，讓國民黨民意支持度趕上甚或超越民進黨，此其二也；第三，國民黨的選民結構，在非都會區其選民大多是被動的動員，也就是透過地方樁腳發放「走路工」，才出來投票，其政黨認同度是國內各政黨中最低者，若非連戰訪中提升選民對國民黨的認同及投票意願，國民黨在這次選黨不選人的修憲國大選舉中勢必大敗，而此次選舉的勝敗對年底，及往後選舉會有深遠的影響。

二、各政黨對相關修憲條文之立場分析

本次修憲國大選舉有甚多爭議，其中最大的是包裹表決，也就是：一、政黨對所有修憲條文只有贊成或反對兩個選擇，不能有部份贊成，部份反對的選擇，因此讓有些政黨不知如何選擇（如無盟反對「單一選區兩票制」及「國會席次減半」，但卻贊成「公投入憲」、「立委任期四年」及「政黨比例代表婦女不得低於二分之一」），二、政黨及其當選人須就所有條文一次表決，不能逐條表決，而且只能委任投票，不能自由意志投票。

這也是此次修憲案最大的憲政爭議，恐須提請大法官釋憲解決。現吾人僅就各項修憲條文各政黨的立場詳述如後：

（一）全部修憲條文

1.贊成的政黨有：民進黨、國民黨、民眾黨、公民黨、農民黨。

贊成的理由為：

(1)本次修憲案在上屆立法院已獲朝野各政黨一致通過。

(2)本次修憲通過後，公投入憲，可落實直接民權，並改良國會選制，合理調整立委席次，推動國會改革，提昇國會效能。

2.反對的政黨有：台聯、新黨、無黨聯盟、親民黨、張亞中聯盟、建國黨、王廷興聯盟。

反對的理由為：

去年八月立院開公聽會，十位學者中有九人反對本次修憲案，可見本次修憲案並無學理之正當性。在「公投入憲」、「單一選區兩票制」、「國會席次減半」、「大法官審理總統彈劾案」等外界尚有高度爭議時，實不宜胡搞修憲。

（二）廢國大，公民複決修憲案（修憲案第一條及增訂第十二條）

1.贊成的政黨有：民進黨、國民黨、台聯、公民黨、無黨聯盟。

贊成的理由為：

經八十八、八十九年兩次修憲，國大已虛級化，僅有複決憲法之職權，因此廢國大，改由公投複決修憲案，既可落實直接民權，又可實現單一國會制度。

2.反對的政黨有：親民黨、張亞中聯盟、新黨。

反對的理由為：

(1)廢除任務型國代，將形同「實質修憲」，中華民國五權憲法的架構將遭到完全的破壞。

(2)一旦公民複決入憲，未來極有可能遭到部分有心人士的不善利用，成為未來變更領土、主權等改變現狀的引信，造成「法理台獨」，進而觸動敏感的兩岸問題，甚至引發台海危機。

(三)單一選區兩票制(修憲案第四條)

1.贊成的政黨有：民進黨、國民黨、公民黨。

贊成的理由為：

(1)可提升立委素質，防止極端、偏激、挑動族群之政治人物進入立法院。

(2)可形成穩定之兩黨政治，並壓縮地方派系控制選舉，造成社會對立。

2.反對的政黨有：親民黨、張亞中聯盟、台聯、無黨聯盟、新黨、建國黨。

反對的理由為：

(1)限縮小黨生存空間。

(2)形成立委選舉鄉鎮市長化，候選人成為個別小選區樁腳的代言人，黑金賄選將更猖獗，議會缺席流會將更嚴重。

(3)台聯和張亞中聯盟主張「德國式單一選區兩票制」，親民黨主張「中選區兩票制」。

(四)國會席次減半(修憲案第四案)

1.贊成的政黨有：民進黨、國民黨、台聯、公民黨。

贊成的理由為：

(1)可減低立法院非理性問政，議事效率不彰及立法效率低落等國會亂象。

(2)可節省國家預算支出，每年近十億元。

2.反對的政黨有：親民黨、張亞中聯盟、新黨、建國黨、無黨聯盟。

反對的理由為：

(1)立委人數太少，將會限縮其民意代表性。

(2)立委人數太少，每個委員會九至十人，將形成三個委員可決定國家重大法律案及預算案，並影響立法品質。

(3)形成立委職權擴張。

（五）立委任期四年（修憲案第四條）

1.贊成的政黨有：民進黨、國民黨、無黨聯盟。

贊成的理由為：

(1)立委任期與總統一致，兩者可一併選舉。

(2)立委任期延長可加強問政效率與品質，毋需忙於選舉，可節省人力物。

2.反對的政黨有：建國黨。

反對的理由為：

立委任期延長，則立委違法亂紀，選民容易遺忘，且易形成賄選加碼。

（六）政黨比例代表婦女不得低於二分之一（修憲案第四條）

1.贊成的政黨有：民進黨、國民黨、公民黨、無黨聯盟。

贊成的理由為：

可鼓勵婦女參政，落實兩性平權理念。

2.無反對政黨。

（七）總統、副總統彈劾改由立法院提出，並改由大法官審理（修憲案第四條及第五條）

1.贊成的政黨有：民進黨、國民黨、無黨聯盟、公民黨。

贊成的理由為：

(1)落實單一國會，廢除國大，彈劾權之審理由國大轉大法官無可厚非。

(2)彈劾係對事不對人，因此無司法介入政治之虞。

2.反對的政黨有：親民黨、張亞中聯盟、新黨。

反對的理由為：

(1)反對立院提出彈劾案後，由大法官審理，因大法官由總統提名，如何審理提名他的人？

(2)容易導致司法介入政治或政治干預司法。

三、本次修憲的相關爭議與可能結果

（一）相關爭議

1.投票率三成三創超低紀錄，引發民主多數決正當性之爭議九二年通過之公投法規定，公投之議題需經選民總數之半數以上投贊成票方為有效，憲法修正案第一條及增訂第十二條亦規定公投複決立法院憲法修正案、領土變更案，亦需經此程序。本屆立法院在審議「國大職權行使法」時，親民黨亦提出須有選民半數之投票，選舉結果才有效，可惜未被採納，因此有學者就以八十八年國大通過「延任自肥案」為例，指該項修憲案雖然完成了憲法所規定的一切程序，具備了「形式合憲性」，但大法官會議四九九號釋憲仍將之以欠缺「實質合憲」為由，宣告違憲。因此學者認為中選會、立院或政黨應將本爭議提交大法官釋憲解決。

2.包裹表決、委任修憲及四分之三高門檻通過之爭議

(1)「國大職權行使法」在修憲國大選完後才通過立法，該法規定國大在投票時必須就整個修憲案做贊成或反對之「包裹表決」，不能逐條表決，而且只能採取委任投票，不能依自由意志代議表決。此引起反對修憲者之強烈反彈，他們指出，這次修憲內容大部分政黨或聯盟是部分贊成、部分反對，如「無盟」，在「單一選區兩票制」及「國會席次減半」他們是反對的，但是「公投入憲」、「立委任期四年」、「比例代表婦女不得低於二分之一」等議題他們卻贊成，但政黨只能在贊成與反對兩種立場擇一表態，並無有部份贊成部份反對之表態空間。因此採用包裹表決及委任投票，無異是剝奪他們的投票權，是違憲的。此外，「單一選區兩票制」、「國會席次減半」朝野尚有許多不同聲音，採取包裹表決、委任投票是大黨強姦、消滅小黨的「脅迫手法」，違反民主政治的議會政治須經由審議到表決的民主程序，顯有違憲之嫌。

(2)贊成修憲案者則認為將修憲案通過的門檻訂為「四分之三」之表決贊成，及廢票列入總票數中是違憲的，他們認為立院在提出憲法修正案時即已高門檻通過，因此公民複決應只需二分之一通過即可，且廢票亦從未見民主國家將之列入有效票計算。此案在林義雄施壓下，民進黨團已在五月二十六日提出釋憲。

3.單一選區之選區劃分以縣為單位是否違反票票等值的民主理念之爭

修正案第四條規定選區劃分以縣市為單位，每一縣市至少一人。此一規定造成「票票不等值」，如連江縣人口不足一萬人，但卻和人口超過四十萬人的宜蘭縣和新竹縣都分配一個席次，同一席次的代表性卻相差近六十倍，顯然十分不公平，因此民進黨立委林濁水和國民黨立委徐中雄即連手提案要求修改此項條文，也就是說在選區重劃時同時進行行政區重劃，以便達到票票等值。

4.此外，有關公投入憲是否會造成「法理台獨」，並引發台海危機亦有爭論。

(二)可能結果

修憲國大的選舉結果，贊成修憲全案的有二百四十九人，反對的有五十一人，依「國大職權行使法」規定須有四分之三，二百二十五席的高門檻贊成才通過。門檻雖高，但贊成者仍比門檻高出二十四人，也就是說在贊成票中須有二十五票以上跑票，且四分之三高門檻釋憲案又不過，此憲法修正案才可能過不了關。目前傳出民眾黨三票有可能改投反對票，國民黨代表朱浤源亦可能串連反對(已辭職，遺缺也已遞補)，但在國、民兩黨都不敢反對，又祭出黨紀的情況下，本次修憲案雖有許多爭議與質疑，但應會在爭議及質疑中過關。(除非民進黨不想

過關，讓釋憲案否決修憲案）

四、修憲案通過後對台灣政局之影響

本次國大修憲若過關，將會對未來國內政情產生鉅大影響。主要有：

（一）由於「單一選區兩票制」對小黨及無黨籍人士十分不利，在複數選區的制度下，小黨或個別候選人只要得票率達一定比率就可當選，在單一選區的選制下只有得票最高者才能當選，因此大部分選區都將形成兩大黨候選人對決的局面，小黨或個別候選人只能扮演插花或攪局的角色，因此容易形成兩黨政治。

（二）兩黨政治最為人詬病的是無法呈現多元意見，但卻有利責任政治，提升行政及立法效率，並穩定政局，且兩黨政治可避免極端之意識形態，政黨須走向多元包容。此外，意識形態偏激及言行標新立異的候選人想在單一選區出線，可謂難上加難，政黨亦會避免提名此類候選人（除非該政黨本身就是以意識形態掛帥）。

（三）在國會席次減半下，區域立委的席次從一百七十六席減為七十三席，減幅幾達一倍半，也就是說在新制實施後將只有三分之一的立委可以連任，其餘的必須轉行或在選戰中遭到淘汰。其中，尤以地方經營型的委員更為有利，而形象牌委員，除了在都會區尚可一戰外，在非都會區恐將遭淘汰，因此國會議員勤跑基層，國會議員地方化的趨勢恐亦難避免，此是否會影響國會問政效率與品質，尚待時間檢驗。

（四）由於單一選區，席次倍減，因此未來選戰從黨內初選到正式決選，必將比往昔激烈數倍。而其中最最關鍵的就是選區劃分。依目前選罷法規定，選區劃分屬於中央選委會的職權，但由於選區劃分對選舉結果影響甚大，目前已有主張修改選罷法，另外成立一個獨立的「選區劃分委員會」，更有主張，基於票票等值的理念，在選區劃分的同時，應一併進行行政區重劃。但不管選區劃分的組織功能如何運作，及是否一併進行行政區重劃，選區劃分以縣為單位，若一縣只有一應選名額，則不會有爭議，若一縣市需重劃分若干選區，則必會對候選人產生決定性的影響，舉例言之，中和市人口有四十幾萬，比劃分一選區還多出近十萬，永和市有二十幾萬，劃分一選區不足四、五萬人，那麼是將中和南勢角、秀朗橋附近的選民併入永和選區，還是積穗、中正路地區的選民併入。任一切割的小小順逆，都將對候選人產生決定性的勝敗，因此選區重劃將是未來一、二年台灣政壇發燒、關注的主要話題。

（五）此外，尚有論者擔心，在單一選區、選區重劃的新制下，不但會壓縮小黨空間，更可能會形成北台灣藍者更藍，南台灣綠者更綠的結果，形成南北、藍綠兩個板塊更加僵化，更為對立。此說亦有其根據，值得注意與觀察。

五、綜合分析

（一）本次修憲議題雖然有七、八個，但主要爭議的焦點仍集中在「廢國大、公民複決修憲案」及「單一選區兩票制」、「國會席次減半」等兩項議題。「公投入憲」涉及是否有「法理台獨」之辯，反對者以「公民投票法」通過立法為例，認為民進黨是一不遵守憲政程序的政黨，既然陳水扁可以在總統選舉時違法進行兩項反中公投，那麼誰又能保證在公投入憲後，他不另找巧門，進行有關變更領土主權的公投？尤其此條文涉及美、中、台三角關係的敏感神經，獨派若有過激動作導致中共祭出「反分裂國家法」，則將對台海、亞太、甚至全球安定造成難以估算的變數與結果。

（二）就「單一選區兩票制」、「國會席次減半」改革國會議題，民進黨立委林濁水及沈富雄曾在五屆立委任內，大聲疾呼，極力反對，他們認為此制若實施後民進黨將在一段很長的時間裡無法在國會過半數，他們的理由有二，首先，國民黨在地方基層的實力超出民進黨甚多，以鄉鎮市長選舉為例，國民黨就勝出民進黨四、五倍之多，因此選區愈小對民進黨愈不利；其次，在新制下，國民黨在選制保障下，若干選區已成為禁臠，金馬、東、花、原住民共十席幾乎已是其鐵票（原住民在新制下，民進黨陳瑩那一席亦可能不保），也就是說，在這種不公平的選制下，即使民進黨囊括嘉南、高屏所有席次，也無法過半。相反的，這種選制設計，國民黨不但可能成為第一大黨，亦可能過半並主控國會。（對國民黨唯一不利點是單一選區，依過去投票傾向，民進黨多選黨不選人，而國民黨是選人不選黨，因此若候選人擺不平，違紀參選，對國民黨比較不利）

（三）扁宋會後，親民黨政黨支持度大幅滑落，而這次修憲國大選舉，得票率不但輸給「台聯」，把第三大黨拱手讓出，較九一年立委選舉大幅滑落兩倍，較九三年滑落近一倍半，且立委已有周錫瑋、李慶華、邱　毅出走，並有多人蠢蠢欲動，基層更是鬆動，約有一半縣市議員或重返國民黨，或默然離開，在單一選區及基層鬆動的雙重危機下，親民黨想避開泡沫化，恐怕不易！反觀「台聯」，得票率雖沒增長，但卻鞏固了基本教義派的票源，且有擴張之勢，年底縣市長亦已向民進黨叫陣，就此觀之，大綠想吃小綠恐比大藍吃小藍更難。

（四）綜前所述，國內政治在國會席次減半及單一選區兩票制新選制的影響下政黨重組已不可避免，而眾所關注的兩黨政治須磨合多久才能成形，而席次減半及新的選制下國內政情是否會更趨穩定，或益形混亂，並重新修憲，修改選制，凡此種種皆有待觀察。

二〇〇五、五、卅一

民進黨青壯派提出「新民進黨運動」的戰略分析

一、楔子

台灣的選舉經過政黨的不斷動員與對立，選民的情緒已從激情走向冷漠，今年（二〇〇五）六月修憲國大選舉投票率二成三創下民主國家低投票的歷史紀錄。

今年年底三合一選舉更是在這種極度冷清的氛圍下進行，選前二、三個月還嗅不出一絲選舉的煙硝味。迨八月二十一日爆發高捷泰勞暴動事件，並引爆成剝削泰勞、工程圍標綁標等高捷弊端，不久民進黨青壯派提出「新民進黨運動」，最後導致民進黨內派系惡鬥，高捷弊端、股市禿鷹、高鐵弊案、二次金改弊端等等相繼浮現。弊案引發內鬥，內鬥又引爆更大的弊端，連環爆，變成兩大選戰焦點，劇情雖然精彩，但情節卻令人聞臭掩鼻，不忍卒睹。

二、「新民進黨運動」提出的目的與內涵

（一）「新民進黨運動」緣起與目的

九月三十日，趁陳水扁出國訪問之際，新潮流系召集人段宜康和陳水扁嫡系，刻正參選台北縣長的羅文嘉藉

經由中國時報記者何榮幸訪問之機（何與段、羅皆為台大學運世代友好）提出「新民進黨運動」，立刻在國內政壇引爆巨彈，不但衝擊年底縣市長選舉，更引發民進黨派系內鬥。

「新民進黨運動」美其名曰自省改革運動，但羅文嘉並不諱言，著眼點是為選舉，依羅文嘉原始的算盤，他可以在台北縣長選戰中勝出，等到他當選台北縣長後，他在黨內就更有份量去推動「新民進黨運動」，在推出若干自省與改革政策後，民進黨便可重新獲得選民信賴與支持。因此「新民進黨運動」可視為民進黨二〇〇八年政權保衛戰的行動綱領與目標。

但人算不如天算，羅文嘉的選情從三、四月落後周錫瑋十幾個百分點，到七、八月逐漸趕上，但泰勞、高捷事件爆發後，雙方的民調在黃金交叉後，羅的尾巴便往下掉，而周則朝上翹，羅認為再此下去必敗無疑，因此羅、段乃提前推出「新民進黨運動」，企圖與貪瀆、腐化的黑金政府劃清界線，並塑造羅文嘉等青壯派是有反省能力的「新民進黨」，以爭取中間選民。

段宜康直言：「民進黨在南部的支持度，已經輸給了國民黨，而且是長期的趨勢。我們過去在屏東、高雄地區，從來沒有輸過，但現在已輸，狀況一直往下，沒有得到改善。甚至候選人都不敢出來拜票，視為畏途，怕一出去就要聽選民罵民進黨；支持者失去了熱情，也不知道怎麼去辯護，甚至也不投票了。南部的選情，有的祇是靠縣市長表現好，有的是因為對手很差，南部還在撐，但是狀況不樂觀。執政不過幾年，就變成這樣，有人總統二〇〇八年就當完，但是民進黨還是得走下去。」「他們靠權術權謀，陳水扁的權力就止於二〇〇八年，陳水扁若想延續影響力於二〇〇八年之後，唯有接受這股改革的力量才有希望；在接班候選人中，改革意志會被『信任』的，才能拿到二〇〇八年的入場券；就對民進黨失望的人來說，還有希望找回支持的『餘溫』。」

兩人原本想在十月二日舉行的全代會發難、點火，但由於龍王颱風襲台，羅、段兩人仍藉由何榮幸訪問的場合提前上菜。

（二）「新民進黨運動」的內涵

「新民進黨運動」做為選戰策略，主要在批評執政後的民進黨喪失反省與創新的核心價值，並與貪污、腐化、弊端連連的「舊民進黨」劃清界線：

1.批判預訂在十月二日舉辦的民進黨全代會只是四大天王演講的表演場地，所有縣市長提名人都站在後面當「道具」，民進黨為何會淪落到學親民黨的樣板演戲。

2.批判民進黨對福利國家、反核等重要議題，及農民、勞工等不同階級，缺乏完整的價值體系與真誠信仰，因此執政後很容易碰到選舉壓力就改變方向。

3.批判陳水扁把政策重點放在推動新憲運動，沒將焦點鎖定在經濟問題、稅改、取消軍公教十八％優惠利率及免繳所得稅等人民關心的社會公平正義議題。

4.批判民進黨在野時主張廢除總統府資政、國策顧問，但執政五年多了，資政、顧問仍然大量存在。

5.批判民進黨以前抨擊國民黨酬庸及安插人事，但現在落選立委紛紛出任政府副首長。

6.批判民進黨過去反對政府過度干預市場機制，但執政後卻介入中華開發等經營權之爭，使政府從裁判者變成比賽者。

7.批判民進黨執政後，在人權、環保、勞工等議題不但跟不上時代，甚至出現倒退。

8.批判民進黨執政後，逐漸失去政治論述能力，無法打動人心，激不起支持者的熱情。

9.主張重拾「自由、民主、公平、正義」的理想，並以之來檢驗民進黨各種施政政策。

三、「新民進黨運動」與派系鬥爭

「新民進黨運動」的砲火是針對民進黨政府的濫用權力以及貪污腐化，因此雖未直接點名，但暗批陳水扁的動作則是不言而喻，因此陳水扁禁衛軍正義連線馬上跳出來反駁，而新潮流系李文忠、林濁水則是予以聲援，加上高捷、股市禿鷹兩大弊端糾葛在一起，造成派系間隔空交火，纏鬥激烈。

「新民進黨運動」自九月三十日提出到十一月初，一個多月期間可概分為三階段的變化，第一階段是九月三十日到十月十五日是派系內鬥逐漸升溫階段；第二階段從十月十五日蘇貞昌召集派系幹部溝通，到十月二十八日為派系和解階段；第三階段從十月二十八日李文忠要求陳水扁為執政弊案道歉，到陳菊被檢調單位以嫌疑人身分約談迄今，為派系內鬥再起階段。現今分述如下：

（一）第一階段：派系內鬥逐漸升溫階段（九月三十日~十月十五日）

「新民進黨運動」提出後便引發各派系的各種不同反應，新潮流系立委李文忠在十月一日率先響應，表示將在適當時機以「六〇社」成員為主，成立論壇，十月五日他更連署七十四位跨派系立委發表「支持反省、蛻變重生」的聲明。立委林濁水也贊成由黨內青壯派先討論，但他認為應擴及全黨的改革風潮。

但馬上遭到福利國連線及正義連線的反擊，福利國立委李俊毅說，羅文嘉這批人想把自己和民進黨劃清界線，劃下防火牆，這種「割肉療法」顯然是投錯藥，不但無法救自己，也會傷害民進黨。正義連線立委林重謨更直言，這種以新舊劃分的方式來操作選舉，顯然是年輕一代對老一輩逼宮的「世代鬥爭」，他說最瞧不起這種批判自己政黨，踩著同志肩膀替自己造勢的人。

十月三日，蔡同榮等十多名立委亦召開記者會，重申民進黨台灣優先、清廉第一的核心價值，並主張成立高捷、高鐵、股市禿鷹等弊案調閱委員會。王世堅並表示，黨內同志應就事論事，不應淪為派系鬥爭。

黨內派系衝突一觸即發，因此黨主席蘇貞昌在十月三日宣布，原本在選前召開的全代會造勢活動延到選後才開，以免黨內爭鬥檯面化。

而黨內四大天王亦有不同的表態，十月一日在「新民進黨運動」提出隔天，呂秀蓮便表態，他說「黨內沒有四大天王口水戰及世代交替問題」；謝長廷則表示「執政的理想必須在射程的範圍內」，五日謝又說「自己也是被改革者，不適合談」；游錫堃則強調民進黨是有自省能力的政黨，會持續推動改革政策。

相對於呂謝游三人的官式反應，蘇貞昌則有比較積極正面的肯定，十月三日他說，民進黨沒有新舊之分，也沒有世代差別，民進黨堅持品牌，改革進步，人民的批評，民進黨虛心受教，黨員的要求，民進黨也願意詳細傾聽。五日他更進一步表示「今日的民進黨要與昨日的民進黨為敵，如果昨日做錯了，黨就要虛心檢討」，六日在羅文嘉競選總部成立大會上他更進一步公開表態，贊成「新民進黨運動」，九日他更在聯合報發表「啄木鳥與青蛙宣言」，表示「今天的民進黨，需要許多啄木鳥，找出傷害團隊形象、背離理想、違法亂紀的蛀蟲。也需要許多青蛙，為改革政策大鳴大放」。可見蘇貞昌從猶疑逐漸轉向支持「新民進黨運動」。

而正義連線和新潮流正式爆發衝突的導火線則是林文淵事件，十月四日，新系立委林樹山在立委揭發林文淵坐領中鋼分紅四千四百萬，並在十月十二日連署近百位泛綠立委提案，要求中鋼董事長林文淵應將四千多萬分紅繳還國庫。此舉惹火了正義連線，高志鵬抨擊，這種動作有如在搞文化大革命。陳水扁甚至還親上火線，接受電視訪問力挺林文淵。

因此儘管十月十三日正義連線舉行派系會議，會中做出「降低派系衝突，相忍為黨」的決議，但江昭儀、莊碩漢等人仍連署要求「查辦股市禿鷹不設上限」，矛頭並直指新系大老證交所董事長吳乃仁。當天晚上陳水扁召開黨內高層座談，會中陳水扁公開反對「新民進黨運動」字眼，並舉新國民黨連線造成國民黨分裂為例，強調殷鑑不遠，歷史會重演，他並高分貝批判羅文嘉，指羅「分享執政十年、六年，不滿就撇清」，並說「該檢討不只我一個人」。此外，會中陳水扁亦指示黨內成立廉政委員會，以製造民進黨清廉、肅貪的假象。

十月十四日行政院長謝長廷對股市禿鷹案表態，他說禿鷹到現在還沒抓到，他很不滿，會研究金管會是否要負責，同日新系立委林為洲、盧天麟也召開記者會要求公路總局主任秘書宋乃午下台，但連署提案已有降溫之勢，許多人紛紛撤簽，最後連署人不到六十人。當日新潮流總召段宜康亦宣布由新系立委發起原訂十七日舉行的「國會自律，從己做起」記者會暫停，段宜康並和高志鵬會面，討論派系休兵。

（二）第二階段：派系和解階段（從十月十五日～十月二十九日）

由於派系衝突、對抗不斷升高，造成高捷、股市禿鷹等弊案有往上發展的趨勢，這對原本低迷的年底選舉選情更是雪上加霜，因此十月十五日由民進黨主席蘇貞昌出面邀集派系幹部溝通，會中除要求派系休兵、和解外，也要求暫時不要再提「新民進黨運動」，並決議轉移社會焦點，要黨內立委提出並推動一些改革議題，目前先鎖定在退休高官領雙薪、公股代表分紅設限，以及引發社會觀感不佳的酬庸性職務。會中亦要求重建派系溝通平台，委員有連署必須先送立院黨團討論。

十月十七日，立院黨團總召趙永清針對十五日的會議，再度邀集立院黨團派系幹部溝通，會中決定針對下列十項改革項目成立十個專案小組，並由二十一日的黨團大會確認：一、深化金融改革，二、稅制改革，三、18%優惠存款利率改革，四、媒體改革，五、不當黨產追討，六、憲政改造（以上為陳水扁在國慶日宣示的六大改革），七、政府榮譽職的酬庸與支薪檢討，八、退休官員領取雙薪或三薪檢討，九、官股代表分紅應制度化，十、國會改革（因應單一選區兩制的內規修正，加強國會自律與利益迴避）。

當日陳水扁在接受記者訪問時，一改上週批判「新民進黨運動」的態度，對提出運動的段宜康和羅文嘉表示感謝，但他仍強調民進黨沒有新舊之分，應叫做「清廉改革運動」。（十月三十日他在新莊為羅文嘉站台時又說應叫「民進黨新運動」）

在民進黨內決定派系休兵，並提出若干改革議題以轉移社會焦點後，民進黨立委紛紛提案響應，十月十九日林濁水提案要求刪減卸任總統禮遇，主張仿效美國，總統禮遇十年，副總統則不禮遇；十月二十日，綠色友誼連線提案要求取消公營行庫13%的優惠利率；同日，新系立委林岱樺提案要求將總統府資政及國策顧問改為無給職。

此外十月二十四日法務部在行政院指示下向行政院會提出「廉政局組織法」，隔日民進黨中常會又決議在黨內成立「廉政委員會」。一連串的動作，企圖將弊案焦點引導到「民進黨是有反省能力的、清廉的、改革的政黨」的方向去。

（三）第三階段：派系內鬥再起階段（十月二十八日～）

由於派系間互信不足，因此派系休兵很快就被在後追趕的層層弊案打破，十月二十六日股市禿鷹案金融局局長李進誠被判刑八年，二十七日雙陳赴濟州賭博照片曝光，隔日陳哲男宣布退黨，新系立委李文忠更公開要求陳水扁停止卡車助選，並向全民公開道歉。十月三十日，陳哲男遭中常會開除黨籍，新系立委林濁水又公開批評新聞局長姚文智對TVBS開刀是犯了戰術上的錯誤。

十月三十一日，正義連線派系會議，連線成員對新系立委李文忠和林濁水不斷對外放話甚為不滿，揚言要對準吳乃仁、龔照勝，再砲打股市禿鷹案。同日，新系前勞委會主委陳菊被檢方以高捷弊案嫌疑人約談十小時，便傳出「辦陳菊是衝著新系而來」，為此，新系召開派系會議，為防陳菊成為高捷案的犧牲品，由新系立委陪同，陳菊在十一月二日召開記者會強調自己的清白，段宜康甚至還放話表示「有些事不必再幫別人扛了！」

一波未平，一波又起。十一月三日，立委邱毅又爆料三年前吳乃仁和龔照勝被廠商招待，共赴濟州島賭博洗錢。當時人在印度的吳乃仁，除在第一時間透過太太澄清外，也迅速返國召開記者會反擊，他說他不認為是因為自己是新系大老而遭打壓，整體事件應是針對證交所董事長、金管會主委兩項職務而發動的鬥爭。段宜康甚至指出陳菊被約談及吳、龔濟州行曝光等都是政治對手在「放東西」打擊新系。

十一月六日又傳出謝長廷愛將，前高捷局長，現任交通部政次周禮良在生病期間收受高捷公司二十萬元的探病慰問金。十一月十日，在沒有知會謝長廷的情況下，蘇貞昌召開民進黨中執會開除周禮良和方來進（前高市勞工局長）黨籍，周禮良並辭去交通部政務次長。有人說周、方被開除黨籍是蘇貞昌對選情做「損害控管」，但也有一說是針對謝長廷而來。

這種因弊案而引發派系內鬥，再因派系內鬥而互相爆料，互相攻擊，造成弊案愈滾愈大，失去控制，對民進黨及年底選情造成莫大傷害，這種情形是否會很快平息，或會延燒到選後？我們只有拭目以待。

四、敗選後民進黨權力結構的調整

敗選後的民進黨，黨內（尤其是新系及支持者）要求反省、檢討、改革的聲浪是可以預見的，而「新民進黨運動」也將再被提出、熱烈討論。陳水扁如何面對這波的檢討、改革聲浪，將是他是否會提前跛腳的關鍵。尤其是他將如何處理新系與蘇系的逼宮動作，如果雙方妥協，在陳水扁剩下的兩年任期，將會有何種形式的政治權力運作？如果雙方決裂，黨內政治生態又將呈現何種面貌？這都是關心台灣政情者不可不關心的。現將選後民進黨權力結構調整的各種可能分述如下：

（一）選後蘇貞昌必會依慣例在第一時間提出辭呈，為避免引爆激烈的黨內鬥爭，敗選責任由府、院、黨一起扛，並強力慰留蘇貞昌，而敗選責任由秘書長李逸洋一肩扛起。蘇續任黨主席，謝續任閣揆。此點對陳水扁最為有利，可避免黨內衝突檯面化，陳水扁可利用剩餘兩年任期運作權力平衡遊戲，對接班人選亦有關鍵性影響力。

（二）蘇貞昌負起敗選責任辭職下台，黨主席由游錫堃或張俊雄、張俊宏或洪奇昌接任，而謝長廷則續任閣揆，內閣局部改組（包括姚文智處理TVBS事件不當影響選情而下台）。而蘇貞昌在辭黨主席後，成立「蘇貞昌辦公室」，結合蘇系人馬、新潮流系、羅文嘉及立院黨團中押寶蘇貞昌的泛綠立委（包括台聯），開始佈署二〇〇八總統大選，公開支持「新民進黨運動」，並在立院推動系列改革運動，以塑造改革形象。

（三）由蘇貞昌和謝長廷共負敗選責任。此亦幾有種可能，一是蘇貞昌和謝長廷對調，由蘇轉任行政院長，謝重掌黨務。但此種可能性甚低，首先是蘇若接行政院長，事實上是高升，與敗選負責不搭；其次，若蘇任行政院長，表示陳水扁和蘇貞昌及新潮流在選後的權力鬥爭中，全面退讓，由蘇及新系全面掌握行政權，黨內獨尊，陳水扁提前跛腳，這與陳水扁的鬥雞性格不合；另一種可能是謝長廷重任黨主席，蘇貞昌轉任總統府資政，而行政院長由游錫堃或呂秀蓮接任（此兩種安排在坊間流傳甚久，一說陳支持游接班，游任總統府憲改小組召集人在各地積極招募黨員，陳並安排選後游回任行政院長，一說呂以槍擊事件要脅選前一年之前接行政院長，以佈署大選）；另外也有一種可能是蘇、謝都轉任總統府資政，行政院長由游錫堃或呂出任，黨主席由張俊宏、張俊雄、洪奇昌等人出任。

五、結論—「新民進黨運動」與二〇〇八總統大選

（一）本次三合一選舉，民進黨是被政績不佳，加上高捷、股市禿鷹等弊案連連所打敗，而非被國民黨的政策或選戰策略所打敗，也就是說民進黨被TVBS揭弊及派系內鬥所打敗。老百姓的一般印象仍是「民進黨不好，國民黨不行」，此國民黨應有自覺與反省，切不可恃勝而驕，未來除應繼續揭弊外，更應提出具體政策主張，主導政策，而不是一味反對民進黨的政策作為，如此才能獲得老百姓的肯定的支持。

（二）羅文嘉和段宜康等民進黨青壯派在選戰期間提出「新民進黨運動」，雖因派系的反彈而作罷，但「新民進黨運動」的原始構想（戰略目標），是要經由民進黨對執政失敗的反省、檢討，而重新回歸改革的創黨精神，並經由若干改革政策的推動，重新獲得選民的肯定與支持，最後在二〇〇八年總統大選勝出，以延續綠色執

政。「新民進黨運動」是具有宏觀思維的選戰策略，因此敗選後不管它是否是由新系和蘇貞昌人馬單獨推動，或是改個名稱（如「清廉改革運動」）由民進黨全黨推動，總之，它是會往前不會往後退卻，此無庸置疑，而民進黨尚有兩年的執政優勢，若能推出一些具體政績來，二〇〇八年總統大選鹿死誰手，尚未可知。

（三）兩岸政策是泛藍的優勢議題，可惜，包括連戰、宋楚瑜、馬英九等人長期以來都懼怕於民進黨民粹的威力，害怕被扣上「聯共反台」、「中共的同路人」紅帽而裹足不前，不敢提出並堅持有前瞻性的兩岸政策，推出系列推動兩岸和解、合作的政策方案，吾人擔心的是，若民進黨為了保持政權，在選後擱置統獨爭議，接受九二共識，在大陸人士來台觀光、兩岸客貨直航、熊貓來台等採取務實、開放的政策，國親將如何應對。

（四）民進黨內接班人的爭戰，謝長廷在接任閣揆後，氣勢一度看漲，但在半年期間相繼發生若干事件，導致謝系人馬紛紛中箭落馬，內政部次長林永堅因「四二六機場衝突事件」下台，自來水公司董事長李文良因桃園缺水事件下台，交通部次長周禮良、高市勞工局長方來進因高捷弊案而下台，新聞局長姚文智現亦岌岌可危，現在內閣中只剩身旁的行政院秘書長卓榮泰是謝系人馬。尤其高捷事件更讓謝長廷受傷慘重，幾乎快在接班人競逐中出局；而高捷弊案使新潮流提前表態，新系與蘇貞昌已成利益共生關係，新系的派系實力、作戰力量，加上蘇貞昌的個人魅力（十一月初TVBS民調蘇在民進黨內遙遙領先其他人），因此未來除非陳水扁（游錫堃）、謝長廷、呂秀蓮形成一反蘇反新聯盟，要不然二〇〇八年總統大選應是馬英九、蘇貞昌對決已提前成定局！

二〇〇五、十一、十四

（本文係二〇〇五年縣市長選舉前一個月所撰，當時本人就已預測民進黨會大敗，並預測民進黨府院黨權力調整部署狀況，而陳水扁、新系、蘇貞昌合流倒是令人驚訝，應是新系邱義仁以三一九槍擊事件要脅下的妥協局面）

二〇〇五年縣市長選舉選情大勢分析

一、總體選戰情勢分析

年底三合一選舉（縣長、縣市議員及鄉鎮市長）將在十二月三日投票，雖離投票日已不到半個月，目前各政黨及候選人莫不全力衝刺，爭取勝選。

縣市長部分，共有七十七位候選人在全國二十二個縣市參選，其中國民黨和民進黨各提名二十人，親民黨四人，台聯兩人，新黨一人，無黨籍及未經政黨推薦者三十人。除少數選區外，多數選區仍是國、民兩大黨對決的局面。

就目前國內的選舉情勢而言，選情對國民黨較為有利：

（一）就選民結構而言，雖然陳水扁在兩千零四年總統大選得票率泛綠首次過半，但整體而言，泛藍選民仍以百分之五十二比百分之四十八，領先泛綠四、五個百分點。

（二）就地域而言，泛藍在基隆、桃、竹、苗、花、東、金門、馬祖領先泛綠超過十五個百分點，北縣、及台中縣市，泛藍領先在五個百分點左右，而泛綠在嘉義縣、台南縣市、高雄縣，領先泛藍十幾個百分點，宜蘭、屏東、雲林綠略為領先，嘉義市則藍、綠及許家班三分天下，彰化、南投、澎湖則勢均力敵。

（三）就選舉類型而言，由於本次選舉採三合一選舉，國民黨在基層的實力高出民進黨甚多，三合一選舉縣長和縣市議員、鄉鎮市長一同舉行，國民黨的基層實力可為縣市長選舉加分。

（四）就政黨的施政滿意度及政黨領袖魅力而言，民進黨執政後，政績乏善可陳、弊端層出不窮，最近的馬屁橋、馬屁歌、馬屁題、陳水扁家族特權搭空軍一號、商務艙，加上金改、高鐵、高捷、圖利財團，官商勾結等等，更讓民進黨清廉度及政黨支持度一夕滑入谷底，十月初媒體所做的民調，陳水扁的施政滿意度只剩百分之二十五。反之，國民黨自連戰訪問大陸，馬英九當選黨主席以後，國民黨的政黨支持度不但超越民進黨，且馬英九的清新形象更讓老百姓寄予厚望，此在在對國民黨有利。

（五）最後，大陸對台灣水果實施零關稅的優惠，民進黨政府盡全力極力阻擋，此亦造成中南部農民的不滿，此亦會反應在選票上。

唯一對民進黨有利的是，民進黨可利用其執政優勢，運用行政資源以幫其候選人輔選，並挖泛藍牆腳，如攏絡苗栗縣長傅學鵬，謂如民進黨候選人邱炳坤當選，傅就可到中央當官；如羅文嘉宣傳，若其當選，兩年內將搬遷土城看守所並在原址蓋兒童樂園；及用政府經費在媒體登廣告攻擊國親，罵馬英九等等；此外亦可威逼媒體為其候選人造勢，及減少報導泛藍候選人選情活動。

二、國民黨和民進黨對選情的評估

（一）國民黨中央評估

1.可望勝選縣市

國民黨中央評估，爭取連任的基隆市許財利、桃園縣朱立倫、新竹市林政則、台中縣黃仲生、台中市胡志強、花蓮縣謝深山等七縣市選情穩定，連任應無問題，加上泛藍執政的外島三縣—澎湖王乾發、金門李炷烽、馬祖陳雪生，藍軍穩坐十席應沒問題。

2.選情看好縣市

苗栗縣劉政鴻、宜蘭縣呂國華、嘉義市黃敏惠等三縣市，國民黨候選人在民調及氣勢都領先，至少可望搶下兩席。

3.選情膠著區

台北縣周錫瑋、彰化縣卓伯源、南投縣李朝卿，這三個「綠軍佔領區」，國民黨評估是有望拿回的「淪陷區」，尤其是台北縣，周錫瑋民調雖然一度領先到下挫，但在馬英九主席介入整合加上民進黨政府弊端不窮的情況下，周不但又超前，且已拉開差距，已列入選情看好縣市，至於彰化、南投、雲林，雖然民調略輸，但泛藍已逐步整合成功，在黨中央設定「決戰彰雲投」的選戰基調後，這三個縣市仍有相當勝選的空間。而屏東縣王進士和民進黨提名的曹啟鴻，民調仍在伯仲之間，選戰末期若能操作棄保成功，仍大有可為。

4.勝選無望地區

嘉義縣陳明振、台南縣郭添財、台南市陳榮盛、高雄縣林益世等四縣市，國民黨視為「苦戰區」，泛綠執政優勢難以打破，除非奇蹟出現，否則勝選無望，因此黨中央抱持少輸為贏的心態輔選。

（二）民進黨中央評估

1.可望勝選縣市

民進黨民調顯示，執政十個縣市中高雄縣、台南縣市、嘉義縣等四個縣市都贏對手十五個百分點以上，

2.選情看好縣市

台北縣羅文嘉、雲林縣蘇治芬、屏東縣曹啟鴻、南投縣蔡煌瑯、彰化縣翁金珠等雖然未領先對手達十五個百分點，但也是穩定領先，因此如無意外，應可勝選。

3.選情混沌縣市

長期失守的澎湖縣，陳光復目前民調領先，讓輔選幹部甚表意外，而苗栗縣，若傅學鵬能全力輔選，加上綠軍的基本盤，仍有望在三強中突圍而出。而目前執政的縣市，嘉義市陳麗貞、基隆市陳定南，雖然目前民調顯示選情膠著，但相信在選戰末期，民進黨提出「民主聖地不可淪陷」的口號後，應能險勝。

4.選情艱困地區

桃園縣、新竹縣市、台中縣市、花蓮縣等六個縣市民調落後達十五個百分點以上，選情相對不樂觀。另民進黨在基隆市王拓退選，金馬未提名候選人。

三、各縣市選情分析

（一）選情明朗縣市—泛藍穩當選縣市

1. 桃園縣

桃園縣長選舉是泛藍整合成功的首例，親民黨立委孫大千在民調輸給現任縣長朱立倫後宣布退選。由於朱立倫的施政滿意度頗高，因此原本要回桃園參選的陳水扁嫡系羅文嘉改在台北縣參選，前次和朱立倫對決的現任立委彭紹瑾亦不敢再向朱立倫挑戰，在這種情況下，才提名台鹽董事長鄭寶清參選。

鄭寶清一直打其在台鹽的政績作訴求，企圖獲得選民的認同，但由於朱立倫學經歷俱佳，形象清新，施政頗受好評，且在桃園縣泛藍的選民結構多出泛綠將近十個百分點，因此自六月至今，朱立倫的民調都領先鄭寶清二、三十個百分點，選情十分明朗。

桃園縣的選民有一百三十幾萬，其中有十五萬是泛藍軍眷鐵票，上屆縣市選舉，朱立倫得四十四萬多票，比彭紹瑾的三十五萬多票多出近九萬票，二千年總統大選連宋得六十二萬票，陳水扁只得三十萬票，相差三十二萬票，差距超過一倍，二千零四年陳水扁得票雖有大幅成長，但仍相差十萬多票，二千零四年立委選舉，泛綠輸泛藍十四個百分點，十三萬多票。

本屆縣長選舉預估朱立倫將贏鄭寶清十五萬到二十萬票。

2. 新竹縣

新竹縣選情原本十分複雜，國民黨籍立委邱鏡淳因不滿現任縣長鄭永金背離只做一任的承諾，因此積極運作，希望民進黨和親民黨能共同支持他對抗鄭永金，但民進黨最後選擇提名前任縣長林光華參選，反倒要邱幫助林，邱鏡淳轉而投靠親民黨，但親民黨並沒有支持他，邱因此棄選。此外，親民黨前任立委陳琪惠參選連任時，因鄭永金支持另一國民黨參選人葉芳雄，導致陳琪惠落選，親民黨及陳琪惠因而對鄭十分不諒解，因此提名陳琪惠參選，但最後考量並無勝選可能後，亦放棄參選，造成國、民兩黨對決，選情相對穩定。

鄭永金縣長任內推動國中小免費營養午餐、老人年金等政策頗得民心，且新竹縣失業率連續三年全國最低，使他在各項民調的施政滿意度都名列前茅，加上四年縣長任內累積的人脈，造就他不可撼動的連任氣勢，從七月到十月初三家媒體所作的民調他都領先林光華二十個百分點以上。

新竹縣的人口有四十七萬多人，選民約有三十五萬人，上屆選舉鄭永金以十一萬多票比九萬七千票，領先尋求連任的林光華一萬五千票，二千年總統大選連宋以十八萬比六萬，大勝陳水扁十二萬，雙方差距有兩倍之多，二千零四年總統大選，雙方得票拉近，但陳水扁仍輸連宋七萬五千票，雙方得票率是六十四比三十六，該年年底，立委選舉藍綠是六十三比三十七，藍綠相差六萬多票，二十六個百分點。

本屆縣長選舉預估鄭永金將贏林光華五到十萬票，二十到三十個百分點。

3. 新竹市

新竹市本屆市長選舉，由國民黨的現任市長林政則和民進黨的市議員鄭貴元兩人對決，選情格外單純。

林政則四年來推動幸福花園城市，十七公里海岸線新八景，市區巷道拓展等政績頗獲市民肯定，天下雜誌七月所做的民調市民滿意度從十一名躍升為第五名，中華大學民調，民眾對其施政滿意度亦高達七成二。八月及十月六日中國時報及東森電台所作民調，林政則都領先對手三十到四十個百分點，雙方差距懸殊。

四年前林政則挑戰民進黨尋求連任的蔡仁堅，由於蔡仁堅弊案及緋聞纏身，因此，林政則輕鬆的以九萬票對六萬九，二萬多票擊敗蔡仁堅，兩千年總統大選，連宋兩人得票高出陳水扁六萬多票，兩千零四年贏二萬多票，該年年底立委選舉泛藍只小勝泛綠四個百分點，為近年最接近的一次，但基本上藍綠的基本盤仍是五十五比四十五，泛藍領先仍超過十個百分點。

本屆市長選舉，由於林政則政績不錯，鄭貴元形象及知名度又略遜一籌，加上新竹科學園區，選民知識水平甚高，對民進黨施政甚為不滿，因此年底市長林政則應可輕鬆過關，贏對手三到五萬票，領先十五個百分點以上。

4.台中市

本屆台中市長選舉，國民黨籍的現任市長胡志強尋求連任，但遭親民黨參選人立委沈智慧及民進黨候選人林佳龍左右夾攻，選情並不輕鬆。兩千年總統大選，宋楚瑜認為最後幾天馬英九、胡志強兩人在記者會公布的假民調是其敗選的主因，因此即使選後國親合作，但上次台中市長選舉，親民黨主席宋楚瑜到選戰最後關頭都未表態支持胡志強，甚至一度傳出老宋有意支持張溫鷹，讓胡志強戰得辛苦，在驚濤駭浪中勝出。本屆市長選舉親民黨提名沈智慧參選，雖然民調落後甚多，仍堅持參選到底，這種自焚式的選擇若非雙方恩怨難解，就是坊間傳聞沈智慧拿了上億元的好處。

反觀民進黨，在新聞局長林佳龍宣布辭官參選後，有意參選的立委李明憲及市黨部主委陳大鈞在高層勸說下紛紛放棄參選，造成本屆市長選舉和上屆市長選情截然不同的局面。上次胡志強在蔡明憲和張溫鷹泛綠內鬨下，脫穎而出，本屆胡志強則陷入民、親左右夾攻的苦戰。

這場選戰格外精彩，雙方都是留美博士，都當過新聞局長，學經歷俱佳，因此頗受各方矚目。但雙方面都有缺點，林在新聞局長任內擔任綠營打壓藍營的打手作風令人印象深刻，而其舅舅許文龍發表支持中共「反分裂法」的言論更是勇氣可嘉，令泛綠人士傻眼；在胡志強方面，則是其健康問題一直是對手攻擊的話題，而台中市的治安問題更是其政績的盲點。

在民進黨動用行政資源助選方面，如違反承諾讓「古根漢」在台中建館不成，如陸委會背書林若當選台中市將成為三通航運站等，加上林佳龍挾家族龐大的財力參選，在在都對胡志強構成威脅。不過由於台中市民文化水平甚高，上述現象反而容易造成綠營行政打壓胡，而形成反效果。

此外，胡在任內的施政滿意度亦高達七成以上，在提升台中市民的文化優越感，及塑造胡志強一心一意為台中市民打拚的形象，是其選情穩定領先的關鍵。而胡志強對林佳龍的所有動作都不正面回應，概以「選舉口水」、「無益市政」迴避，也間接造成林氣勢無法提升。

就台中市的選民結構而言，藍綠約為百分之五十三比百分之四十七。二千年總統大選連宋得三十三萬票，較陳水扁的十九萬票高出近十四萬票，前年縣市長選舉，胡志強贏蔡明憲三萬五千票，〇四年總統大選連宋贏阿扁三萬票，該年立委選舉泛藍贏泛綠十個百分點，差不多四萬票。不過由於胡志強有執政優勢，加上民進黨中央執政政績甚差，因此從三月初到十月中，各媒體的民調都顯示胡志強大幅領先林佳龍，領先幅度達百分之十四到百分之三十五。

因此若無此外，胡志強應可輕鬆過關，贏對手十到十五個百分點，四到六萬票。（若沈智慧選戰後期退選，差距會更大）

5.台中縣

上屆台中縣長選舉國民黨提名的黃仲生以三十二萬五千票比二十七萬票，五萬多票之差擊敗尋求連任的民進黨候選人廖永來（該次選舉國民黨前議長林敏霖脫黨參選得六萬多票）。本屆選舉泛藍只有黃仲生參選，情勢明朗，而民進黨新潮流系則推出陸委會副主委邱太三參選，邱太三雖然驚險勝出，但對手前立委林豐喜質疑作弊不肯認輸，因此綠營內部尚有裂痕，反觀黃仲生則處理派系關係尚稱不錯，因此藍綠對決的客觀情勢對黃仲生有利。

尋求連任的黃仲生，「好人」形象深植人心，執政四年來雖然在民進黨政府刻意打壓下，財源困窘，但在推動中科生根、兩馬文化及馬祖節等政策上，頗受市井小民好評；而他性格溫柔，外圓內方，從不與人針鋒相對、勤於跑攤，執政優勢加上整合紅、黑派支持，基層實力不容小覷；亦有人形容打黃仲生就像「一拳打進棉花裡」，不會反彈，卻將攻擊力化於無形，對手攻擊戰著力點不多。

邱太三的優勢是年輕、有活力，且新潮流善長選舉造勢，在新潮流大批人馬支援下，選情勢必會逐漸加溫，藍綠對抗會更加緊繃。

就選民結構和歷次選戰結果觀察，除了〇四年總統大選陳水扁贏三萬多票，不到四個百分點，其他選舉則都是泛藍領先五到十五個百分點不等，二千年總統大選連宋領先二十六個百分點，二十二萬票，〇四年年底立選舉，泛藍以四十六比四十二，領先四個百分點，三萬多票。

依民調顯示黃仲生領先邱太三近二十個百分點，因此黃仲生應可小勝邱太三八至十二個百分點，六到十萬票。

6.花蓮縣

本屆花蓮縣長選舉共有國民黨的現任縣長謝深山、民進黨的盧博基、親民黨的傅崑萁及無黨籍的柯四海四人參選，表面上是國、民、親三黨候選人三分天下，實則是謝深山獨占鼇頭。

〇三年八月台東縣長補選，謝深山以七萬三千票比四萬一千票，三萬二千票之差擊敗民進黨提名的游盈隆。兩年來謝深山勤走基層，每一個村里都有他的足跡，加上積極發展無毒農業，提升農民的收益，從一月到十二月都有觀光活動，讓花蓮縣被評選為最適合旅遊的城市，基層實力相當雄厚。

在民進黨方面，由於人選一直沒有決定，直到九月下旬才確定徵召立委盧博基參選，起步稍嫌晚了點。擁有二十年民意代表經歷，加上中央執政的優勢，在這場縣長選戰中希望能與謝深山抗衡，打著興建蘇花高以及改善地方與中央關係的口號，盧博基希望能在短時間內達到與謝深山抗衡目標。

至於在親民黨傅崑萁方面，由於票源和謝深山嚴重重疊，加上官司纏身，形象不佳，因此選情一直無法提升。

就選民結構與歷次選舉觀察，藍綠約為六十五比三十五。〇一年縣市長選舉泛藍得十萬票（國民黨提名張福興，親民黨提名賴政雄），二千年總統大選連宋贏陳水扁十萬五千票，近六十個百分點，〇四年總統大選差距縮小，但也達四十個百分點，七萬多票，該年年底立委選舉，泛藍贏泛綠三十個百分點，四萬多票。

就最近一次民調顯示，謝深山支持度達百分之五十二，盧、傅卻不到百分之十，未來選戰開打，差距會縮小，但謝深山應可輕鬆獲勝，領先兩位對手三萬到四萬票，近二十個百分點（盧、傅得票總和可能都不及謝）。

7.金門縣

本屆金門縣長選舉，國、親禮讓新黨籍現任縣長李炷烽，而且泛綠的民進黨和台聯皆未提名人選，因此選情相對單純。另兩位候選人皆為無黨籍，陳平為商人，陳福海為前金湖鎮長，且有賄選官司纏身，兩人想要擊敗李炷烽可說完全不可能（李政績不錯，頗受選民肯定）。

8.連江縣

本屆連江縣長選舉，國民黨禮讓親民黨現任縣長陳雪生，但是仍有國民黨籍、現任北竿衛生所主任楊綏生及吳軾子兩人登記參選，在民進黨和台聯皆未提名人選的情況下，造成泛藍自家撕殺的局面。親民黨原先在離島支持度頗高，但在「扁宋會」後，外島百姓對宋頗為不滿，可能會影響陳雪生的連任，但其挑戰者楊綏生在沒有國民黨背書下能否挑戰成功，仍待觀察。陳楊之爭，一般而言，陳雪生較有優勢。

9.台東縣

現任縣長徐慶元原為親民黨籍，本屆縣長選舉以四萬四千票比三萬七千票，七千票之差擊敗國民黨提名的縣議長吳俊立。〇四年底立委選舉徐慶元因支持民進黨提名的許瑞貴（前岡山鎮長，曾任吳俊立秘書，〇一年曾代表親民黨參選立委），令泛藍支持者大表不滿，徐因而退出親民黨。

今年縣長選舉徐慶元在登記截止日前一天突然宣布放棄參選（傳聞吳俊立握有其緋聞證據），改推民進黨籍的副縣長劉權豪以無黨籍披掛上陣，而原被國民黨徵召的吳俊立因有貪瀆官司，亦改以無黨籍參選，形成無黨籍對決，實際上仍是藍綠對抗。

台東縣藍綠的基本盤是六五比三五，相差有一倍之多。兩千年總統大選，連加宋獲得九萬二千票，得票率超過七十五個百分點；〇一年立委選舉；泛藍得票六十五個百分點，泛綠僅三十三個百分點；〇四年總統大選，連宋贏阿扁亦超過三十個百分點，三萬六千多票。

○一年縣市長選舉雖然泛藍兄弟鬩牆，但民進黨參選人賴坤成（現任屏東市長）亦不具威脅性，選票落後兩人一倍有餘；去年立委選舉雖然徐慶元力挺民進黨提名的許瑞貴，但許仍慘敗給國民黨提名的黃健庭。今年在徐尚未宣布退選前，由於泛藍支持者多與他劃清界線，因此儘管其他地方基礎紮實，但和吳俊立的民調仍是互有勝負，呈拉鋸之勢。今徐退劉上，選舉結果已可預知，目前民調吳遙遙領先一倍有餘，因此儘管吳俊立有貪瀆官司纏身，但仍可輕鬆獲勝。

預估雙方得票數相差約一萬五千票，近二十個百分點。

（二）選情明朗縣市——泛綠穩贏縣市

1. 嘉義縣

上屆嘉義縣長選舉，民進黨原本已提名何嘉榮，但在陳水扁強力介入下改提名國民黨籍的林派龍頭、立法委員陳明文，並在選前幾周對何嘉榮的官司快速定讞，讓他無法參選。在林派和民進黨合流下，終於驚險地擊敗國民黨提名的黃派立法委員翁重鈞。

本屆縣長選舉，國民黨屬意黃派前縣長李雅樵回鍋參選，李無意願。馬英九當選黨主席後，有意邀請台北市民政局長何鴻榮返鄉參選，亦遭何拒絕。最後在無強棒參選的情況下，才勉強推出前縣長陳嘉雄（死在任內）的兒子，現任嘉義縣黨部主委陳明振倉促上陣。國民黨在嘉義縣提名可謂一波三折，令人搖頭。

其實陳明文在任內並無特殊政績，幾次颱風東石沿海鄉鎮水災更令人慘不忍睹，但民進黨執政後在南部農村地區進行民粹式的文宣作為，煽動南部選民仇共反國親的情緒，致使泛綠選民大幅成長。兩千年總統大選連宋和陳水扁在嘉義縣打成平手；〇一年縣長及立委選舉，立委打平，縣長選舉泛綠贏兩萬票，六個百分點；〇四年總統大選，陳水扁大勝八萬多票，近二十五個百分點；該年年底立委選舉，泛綠以百分之五十比四十，領先泛藍十個百分點，近兩萬票。

由於陳明振起步晚，因此現在民調落後陳明文甚多（陳明文以四十七比九領先），但只要陳明振能重整林派其父班底，加上黃派全力支持，以及民進黨執政弊案頻頻，南部選民已達忍受之臨界點，不滿情緒日益高昇，再加上馬英九旋風，仍可望將差距拉近。

預估陳明文將贏三、四萬票，領先近十個百分點。

2.台南縣

上次縣長選舉，國民黨提名形象清新的前教育部次長吳清基參選，民進黨則在總統的家鄉提名其嫡系立委蘇煥智參選，最後在驚濤駭浪中，蘇煥智僅以三萬多票險勝。

本屆縣長選舉，國民黨仍屬意現任台北市教育局長的吳清基重披戰袍，但吳無意願，最後在前立委郭添財和現任立委李全教兩強相爭的情況下，才由郭添財出線。

蘇煥智在當選後，就積極深耕地方，希望能以縣政拚選舉。他挾著豐富的行政資源，藉著舉辦大型活動猛增曝光率。同時亦廣結善緣，展開跨黨派的經營手法，不過今年颱風多，台南縣佳里地區水患嚴重，水患和縣債高築，加上陳水扁並不支持實現他在台南蓋機場的政見，這些都將對其選情產生衝擊。

在郭添財方面，雖然他形象清新、學歷高，但長久活躍在教育系統，是典型的書生從政。地方經營時間短，又缺乏競選班底，過去專注於立院問政，和地方互動不足，因此立委蟬連高票落選，對其打擊甚大。當他確定被提名後，就積極進行黨內整合，並在其乾媽、已淡出政壇的前立委黃秀孟復出相挺的情況下，選情已逐漸進入佳境，民調從十月十二日落後十四個百分點，到十月十五日，短短幾天已拉近到十個百分點以內，未來選情若繼續加溫，亦可能險中求勝。

預測蘇煥智將險勝，贏五到十個百分點，三到五萬票。

3.台南市

相對於台南縣在九三年才變盤（陳唐山連任兩屆），由藍翻綠，台南市甚早就有蘇南成打敗國民黨的案例。上屆市長選舉，民進黨提名的許添財在未被提名的現任市長張燦鍙違紀參選，及泛綠的前國大議長蘇南成參選下，仍以近兩萬票擊敗國民黨提名的前立委陳榮盛，可見台南市泛綠地盤有多穩固。

本屆市長選舉，原本選情相當單純，由國民黨提名的陳榮盛和現任市長許添財捉對撕殺，但半路殺出程咬金，台聯前立委錢林慧君匆匆宣布投入戰局。

許添財執政三年多，雖未有重大建設，但亦無大弊端，表現平平，但台南市民對台南市的工商發展不滿意者達一半以上，當年他競選的口號「財經市長救台南」已成為其包袱，這也是陳榮盛文宣攻擊的重點。但陳榮盛本人形象不突出，對中間選民及年輕選民較少吸引力，因而最近成立「青年服務隊」，企圖補這方面的不足，而錢林慧君，則是起步晚，無法對參選原因做出交代。

就選民結構和歷次觀察，泛綠和泛藍之基本結構約為五十六比四十四。兩千年總統大選連和宋以五十三比四十七領先阿扁；○一年市長選舉泛綠（許添財和張燦鍙加蘇南成）以近二十萬票比十二萬票領先近八萬票，超過二十個百分點；立委選舉則以五十一點五對三十九領先近十二個百分點；○四年總統大選陳水扁以二十五萬比十八萬，領先近七萬，十五個百分點。

就上述選情觀察，若錢林慧君的得票率在百分之十五到二十，則陳榮盛尚有一絲機會，但許強錢林弱格局早現，以最近十月中旬一次民調，許贏陳、錢林都近二十個百分點，因此翻盤機會微乎其微，預測許添財贏陳榮盛三到四萬票十個百分點左右。

4.高雄縣

上次縣長選舉，國民黨提名立委吳光訓參選，但前鳳山市長黃八野違紀參選，讓民進黨提名的楊秋興以極懸殊的比數擊敗對手勝出。

今年年底選情相對單純，國民黨提名紅派掌門人林仙保的兒子、現任立委林益世和楊秋興一決高下。

楊秋興曾任省議員、立法委員，地方經營紮實，其施政滿意度和支持度都居民進黨執政縣市之冠，他也善長媒體作秀，如情人碼頭的相關宣傳就令人印象深刻，但楊秋興亦有其缺點，去年曾罹患大腸癌接受化療，而最近民眾對高雄縣治安差、工商發展差、交通環境差等等甚有怨言，此皆為其連任之路的最大阻礙。

而林益世則挾其年輕、口才便給、戰鬥力強等優點，一方面積極整合泛藍紅白兩派，一方面對高雄縣的淹水、治安差等執政弊端展開猛轟，聲勢已呈緩步上升之勢。

高雄市藍綠的選民結構約為四十三比五十七，二千年總統大選連加宋贏扁三萬多票，近四百個百分點；〇一年縣市長選舉楊秋興贏泛藍兩位對手六萬多票，近十個百分點，立委選舉，泛綠小贏兩萬多票，三點五個百分點；〇四年總統大選贏十二萬票，近十七個百分點；該年立委選舉泛綠贏十二個百分點，七萬多票。

由於林益世爆發力強，因此儘管現在民調落後楊秋興甚多，但若其能成功整合泛藍，加上小馬哥的魅力，而民進黨則陷入股市禿鷹、高鐵、高捷等弊端重重，且內鬥不休，加上民進黨政府阻擋水果登陸，凡此種種將縮短林、楊差距，林若戰略成功，也不是沒有翻盤可能。

預估楊秋興領先林益世五到六萬票，七到十個百分點。

（三）纏鬥激烈的縣市—國民黨略為領先縣市

1. 台北縣

說台北縣長是〇八年總統大選的前哨戰一點也不為過，台北縣是民進黨主席蘇貞昌的地盤，而羅文嘉又是總統陳水扁的子弟兵，民進黨絕對輸不起；而周錫瑋是泛藍整合後推出的強棒，台北縣已淪陷十六年，馬英九想在〇八年泛藍重新執政，台北縣輸不起。

上次台北縣長選舉，王建煊在匆促上陣，在毫無班底，毫無準備下，差一點就沖垮龍王廟，只小輸尋求連任的蘇貞昌五萬票，不到三百個百分點，把蘇貞昌嚇出一身冷汗。

台北縣藍綠的基本約五十五比四十五，泛藍領先十個百分點。兩千年總統大選，連加宋贏三十八萬多票，大贏二十五個百分點；○一年立委選舉，泛藍贏二個百分點；○四年總統大選贏六個百分點，十一萬票，該年年底立委選舉國民黨大獲全勝，提名人選都當選。

周錫瑋剛轉國民黨時，不僅親民黨反彈，連國民黨都罵聲連連，不過抵制周錫瑋的國親基層瞭解只有團結才能勝選，因此經整合後已逐漸好轉，最近親民黨九位立委更公開挺周，在未來相信老宋亦會表態相挺。在內部整合完成，馬英九團隊加入輔選，及周錫瑋喊出「台北縣市合併」、「兩千零八年總統大選前哨站」等口號下，已拉開膠著選情，逐漸領先。

反觀羅文嘉雖空降到北縣，在蘇貞昌團隊輔選下，從人脈、組織、到工商界資源很快移轉過來，讓原本知名度就高的羅文嘉行情更是上漲。身為陳水扁子弟兵，羅文嘉說：「我如果當選縣長，會是最能向中央要錢的縣長！」羅文嘉另一助力是他是首位參選台北縣長的客家子弟，加上曾任行政院客委會主委。北縣客家人約四十五萬人，評估目前客家票羅約以六比四領先周。不過，民進黨政績欠佳成了羅文嘉的痛腳，競選主軸改打縣政、民生議題，試圖與中央脫勾，「選人不選黨」。他在北縣打的是「蘇貞昌牌」而非「陳水扁牌」。

在羅文嘉積極造勢下，羅文嘉的選情從三、四月滑落十幾個百分點，到七、八月逐漸拉近，九月中天下雜誌的民調，羅甚且超越四個百分點，但隨著高鐵、高捷、股市禿鷹、二次金改等政治弊端逐漸擴大，羅的民調在黃金交叉後，正迅速往下掉。尤有甚者，他大幅領先的青年、客家票亦反轉直下，不具優勢。因而羅文嘉和段宜康在十月初推出「新民進黨運動」，企圖和特權橫行，貪污腐化的民進黨政府劃清界線，以爭取百分之五到十的中間選民，但中間選民似乎看透其伎倆，不但對選情幫助不大，反而是造成民進黨的內鬥。十月初到十月中各媒體所作的民調，周都領先羅七到十五個百分點，羅想再翻盤已是難上加難。

預測周錫瑋領先十萬票左右，六至七個百分點。

2. 苗栗縣

本屆苗栗縣長選情格外複雜，國民黨提名海線的立委劉政鴻參選，民進黨則提名山線的苗栗市長邱炳坤參選，親民黨立委徐耀昌則以無黨籍身分參選，徐的地盤以中港溪流域為主。

苗栗縣選情之所以複雜，因為它夾雜政黨、地方派系，及地域（山線、海線、中港溪）與省籍（閩、客）四大關鍵因素之爭。就藍綠政黨結構而言，藍與綠是二比一，而候選人是藍二（劉、徐）綠一（邱），打成平手。就地域而言，海線有十五萬人口，中港溪八萬人口，山線十八萬人口，山線人最多，但國民黨山線立委何智輝支持中港溪的徐耀昌，三人又打成平手；就省籍而言閩客是二比一，而參選人是二（邱、徐）比一（劉），也打平；就派系而言，黃派大於劉派，劉政鴻是劉派，徐耀昌是黃派，邱炳坤是劉派帶黃（縣長傅學鵬是黃派），亦是混亂局面。

民進黨提名人邱炳坤原為國民黨籍，在國民黨初選失敗後，才在傅學鵬和民進黨牽線下，加入民進黨參選，但民進黨內反彈甚大，客籍大老魏早炳及李喬至今尚未表態支持，而傅學鵬的班底亦多不認同，多轉而支持徐耀昌。徐耀昌則在何智輝及黃派主要幹部支持下以無黨身分參選。

國民黨提名劉政鴻曾遭到強大反彈，劉是閩南人，苗栗縣客家人比閩南人多一倍，從未有閩南人當過縣長，另外，劉是劉派，劉派亦不如黃派大，因此才會引發黃派縣長傅學鵬的反彈，並與民進黨合作，推出邱炳坤參選。儘管如此劉政鴻仍是三人中最具勝算者，首先是，各次民調劉均領先邱、徐有一段差距，其次是他已成功的整合劉派，並獲得黃派林佾廷、黃運金等大老之支持，再者他是泛藍的正統，若有棄保，應是棄徐保劉。

三人在選戰末期必會操作棄保，黃派（客籍）的棄保可能是棄邱保徐，也有可能是棄徐保邱；而泛藍的棄保，則棄徐保劉大於棄劉保徐。

因此，除非黃派及客籍的棄保成功，否則劉政鴻應可險勝，成為苗栗縣第一位閩南縣長，預測贏對手十個百分點，二到三萬票。

3.嘉義市

嘉義市長二十幾年來一直是許家班的天下，而且是女人當家，從許世賢、張博雅、張文英到陳麗貞。今年許家班並未推出人選，在台聯副秘書長劉一德宣布退選後，嘉義市的選情變得十分單純，成為兩個女人的戰爭，由國民黨的黃敏惠對上民進黨的陳麗貞，藍綠對決的態勢明顯。

「民進黨是什麼樣碗糕黨」這是上屆民進黨嘉義市長參選人黃正男的憤怒聲音。上屆縣長選舉許家班支持的陳麗貞和民進黨國師、李鴻禧的兒子李俊邑搭檔參選，陳水扁憑己意支持陳麗貞，冷落黨提名人黃正男，甚至連黨造勢大會都不准黃正男參加，選舉結果陳麗貞以五萬三千多票對四萬一千票，一萬兩千票之差擊敗國民黨提名的江清馩，而黃正男只得一萬四千票。

陳麗貞雖具有現任執政優勢，但其政績平平，尤其是民進黨執政政績不佳，弊端連連，景氣低迷，民怨沸騰，在嘉義市有超過一半的民意希望換人換黨做看看，再加上許家班與黃家世代交善，因此許家班今年做壁上觀，選情更對陳麗貞不利。

而黃敏惠形象清新，三連任立委，加上其父黃永欽連任二十年省議員地方基礎紮實，風評甚佳，因此近幾次民調都領先對手十五個百分點左右。黃敏惠有望在泛綠包圍的南部拚出一點藍色美景。

嘉義市藍綠選民結構是藍、綠和許家班三分天下，〇一年市長選舉許家班勝；兩千年總統大選連加宋贏近一萬票，四個百分點；零四年陳水扁倒贏近兩萬票，十二個百分點，年底立委選舉黃敏惠贏蔡同榮一萬五千多票，十五個百分點（台聯凌子楚得二萬四千票）。

因此，若無此外，黃敏惠應可擊敗陳麗貞，大約贏七千到一萬票，七、八個百分點。

4.基隆市

八年前縣市長選舉國民黨提名劉文雄，而當時的議長許財利違紀參選，造成民進黨提名的李進勇漁翁得利，劉許雙雙落選；四年前市長選舉當時已轉投親民黨的劉文雄為恐重蹈覆轍，因此禮讓國民黨提名的許財利，最後許財利在不看好的情況下，仍以十萬票對七萬票，三萬票之多擊敗競選連任的李進勇。

本屆縣長選舉劉文雄不再禮讓，堅持參選，造成泛藍兄弟鬩牆；而泛綠亦不遑多讓，民進黨原本無人願意參選，但看到泛藍兄弟鬩牆後，認為有可乘之機，因此遊說曾兩度爭取提名失利的立委王拓參選，孰知台聯搶先一步推出陳建銘，並以戰逼和，要求民進黨在基隆禮讓台聯唯一提名的陳建銘，最後形成基隆市藍綠兩組人馬，四人捉對撕殺。

由於幾次民調王拓支持度都不及百分之十，落後許、劉甚多，因此在無預警下，在登記截止日前一天宣布放棄參選，令各方錯愕，並造成其抬轎者與支持者的不滿。

雖然王拓退選，造成泛藍二打一的不利局面，但一來陳建銘長期在台北市發展，匆促回基隆參選，並未獲基隆市民認同，二來民進黨和王拓的支持者認為陳是攪局者、投機客，亦無意改支持陳，因此王拓退選後，陳建銘仍落後許、劉甚多。

目前的局面是許財利和劉文雄泛藍兩雄相爭之局，陳建銘想要急起直追，迎頭趕上，機會不大。而許、劉相爭的最後結果則視國民黨主席馬英九的態度而定，馬英九若對親民黨釋出善意，不積極輔選許財利，則劉文雄仍有機會，否則許財利將勝出，領先五千到一萬票左右。可預見的是泛藍兩強相爭，不會有劉文雄說的棄保問題。

5.澎湖縣

上屆縣長選舉民進黨提名陳光復，和國民黨提名尋求連任且政績不錯的賴峰偉對決，最後陳光復小輸七千多票，輸得不難看，本屆縣長選舉陳光復重披戰袍，而其對手則改成死於任內的前老縣長王乾同胞弟王乾發。

陳光復上次縣長選舉失利後就積極耕耘，勤跑基層，基層實力頗為雄厚，加上民進黨中央執政，頻頻放出利多消息，對王乾發構成不小威脅。

王乾發曾任縣府財政局長、稅捐處長，現任馬公市長，佔有泛藍基本盤、馬公是澎湖最大票源區及賴峰偉執政政績亮麗等優勢，另外再加上林炳坤、賴峰偉及縣議長等重量級人士的支持，因此選情雖然緊張，但仍具有些微優勢，各項民調都顯示王乾發領先五、六個百分點。

就選民結構與歷次選舉觀察，藍綠約為六比四。二千年總統大選連加宋贏近一萬二千票，近二十個百分點，兩千零四年總統大選雙方打平。但〇一年縣市長和〇四年立委選舉，藍綠得票均有兩萬二千票對一萬四千票，十分巧合，今年縣長選舉結果是否會和前兩次一樣的結果，令人好奇。

預估差距會縮小，王乾發以兩千到四千票險勝，但仍不可大意。

（四）纏鬥激烈的縣市—民進黨略為領先縣市

1.雲林縣

雲林縣地處中部和南部之間，雖然過去都是由國民黨掌控，但近來政治顏色有逐漸轉綠之勢，兩千零四年總統大選陳水扁大贏連宋八萬多票，令民進黨對本屆縣長選舉寄予厚望。

本屆縣長選舉，國民兩黨候選人都在艱困中脫穎而出，民進黨提名人蘇治芬在擊敗前立委林國華、廖大林後獲得提名，但林國華並不服輸，最後民進黨將林安排至農委會擔任副主委，才暫時平息紛爭；而國民黨，雖然立委許舒博在初選中獲得提名，但張榮味嫡系副縣長張清良及議長陳清秀卻仍堅持參選，最後張、陳雖然相繼退選，但張系仍未鬆口要支持許舒博，十月中旬馬英九到雲林縣尋求張榮味妻子支持時，仍吃到軟釘子。

雲林縣自三十年前蘇洪月嬌擔任省議員到傳承蘇家兩姐妹蘇治洋、蘇治芬，在雲林縣儼然自成一派系「蘇家班」，本屆縣長選舉尚未開跑，行政院長謝長廷就已開出九十億整治水患預算，加上張榮味官司，民進黨必然透過司法施壓，因此目前民調蘇治芬呈小幅領先之勢。

但許舒博也不是弱者，其父許文志曾任兩屆縣長，又曾任國民黨中央組工會主任，目前在整合泛藍基層上已有績效，許多許派、林派人士紛紛表態支持，最近更釋放出副縣長與張派共治的訊息，選情逐漸朝有利方向發展，加上民進黨初選期間林國華女兒，現任縣議員林慧如不斷攻擊蘇家向銀行借錢呆帳不還，有錢選舉，沒錢還帳，若真當選必然會「縣庫通家庫」，這種聲音已在坊間流傳，可能翻轉選情。

目前情勢，蘇治芬約領先一萬票，三個百分點，但若上述耳語擴散，加上張榮味系統在最後投入支持許舒博，則選情將一夕翻轉，變成許領先一萬票，三個百分點。

2.屏東縣

上屆縣長選舉，國民黨在無強棒參選的情況下，匆匆推出屏東市長王進士應戰，挑戰競選連任的民進黨縣長蘇嘉全，在全縣人脈深耕不夠及選戰佈署不足的情況下，卻一舉拿下十七萬五千多票，只小輸蘇嘉全六萬票，令人跌破眼鏡。

本屆縣長選舉王進士捲土重來，以八年優質市政建設，及為人豪爽親切，沒有架子，受到老百姓的喜歡，原本想和民進黨提名的曹啟鴻一較高下，不意半途殺出立委蔡豪老婆宋麗華，泛藍兩強撕殺，讓曹啟鴻更具優勢。而宋麗華在宣布參選後，動作不斷，除了在媒體大登廣告外，亦積極在各地進行造勢活動，因此一直能維持一定的聲勢，選情並未被兩大黨拉開，對年青及婦女選票有相當吸引力。據傳她在兩、三個月時間已投入上億競選經費。

就藍綠選民結構觀察，兩千年總統大選連加宋贏陳水扁三萬五千票。之後泛綠就逐漸領先泛藍，〇一年縣市長選舉，泛綠贏六萬票，十二個百分點，立委選舉更贏十一萬多票，二十三個百分點；〇四年總統大選扁贏八萬多票，十六個百分點；該年年底立委選舉，泛綠贏三萬多票，七個百分點。

在泛綠選民結構贏泛藍七個百分點以上，且泛藍兩人相爭的情況下，照理說曹啟鴻應會大幅領先才對，其實不然，最近幾次民調曹啟鴻和王進士的支持度都在伯仲之間，而宋麗華亦緊追在後，落後不多。這種現象唯一的解釋是蘇嘉全及其代理縣長的施政滿意度都讓選民不滿意，加上民進黨弊端連連，屏東的農、漁民生活更困苦及近來颱風及水患不斷，楓港大橋、高屏大橋等五座橋樑相繼損毀，民怨四起，而屏東縣民又不若南高縣民對民進黨之愚忠，想換人換黨做做看的想法已在坊間盛傳。

儘管如此，若蔡豪及宋麗華的賄選官司對其選情無影響，而其尚能保持一定聲勢，不能形成棄保，則王進士想要突圍而出相當困難。

預測曹啟鴻會以二到三萬，領先五個百分點左右險勝。

（五）選情混沌拉鋸縣市

1.南投縣

南投縣本屆縣長和上屆縣長選舉選情十分相似，上屆縣長選舉民進黨提名林宗男參選，造成現任縣長彭百顯脫黨參選；當時國親亦整合不成，分別推出林明溱（國）和陳振盛（親）參選，最後由林宗男脫穎而出，以三萬票之差擊敗陳振盛。

今年民進黨提名亦同，現任縣長林宗男被立委蔡煌瑯打敗而違紀參選；泛藍整合初期算是有成，國民黨提名的現任南投市長李朝卿在民調擊敗親民黨提名人陳志彬，陳志彬很有風度馬上宣布放棄參選並支持李朝卿，但半路殺出程咬金，有案在身而無法登記參選的上屆國民黨提名人林明溱宣布以無黨籍身分參選，讓原本當選有望的李朝卿陷入困境。

就選民結構和歷次選舉觀察，藍綠在近年歷次選舉互有勝負，但其趨勢則是二〇〇〇年以前泛藍大勝，該年總統大選連加宋得二十萬票，陳水扁只得十萬票，相差一倍，次年縣長選舉泛綠贏近兩萬票，五個百分點，但〇四年總統大選及該年年底立委選舉泛藍分別領先七千票及兩萬票，因此以之觀察現在的選民結構泛藍應略為領先。

再就藍綠兩組候選人捉對撕殺觀察，在民進黨方面，蔡煌瑯雖有民進黨提名的優勢，但林宗男卻具有現任優勢，掌握行政資源，且有十萬人連署參選，十萬人中若有七萬人投給他，他就穩當選，因此預估其票數不會太低，至少三、四萬票，對蔡煌瑯絕對具有殺傷力。

反觀泛藍部分，李朝卿是國親泛藍共推人選，具有正當性，而林明溱則是違紀參選，且其伯父林洋港、林源朗均不表支持，因此其吸票能力有限，不若上次國親激烈撕殺，選票相當（陳六萬三，林四萬八），雙雙落敗。

在泛藍基本盤略高泛綠，且林宗男對蔡煌瑯的殺傷力大過林明溱對李朝卿，因此照理說李朝卿的選情會優於蔡煌瑯，所以最近有關民調蔡煌瑯微幅領先的情況應是暫時現象，在江丙坤、吳敦義積極投入輔選及阿港伯兄弟表態支持下，及未來選戰開打，泛藍選民自動棄保的情況下，李朝卿的選情將會迎頭趕上，甚至勝出。

預估李朝卿會以近一萬票，三個百分點險勝蔡煌瑯。

2.宜蘭縣

宜蘭縣素有「黨外民主勝地」之稱，早在民進黨建黨以前就已是國民黨的淪陷區，歷經陳定南、游錫堃、劉守成各自連任兩次八年，總共已二十四年，但本屆選舉選情不變。

今年民進黨黨內初選，前體委會主委林德福、縣黨部主委陳歐珀等人皆表態參選，但陳水扁卻不按牌理出牌，要法務部長陳定南返鄉參選，讓宜蘭有意參選者及其支持者感到莫名其妙，荒唐至極，紛紛要求二十四年前就當過縣長的陳定南要「世代交替」，不要走回頭路。在高層強力疏導下，陳定南還是出線，但基層質疑聲音未曾稍戢。

反觀國民黨提名的宜蘭市長呂國華，四年前縣長選舉就曾代表國民黨參選，雖是初生之犢，卻展現驚人的爆發力，僅以千七多票敗給連任的劉守成，讓民進黨嚇出一身冷汗。四年來呂國華更為縣長佈局，遍走各鄉鎮的婚喪喜慶，地方基礎更為紮實，呂國華並以「兩隻腳拚一隻嘴」來形容這場選戰。最近更針對宜蘭縣民抱怨經濟建設太差，縣民生活太苦，而喊出「換人換黨作看嘜」，對陳定南及民進黨構成甚大壓力。

原來雙方民調呈現拉鋸之勢，但在親民黨鄭美蘭宣布退選，泛藍整合成功後，最近民調呂國華已呈現微幅領先，讓民進黨及陳定南更加恐慌，決定趕辦百場小型巡迴座談，最近幾場試辦下來，民眾反應十分冷漠，加上陳定南不善基層經營，且選民對其時隔二十四年再回鍋參選猶未諒解等等，因此選情一直無法提升。

宜蘭縣二十幾年來選舉都是民進黨贏，今年民進黨戰得格外辛苦，民進黨必然會在選戰後期喊出「民主勝地不能淪陷」的口號，以激發泛綠基本盤的歸隊，因此選戰結果陳定南有可能驚險獲勝，票數可能只差一、兩千票，甚至幾百票！但政治惡搞，經濟治安敗壞，民怨沸騰，呂國華亦可能險勝。總之，五五波就是五五波，雙方差距必定甚小！。

3.彰化縣

本屆縣長選舉，親民黨前立委謝章捷在王金平的奔走及老父勸說下，在選舉登記截止日前一天含淚宣布退選，而原本執意攪局的陳朝容亦中途退場，泛藍整合有成，形成國民黨卓伯源和民進黨現任縣長翁金珠藍綠對決之局。而國親「在聯合競選，聯合執政」的默契下，卓伯源聲勢鵲起，頓時超越翁金珠，形成微幅領先。

上屆縣長選舉，國民黨推出前法務部長葉金鳳力戰民進黨提名的翁金珠，雙方纏鬥激烈，在親民黨立委陳朝容老婆鄭秀珠參選分散票源的情況下，葉金鳳以四萬多票敗陣。

這場彰化縣長選舉對藍綠都格外重要，若泛藍能同時攻下彰化縣、嘉義市，則可將泛綠地盤壓縮至南高屏一隅，二〇〇八年總統大選將更具勝算，就泛綠而言，亦是一場輸不起的戰爭，因此雙方拚鬥慘烈。

翁金珠縣長主政四年來，在縣政上戰戰兢兢，早為連任佈局，這次她與同黨的縣議員參選人打團體戰，不僅爭取連任，也要打破民進黨縣議會長期弱勢窘局，在相互拉抬下相當被看好。

至於國民黨卓伯源多年累積包括縣議員、副縣長及立委經歷，及台大碩士學歷，並有清新形象，在國民黨主席馬英九一波波的推波助瀾下打出個人高風格，加上國親整合效應，再配合國民黨傳統組織戰，情勢看漲，民調從開始落後翁金珠十幾個百分點，到十月中旬ＴＶＢＳ和中國時報所作的民調都微幅領先三、四個百分點，卓伯源倒吃甘蔗，有後來居上之勢。

由於選情一夕翻轉，讓民進黨及翁金珠陣營大為緊張，除加緊文宣造勢及組織動員外，更明目張膽的利用情治、司法系統打擊卓伯源，十月十五日翁陣營立委邱創進和魏明谷聲稱自交通部官員口中及情治單位方面的監聽資料得到卓伯源向台鐵關說及拿回扣的證據，雖馬上遭卓否認，並提出加重誹謗告訴，但是否會影響選情，須密切觀察。

就藍綠選民結構及歷次選舉觀察，兩千年總統大選連加宋贏十五萬票，二十個百分點；〇一年縣長選舉，泛綠贏五千票，近二個百分點；二〇〇四年總統大選，陳水扁贏三萬多票，五個百分點。但就最近一次選舉〇四年年底立委選舉，泛藍得三十四萬票，泛綠二十六萬票，雙方相差八萬票，近十五個百分點。

因此本屆選舉泛藍的基本盤贏過泛綠，雖然翁金珠地方經營紮實，擁有執政的優勢，泛藍又有陳進丁插花，但在泛藍基本盤優勢及民進黨執政後政績太差等情況下，雙方勢必火拚激烈，輸贏可能在一萬票以內。

四、綜合研析

（一）年底縣市長選舉誠如吾人前面所言，由於三合一選舉有利國民黨縣市議員、鄉鎮長和縣長選舉互相拉抬；民進黨執政弊端連連，造成民怨日深；國民黨執政的縣市政績比民進黨好；民進黨阻擋水果登陸，讓中南部農民不滿，加上馬英九無人可擋的群眾魅力等等，整體選情對國民黨有利，選舉結果朝著北部桃、竹、苗及東部花東大勝，中部中、彰、投小勝，南部雲、嘉、南及高屏小敗的情勢發展，也就是說，就整體選情而言，國民黨會大勝。

（二）也因為整體選情對民進黨不利，因此現在民進黨正進行兩項選戰策略的運用：

1.民進黨將選戰主軸鎖定在軍公教十八%優惠利率及親民黨的兩岸和平促進法兩項議題上，對軍公教開刀，以激發農工的不滿，製造階級對立；把和平促進法扣上是「投降法」，以激起統獨、省籍對立。近日陳水扁又頻頻上節目，及接受媒體採訪，不但重提宋楚瑜在美國會見陳雲林的不實指控，還誣指去年總統府前廣場泛藍的抗議活動，有心人士煽動人民「攜械起義」，又說「不惜流血也要阻擋和促法通過」等等，企圖師法今年六月修憲國大選舉的老套，製造藍綠對抗，以凝聚形將潰散的泛綠民心。

2.民進黨青壯派羅文嘉、段宜康、李文忠等人在九月底發起「新民進黨運動」，企圖和現在執政的陳水扁執政團隊的特權、腐化畫清界線，以重燃中間選民和綠營基本盤的熱情與支持。

（三）選舉結果如與吾所預測吻合，國民黨大勝民進黨大敗，那麼下述三點對未來政局有重大影響，必須仔細觀察，因應：

1.國民黨提名六位立委參選，其中劉政鴻、黃敏惠、周錫瑋當選機會甚濃，卓伯源和許舒博亦有五成機會（親民黨劉文雄亦有甚大機會，但他是不分區，可以遞補），若當選三人以上，則本屆立院泛藍將形成不過半之局，未來立院議事，無黨聯盟就扮演關鍵的少數，足以左右議程。

2.若民進黨大敗，謝長廷內閣是否會被更換？（高捷一發不可收拾，影響選情至鉅），蘇貞昌是否會辭黨主席？若是，則這又將會對二〇〇八年民進黨總統選舉產生什麼樣的衝擊和轉變？呂秀蓮和游錫堃會否鹹魚翻身？

3.如果民進黨大敗，近日民進黨所宣示的十大改革是否會踏實進行？（如林濁水提案卸任總統只可領十年退休俸，副總統則無；民進黨立委要求取消總統府資政和國策顧問之編制和預算）兩岸政策會否朝突破性開放的方向發展？新民進黨運動是否會繼續推動，並對民進黨的貪瀆腐化大加撻伐？黨的總統候選人是否會朝各方團結一致抗馬的方向發展？凡此種種，國民黨切不能得意忘形，畢竟，執政權還在民進黨手上，而台灣民眾是最容易健忘的！

五、結論

年底縣市長選舉，依目前選情觀察，各政黨可奪席次為：

（一）國民黨：桃園縣朱立倫、新竹縣鄭永金、新竹市林政則、台中市胡志強、台中縣黃仲生、花蓮縣謝深山等六縣市選情十分穩定，可篤定當選，台北縣周錫瑋、苗栗縣劉政鴻、嘉義市黃敏惠選情亦相當樂觀，應可勝出；澎湖縣王乾發、基隆市許財利、南投縣李朝卿、彰化縣卓伯源雖然與對手纏鬥激烈亦可望驚險獲勝；至於宜蘭縣呂國華、屏東縣王進士和雲林縣許舒博，與對手纏鬥亦是激烈，選戰後期若能加把勁，當選機會亦不低。預測國民黨當選縣市十到十七席（包括台東吳俊立），應可大勝。

（二）民進黨：只有嘉義縣陳明文、台南縣蘇煥智、台南市許添財、高雄縣楊秋興四縣市選情穩定領先，雲林縣蘇治芬和屏東縣曹啟鴻略為領先。其執政的縣市宜蘭縣陳定南、南投縣蔡煌瑯、彰化縣翁金珠，則和對手互有領先，優勢盡失，而台北縣羅文嘉、嘉義市陳麗貞更是一路落後，翻盤態勢明顯。預估當選四到十席。

（三）親民黨：連江縣陳雪生有望當選，基隆市劉文雄則須在馬英九不輔選許財利時才有機會。以無黨籍參選的徐耀昌當選機會不高。

（四）新黨：金門縣：李炷烽。

（五）無黨籍：以無黨籍身分參選的國民黨籍參選人台東縣吳俊立可望當選。

二〇〇五、十、二十五

（本文在選前一個半月撰寫，選舉結果與本人預測完全吻合）

貳、中國大陸篇

中國之春的戰將──胡平走上民主的不歸路

今年（一九八八）六月間，海峽兩岸的反對勢力領袖──胡平與朱高正──在美國對談中國民主化的看法，經報刊刊載後，引起人們熱烈討論。胡平，這位在中國大陸家喻戶曉的青年思想家，國內卻知之無多，因此本人乃特別對其生平經歷與政治理念加以介紹，以使國人瞭解這位大陸知名的民運領袖。

胡平，現年四十一歲，一九四七年在北平出生。由於父親曾任國民政府軍官，因此從小就被扣上黑五類的帽子。一九五〇年代初期，中共進行肅反運動時，其父慘遭殺害。

在他七歲那年，他的母親強忍喪夫之痛，將他帶回成都老家。小學、初中時期，因為品學兼優，而深受老師同學的喜愛。但由於是黑五類出身，因此當他申請加入「共青團」時被拒絕。更有甚者，一九六三年他參加高中升學考試，成績名列前茅，但卻被分發至一所離家很遠的野雞學校。

文革十年歷經滄桑

文革十年期間，胡平的際遇更是淒慘，嘗盡了人生的酸甜苦辣。

文革初期，胡平經常在學校的批鬥大會上挨批，不久他辦了一份鉛印小報進行反擊，同時也為被打成「牛鬼蛇神」者抱不平。數年後，這些被打成「牛鬼蛇神」的老師被平反，但胡平的檔案中仍存著「替牛鬼蛇神翻案」

的荒唐罪案。

文革中期，先在學校，後在農村，胡平亦經常挨批。一九六九年到七三年，他被下放到四川與雲南毗鄰的渡口郊區插隊落戶。七三年回到成都後長期無固定工作，時而當臨時工，時而當代課老師，生活甚為艱苦，但也利用閒時看了不少書。

四人幫垮台後，一九七七年大陸恢復高考（相當於國內的大專聯考），胡平卻未獲准報考。七八年他同時獲准報考高考與研究生考試。高考部分，雖然他獲得四川省文科第一名，但卻因出身不好未被重點大學錄取，僅被分發到四川師範學校；研究生考試，他被錄取為北京大學歐洲哲學史研究生。胡平選擇了北大。

首位民選人大代表

一九七八至七九年間，大陸爆發了「北京之春」民主運動，胡平也積極參與，協辦民刊「沃土」，如其知名的論著「論言論自由」，即為當時所發表。

一九八一年大陸舉行地方人民代表選舉，出現了首次候選人自由參選的情形，其中尤以北大學生的選舉更為舉世所注目，胡平在這次選舉中脫穎而出，當選北京市海淀區人民代表，這也是中共統治大陸四十年來，第一位真正代表民意的人大代表。

這次的選舉使他一戰成名，但當選人大代表並沒有給他帶來好處，相反的，中共當局甚為惱火，因此當他在八一年畢業後，胡平有兩年之久未被分配工作，只能賦閒在家帶小孩（他畢業後結婚，妻名李宛，以拉小提琴為專業）。至八三年八月才被分到北京出版社任編輯，八五年七月轉至北京市社會科學院哲學研究所，八七年一月獲得哈佛大學獎學金，公費到哈佛攻讀政治學博士。

在胡平出國前，大陸在一九八六年底爆發了政治改革的熱潮。胡平在此盛會中亦大出風頭。一九八六年七、九月武漢的「青年論壇」將胡平的「論言論自由」重新發表（該文章曾在一九八一年香港的「七十年代」及八二年美國的「SPEAR HEAD」發表），另外，「青年論壇」又在北京舉辦一場關於「論言論自由」的討論會，而胡平本人則出席了多次討論會。並在北平、武漢、成都近二十所大學演講。胡平的「論言論自由」一文不但受到廣大青年的熱烈反應與理論界的廣泛支持，也得到中共黨內一些較開明人士的同情與肯定，因此當時很多出版社都計畫將該文以單行本出版。

然而中共保守派卻將該文視為異端，胡喬木、鄧力群等「左將」在中國社會科學院一次擴大會議上，點名批判胡平和這篇文章，不久「紅旗雜誌」也公開批判其觀點。因此該文在封鎖後終不得出版。

加入「中國民聯」

胡平抵美後，由於大學生風潮建立的威信，與政治改革熱潮中的表現，立刻受到留學生和海外僑界各方的注目，幾個月後他便當選為留學生中最具影響力的團體——「政治學會」主席。

當然，胡平來美亦受到王炳章及其所屬的「中國民聯」與「中國之春」的注目。由於中共當局對「中國之春」採取全面封殺與圍堵的政策，「中國民聯」的生存正日益困難，因此王炳章乃千方百計想拉攏胡平加入「中國民聯」，以壯大聲勢，為「中國民聯」打開一條生路。

中共當局為阻止胡平加入「中國民聯」，亦進行多方工作。在「中國民聯」召開「三大」的前夕，上海市公安局在八六年十二月二十一日宣告「中國民聯」為「反動組織」，企圖以「反黨」、「反革命」的帽子嚇阻胡平加入「中國民聯」，但胡平仍不為所動，仍堅決加入「中國民聯」，並當選為主席。今年三月二十二日，中共在勸退胡平無效後，北京市社會科學院宣布開除胡平，並取消其公費留學生資格，同時亦吊銷其護照。

胡平曾說：「打開我的檔案，一看就是半個反革命」。其實，胡平的思想是理性與客觀的，絕無絲毫激進之處。他的政治思想是從政治現實出發的。由於四十年來中共一直對思想的歧異分子進行迫害，因而他認為言論自由是政治民主的基礎，他常引用阿基米德的名言：「給我一個支點，我能舉起地球」，而言論自由就是現實政治民主化的支點。

因此，他認為一個政權必須有接受批評的雅量，這樣才可以防止政府的腐化與僵化。他提出一句格言：「我堅決反對一個只准擁護的政權，我願意擁護一個可以反對的政權」。

反對朱高正暴力傾向

就國共兩黨的基本差異，他認為：「共產黨從來沒有承認人民有批評和反對執政黨的權力，即使鄧小平自改革以來，也從來沒有承認過；相反地，國民黨至少在理論上沒有否認過人民有批評政治的權力。」他一方面批評中共的箝制思想、輿論，與提倡「四個堅持」，一方面對國民黨推動政治革新表示支持，他說：「我們很受台灣政治民主化鼓舞，也特別擔心台灣民主化遭受挫折，所以很希望台灣的民主能很順利的發展。因為一旦台灣自由民主化出了問題，中共保守派一定有話說：『瞧！中國人民怎能搞民主？還是照我們的方式才好。』所以我希望台灣執政黨能加快改革的步伐，而民間的力量也能更理性、更克制一些」，「雖然角度不同，但大陸對台灣的民主進展已經很羨慕了，總覺得你們大可不必如此焦急」。他並且認為：「一個社會只要提供人們公開反對政權的權力和機會，那麼我們就可以採取『依規則』的辦法來從事反對運動」。所以他反對朱高正等黨外人士採取非民主的暴力手段。

胡平的政治理念，正為我們前面所言，是理性的，基於現實的，因此一方面被中共批評為異端，一方面卻被朱高正批評為保守的、不懂策略的書生之見。而這也正是胡平思想的可愛之處。

扮演海峽兩岸仲裁角色

「中國民聯」在「三大」的決議中有一段相當精闢，他說：

「事實表明，台灣各種危機的根本原因是中國大陸的共產黨極權專制制度。只要大陸極權專制制度存在，台灣的安全就不會有真正保障，統獨之爭就會持續。因此，海峽兩岸的民主力量應該聯合起來，為徹底變革中國大陸極權專制制度而共同奮鬥。」

在促進中國大陸政局與演變上，大陸民運一直對台灣人民寄予很大希望。我們不僅認為，一個繁榮、民主、穩定的台灣對大陸是一面鏡子和監督力量，我們更主張，台灣的力量應該登上大陸，把民主之火引向彼岸。我們相信，如果台灣民主力量運作得體，它可能給大陸民主化的蓬勃發展創造契機。只有結束大陸極權政體，或至少大陸民主力量強大到可以制衡當局的時候，台灣的安全才會獲得保障。從歷史的責任感來說，台灣有識之士也應為結束大陸專制發揮作用，為民族創建功勛。」

因此，雖然「中國民聯」在「三大」中通過一個「積極創造條件，籌建民主政黨」的決議，但在大陸建黨的目標在短期內很難實現，因此目前胡平與其所領導的「中國民聯」與「中國之春」的工作應是：在海峽兩岸和平競賽、和平統一的路上，扮演一個仲裁的角色，監視雙方要遵守規則，不可踰越，並逐漸朝民主化、自由化的路邁進。相信在胡平領導下，「中國之春」與「中國民聯」會有更好的表現。

（本文原刊載於民國七十七年八月新時代月刊）

趙紫陽——民主運動的代罪羔羊

趙紫陽原名修業，一九一九年十月十七日出生於河南省滑縣桑村趙莊，父親趙文斌，是當地的首富，依階級成分劃分是標準的地主階級。一九二七年到一九三六年他先後在縣立第十七小學與歐陽書院（縣立第一小學）讀書。一九三二年在十七小學讀書期間受左傾教師的影響加入共青團。未久當地的共黨發動暴動，旋被撲滅，組織亦因而瓦解，趙遂與其黨組織失去聯絡。

一九三六年趙赴武漢中學讀書，並改名為紫陽。七七事變爆發後，趙紫陽於一九三七年秋綴學返鄉，參與抗日宣傳工作。趙回滑縣後又與當地重建的共黨組織取得聯絡，一九三八年二月被派往中共晉冀魯邊區黨委黨校學習，並於五月轉為共產黨員。

抗戰期間，趙紫陽一直在河南活動，歷任滑縣工作委員會書記、豫北地委宣傳部長、組織部長、中共中央晉魯豫邊區第二、三、六地委書記、第九地委副書記兼宣傳部長及第四地委書記兼軍分區政委等職。一九四〇年與滑縣抗日救國會婦女部長梁伯琪結婚。

抗戰勝利後，趙紫陽在鄧小平所領導的中共晉冀魯豫中央局擔任第四地委書記，並在滑縣從事土地改革運動，一九四七年底隨劉鄧四野軍團第十縱隊南下桐柏山區，任中原局桐柏區黨委副書記兼軍區副政委，旋又調河南地委書記兼軍分區政委。

中共政權僭立之後，趙紫陽於一九五一年卸去南陽地區地委書記職務，南下廣州，任中共華南分局辦公廳秘書長兼土地改革委員會副主任（第一書記為葉劍英），一九五三年升任華南局副書記兼農村工作部部長（書記為陶鑄）。一九五五年華南局撤銷，趙升任廣東省委書記處書記，主管農業工作。在陶鑄的提攜下，趙紫陽在一九六〇年、六二年又竄升為常務書記、第二書記，一九五六年陶鑄升任中南局第一書記後，趙紫陽擢升為廣東省委第一書記，時年四十六歲，為中共最年輕的省委第一書記。

趙紫陽擔任廣東省委第一書記才一年多便爆發了文化大革命，一九六七年一月陶鑄被鬥垮台，隨後趙紫陽也被打成「陶鑄在廣東的代理人」、「廣東省最大的走資派」，經常被揪鬥。一九六七年五月到一九七〇年趙紫陽被廣州市警備司令部監管，實際上他等於被解除職務。一九七〇年初更進一步下放到工廠參加勞動，連他母親過世都不准返鄉奔喪，可見情況惡劣。

到一九七一年，林彪奪權的陰謀已昭然若揭，因此毛澤東解放了某些老幹部，趙紫陽在廣東遭到林彪系的黃永勝等批鬥甚慘，因此在一九七一年五月得以優先解放，調任內蒙古自治區黨委副書記兼革命委員會副主任，仍主管農業工作。林彪事件爆發後，為了進一步打擊林彪在廣東殘餘勢力，趙紫陽在一九七二年三月調回廣東，任省委書記兼省革命委員會主任，一九七三年中共十屆一中全會召開，趙獲選為中央委員，一九七四年四月在清除林彪殘餘勢力後，趙紫陽又重任廣東省委第一書記、省革命委員會主委兼廣州軍區政委。

從一九五一年到一九七四年，除了文革期間遭到整肅，及一九七一年遠調蒙古外，趙紫陽在廣東工作前後達二十五年，但由於初期南下幹部與當地幹部的不和，及後期文革的內鬥，因而政績並不突出。

一九七五年十一月四人幫發動「反擊右傾翻案風」，迫使鄧小平下台（翌年四月天安門事件後才正式解除黨內外一切職務），而趙紫陽則在前一個月，經鄧小平推薦下調至四川，擔任省委第一書記、省革命委員會主任兼成都軍區第一政委，趙紫陽不僅因此逃過一劫，且此後一帆風順、平步青雲。

四川位於西南邊陲，鞭長莫及，治理不易，因此古諺有云：「天下未亂蜀先亂，天下已治蜀未治」；另外，四川人稠地沃，資源豐富，因此亦有「天府之國」之稱。四川在「文革」期間派系鬥爭十分激烈，敵對組織甚且在嘉陵江隔岸對峙，用坦克等重武器互相拚鬥。「文革」後期，四川的許多農村已瀕臨破產邊緣，一個姑娘只要幾十元或一兩百斤糧票就可以買來當媳婦。因此趙紫陽調到四川後即著手農業改革，但具體作為則到一九七六年底開始鼓勵農村發展副業，一九七九年春夏兩季更全面推行農村生產責任制（即包生產到戶）。同時亦在一九七八年開始進行擴大企業自主權的試點試驗。在趙的推動下，四川的糧食總產量一九七六年是五百零八億斤，到一九七九年則提高為六百七十三億斤，增加一百六十四億斤，基本上農村的溫飽問題已得到解決，同時企業改革亦略見雛型，因此當時四川流行一句諺語：「要吃糧，找紫陽」。

四川經驗為大陸瀕臨破產的經濟注入少許活力，更使趙紫陽的政治行情迅速竄升，趙紫陽在一九七七年八月中共十一屆一中全會上當選中央政治局候補委員。一九七八年年底中共十一屆三中全會後確立了鄧小平的改革開放路線，由於趙紫陽與鄧小平的深厚淵源和他所具備的改革經驗，很快就被提升到領導階層。一九七九年九月四中全會被增選為中央政治局委員，一九八〇年二月五中全會當選為政治局常務委員，四月出任國務院副總理，八月真除總理，不到一年的時間，鯉躍龍門，成為中共政權機構的最高領導人。而胡耀邦亦於同年二月出任總書記，於是趙紫陽與胡耀邦成為鄧小平的左右手，胡趙體系的改革路線於焉確立。

胡趙體系中，胡耀邦負責黨務，意識形態與思想領域的工作，趙紫陽負責經濟改革，一黨一政，互相配合，自一九八〇年到八六年陸續推動了一系列的改革措施，如實施農村生產責任制（包產到戶）、擴大企業自主權、成立沿海經濟特區、引進外資、精簡國務院機構、派遣學生出國深造、加強國際交流、平反「錯假冤案」、落實知識分子政策、放鬆思想禁錮等，雖然併發了通貨膨脹、外債負擔增加、投機倒把與官倒盛行等負面作用，但總體而言，人民的生活已有改善，國際形象也有提升。

然而，經濟改革伴隨而來的是知識分子對政治民主的強烈訴求，西方民主思潮的輸入對中共的意識形態與專制政體形成極大的挑戰與衝擊，這是鄧小平所無法忍受的，也是保守派用來攻擊改革政策的主要理由。儘管保守派祭出「四項堅持」與「反資產階級自由化」兩個上方寶劍，亦無法抑制這股爭民主的洪流，倒是胡耀邦在一九八六年底的大陸學運被迫下台，成為代罪羔羊。而趙紫陽在一九八七年二月取代胡耀邦成為中共名義上的最高領導人，此後胡趙體系便由趙紫陽獨撐大局。

胡耀邦下台後，趙紫陽也瞭解其處境不甚樂觀故多次堅辭總書記職務，等到他就任總書記，而保守派的李鵬接任其總理職位後，保守派與改革派與權力與路線鬥爭就益形凸顯了。一九八七年趙提出的「沿海地區經濟發展戰略」構想遭到否決，許多改革措施也停擺，代之而起的李鵬的治理經濟環境計畫，在在顯示以趙紫陽為首的改革派已陷入保守派的重重包圍。今年三月間中共召開七屆人大二次會議期間，胡耀邦曾勸趙紫陽要好好保重身體，雖似無意，但已透露出一些端倪。在此之前，即已屢屢傳出趙紫陽地位不保的傳言。

今年四月十五日胡耀邦病逝，大陸大專院校師生由悼胡而演變成爭民主、爭自由的全民民主運動，更爆發了改革派與保守派的決戰，最後在鄧小平下令鎮壓民運後，大陸的民主運動又再一次遭到壓制，改革派全面潰敗，而趙紫陽也被冠上「支持動亂分裂黨」兩項罪名而被解除一切職務。

胡耀邦與趙紫陽對大陸民運採取寬容的態度，顯示他們理性的一面，但卻不能見容於鄧小平與保守派，這是共產黨的悲哀，更是中國的災厄。鄧小平改革路線的左右手已相繼下台，今後中共的政策會如何轉向？中國大陸又將出現什麼樣的局勢呢？想到這裡，不禁令人憂忡。

（本文原刊載於民國七十八年七月「中國大陸」月刊）

多黨合作不等於多黨政治

——評中共最近的「多黨合作」論調

今年（一九九〇）二月正當蘇共召開中央委員全體會議，宣布修改憲法、放棄一黨專政、建立多黨政體等政治改革的主張的同時，中共在二月七日拋出一份所謂「黨中央關於堅持和完善中國共產黨領導的多黨合作和政治協商的意見」（以下簡稱「意見」），企圖以「多黨合作」的方案來延緩東歐與蘇聯等共產主義國家政治改革對中共造成的強烈衝擊。因此本文特就「多黨合作」的歷史緣由、產生背景、主要內容，以及未來發展方向作一客觀分析，以期掌握大陸未來政治發展趨向。

「多黨合作」是共產國家的特色

第二次世界大戰後，東歐的波蘭、匈牙利等新興共產主義國家，為了要鞏固其政權，因此率皆與原有的在野政黨籌組「多黨合作的聯合政府」。這種政體與西方國家的聯合政府差別甚大。西方國家的聯合政府是在多黨政治下，沒有任何一個政黨在國會中超過半數，因此由幾個政黨聯合組閣，成立政府。反之，在共產主義國家，共產黨卻享有絕對的支配地位，其他政黨只是陪襯角色，無法參與決策，分享政治權力。中共政權建立，亦採行此種措施，成立所謂「多黨派合作的聯合政府」，讓部分民主黨派人士擔任「國家副主席」、副總理、部長等政府職位。

但是在一九五六年爆發波蘭與匈牙利民主革命後，東歐共產主義國家紛紛取消「多黨合作制度」，採行極權的共黨一黨專政。在中國大陸，由於受到波、匈事件的影響，毛澤東在一九五六年中要求知識分子、民主黨派人士大鳴大放，幫助共產黨整風。到一九五七年「鳴放運動」發展為「反右鬥爭」，民主黨派人士大多被扣上「右派分子」的帽子，遭到整肅，各民主黨派人士在中共政權的職務亦陸續被整肅。至此「多黨合作」「聯合政府」的口號不復在共產國家出現

當前中共提出「多黨合作」方案的背景

七〇年代初期，波蘭、匈牙利等東歐共產主義國家為了挽救其政經危機，因此重新恢復「多黨合作制度」。而中共政權，在一九七六年毛澤東死亡及四人幫垮後，由於大陸人民對中共政權普遍存在「三信危機」，為了重拾人心，穩定政權，迫使中共調整政策路線，一方面實施改革開放政策，一方面又重新重視統戰工作，提出「愛國統一」戰線，並允許民主黨派恢復組織活動。一九八二年胡耀邦在中共「十二大」的報告中，進一步提出中共同各民主黨派「長期共存，互相監督」、「肝膽相照，榮辱與共」的十六字方針，此後並把民主黨派列為統戰十大對象之首。

從一九七七年到一九七八年，民主黨派只是單純的作為中共對內對外的統戰工具而已，中共尚未恢復與民主黨派「多黨合作」、「聯合政府」的口號政策。但是自一九八五年後隨著改革開放政策的深化，政治改革的呼聲也日益高漲，而民主黨派的作用益形重要。因此趙紫陽在一九八七年十月中共「十三大」中即強調「要不斷完善在中國共產黨領導下的多黨合作制度，進一步發揮民主黨派和無黨派人士在國家政治生活中的作用」，至此「共產黨領導的多黨合作制度」又被提出。一九八八年三月民主黨派之一的民主建國會副主席馮梯雲被選為「監察部」副部長，顯示中共黨內改革派又有推動「多黨合作制度」的決心。同年十一月，在鄧小平建議及趙紫陽領導下，中共黨內成立了「多黨合作小組」，負責草擬多黨合作方案，該小組成員有「全國人大常委會」副委員長彭沖、「全國政協」副主席王任重、中共中央統戰部部長閻明復，以及各民主黨派和工商聯負責人。另外，各民主黨派也分別組織了研討小組，如火如荼的展開多黨合作制的討論意見。到一九八九年初，中共「國務院」任命「民革」副主席李沛瑤、九三學社中央委員洪紱曾，分別出任「勞動部」副部長和「農業部」副部長，「多黨合作」方案遂呼之欲出。

一九八九年三月十九日，閻明復在接受記者訪問時曾透露，「多黨合作小組」已經召開了六次會議，「多黨合作」方案也預訂在六、七月間公布。閻明復同時也透露，這種方案的精神除了表現中共和各民主黨派的關係是完全平等的，還強調為了使多黨合作制度法律化，必須修改憲法，對民主黨派在國家政治生活中的地位、性質、作用等作出原則的規定，把多黨合作制度作為主要政治制度之一寫進「憲法」中去。另外也將草擬「政黨法」或者「黨派參政法」。閻明復還指出將有民主黨派人士擔任副總理以上的職務。

另外，中共中央統戰部副部長宋堃在元月二日接受「瞭望」周刊的訪問時指出，若有三分之一以上部委領導職務由民主黨派無黨派人士擔任，將可改善國家的政治生活，他還說，中共中央為了完善與發展「多黨合作制」已經研擬了八個方面的設想：

一、舉薦民主黨派和無黨派人士參加政府領導工作；
二、多黨合作制度法律化；
三、中共同民主黨派的民主協商要制度化；
四、強化民主黨派在人大、政協會議中的活動；
五、加強民主黨派與政府系統的聯繫；
六、支持民主黨派制定各具特色的綱領；
七、民主黨派應有發表政見的輿論陣地；
八、改善民主黨派的工作條件。

現行「多黨合作」方案開民主倒車

依照趙紫陽等改革派的構想，「多黨合作制度」可能重回政權建立初期的體制，民主黨派可享有部分的參政權。但是由於八九年四月至六月間北平爆發大規模的民主運動，且有部分民主黨派人士積極參與，因此隨著改革派的失勢，「多黨合作制」在往後即很少再被提出，民主黨派也在一片整肅中風聲鶴唳。但是由於自去年六月以來在東歐及蘇聯的政治改革震撼下，中共終於在今年二月七日拋出這份「多黨合作的意見」。「意見」共包含五個方面二十四條：

一、加強中國共產黨和各民主黨派之間的合作與協商；

二、進一步發揮民主黨派成員、無黨派人士在人民代表大會中的作用；

三、舉薦民主黨派成員；無黨派人士擔任各級政府及司法機關的領導職務；

四、進一步發揮民主黨派在人民政協中的作用；

五、支持民主黨派加強自身建設。

我們姑且不去探究為何這份「意見」是在一九八九年十二月三十日已經制定，卻遲遲到今年二月七日蘇共宣布將放棄一黨專政時才公布。值得注意的是這份「意見」卻和閻明復及宋堃所透露的原方案有很大不同。首先，這份意見並沒有提到要修改「憲法」、制定「政黨法」。同時允許民主黨派有獨立輿論陣地的條文也被刪除了。

其次，在這份「意見」中，我們仍可看到中共與民主黨派在政治地位上仍極為不平等。雖然中共說他是執政黨，民主黨派是參政黨，但卻仍規定「多黨合作必須堅持中國共產黨的領導，必須堅持四項基本原則」，而且發展組織必須依中共的限令，只能在大中城市吸收與該政黨性質有關的成員，同時也必須加強黨員的思想政治工作，進行堅持四項基本原則和反對資產階級自由化的教育。

在這樣層層限制之下，民主黨派的參政地位又是如何？「多黨合作」的體制又能展現何種風貌？

「多黨合作」不脫統戰本質

為了配合宣傳「多黨合作」方案，中共在二月十一日亦公布一份資料，指出到一九八九年年初，「國務院」有三個部由民主黨派人士擔任副部長，有十四位民主黨派人士、無黨派人士擔任副省長、自治區政府副主席或直轄市副市長。另有八人擔任計畫單列市的副市長、一百一十六人擔任省直廳局或地（市、州）領導職務，六百四十三人擔任副縣（區）長。

此外，七屆「全國人大代表」總數二千九百七十人中，民主黨派和無黨派人士有五百四十人，佔總人數的百分之十八點二；而地方各級「人大代表」中則有五千多人為民主黨派成員；至於七屆「全國政協委員會」的二千零八十一名委員中，民主黨派、無黨派人士計一千二百四十九人，高達總數的百分之六十，至於各級地方「政協」三十五萬委員中，民主黨派則佔了百分之六十三。此外還有七人擔任「全國人大常委會」副委員長、十人出任「全國政協」副主席。

雖然在各級「人大」、「政協」以及各級政府中有部份民主黨派人士擔任副領導級職務，但是由於各民主黨派的主要領導幹部同時具有共產黨的身分（即跨黨分子），而且這些人只是中共的政治花瓶、統戰工具，毫無政治權力。因此一九八五年中共「人民日報」曾刊載有多位非（中共）黨的副市長、副縣長因有職無權，不願充當政治花瓶而辭職不幹的內幕。

針對這種現象，「政協委員」黃夢花曾提出嚴厲的批判，他在一九八九年三月，七屆「政協」二次會議時曾要求：（一）中共要尊重各民主黨派的獨立性，人民申請加入民主黨派需要共產黨的推薦或批准的專權作法應廢除；（二）共產黨員應自各民主黨派或組織的領導階層退出，讓民主黨派獨立發展組織。

誠如上面我們所提及，中共讓各民主黨派恢復活動並非真正要實行多黨政治，只是因應當前對內對外統戰需要而採取的策略罷了，因此改革派如趙紫陽之流亦反對實行多黨政治。去年三月「中國政治體制改革」月刊更因刊載一篇該刊總編輯杜光撰寫要求實施多黨制的文章，而被迫收回該期刊物。

而中共現今的當權派江澤民與李鵬更不止一次公開表示中共反對多黨制，對強調在「多黨合作制度」下，民主黨派不能成為反對黨，而且也不存在輪流執政的問題。在獲悉蘇共宣布將實施多黨政治後，中共更以如果中國大陸實施多黨制，將會導致中國大陸動亂，作為抗拒實施多黨政治的藉口。現今公布的「多黨合作的意見」第十二、十三條，特別規定民主黨派要開展對港澳台的聯誼工作；協助引進資金、技術和人才；推動科技、文化、學術、體育交流，以「為社會主義現代化建設和統一祖國事業多做貢獻」，即可看出中共利用民主黨派的統戰慣伎。

中共擋不住民主的歷史洪流

雖然中共公布的這份「多黨合作」的方案是在東歐政治改革的衝擊下，以及大陸內部要求民主改革的呼聲中，所推出的權宜措施，但是歷史的發展不是中共的高壓、懷柔政策所能掌握的，未來大陸的政治必然會朝以下兩個方向發展：

一、受到東歐及蘇聯共產主義國家政治改革的鼓舞，以及大陸人民的自覺，大陸人民，甚至中共黨內要求實施多黨制，進行民主改革的呼聲必會日益高漲，並對中共專制政體產生巨大衝擊，由量變到質變，爆發類似波蘭或匈牙利的改革浪潮。

二、在中共實施「多黨合作」的過程中，民主黨派的力量將逐漸擴大，並走向五〇年代的模式，拒絕長期仍為中共的政治花瓶、統戰工具，要求組織獨立發展，甚且與中共公平競爭、輪流執政，最後更進而與廣大人民的民主運動匯集成一股反抗專制的民主洪流。

（本文刊載於民國七十九年三月「中國大陸」月刊）

中共選舉制度評析

一、前言

由於中共在意識形態上一直認為「選舉是資產階級形式的」，又強調，「普選制只能是維護資本主義的民主權力，實現資本統治的工具」。因此中共政權建立以來一直反對選舉，即使不得不舉行選舉，也都採行「領導定名單，群眾畫圈圈」的形式主義。在一九七九年以前大陸只有實施鄉級「人大」直接選舉，到一九七九年修正「選舉法」後，才進一步實施縣、鄉兩級「人大」直接選舉，省與「全國」仍舊採行間接選舉。

到去年年底，中共共舉辦四屆縣鄉兩級「人大」直接選舉，其中除了一九八〇年底各大專院校爆發選舉潮，以及一九八六年底方勵之、溫元凱在「中國科技大學」參選並當選「人大」代表，稍有選舉氣氛外，歷次選舉都是鴉雀無聲。本文試就中共有關選舉法規並結合歷次選舉情況，對中共選舉制度作一分析，以瞭解中共的選舉制度，並期能掌握未來大陸的選舉動向。

二、各級「人代會」之組織與名額

（一）各級「人代會」之組織與任期

1.「全國人大」之組織與任期：由省、自治區、直轄市和軍隊選出的代表組成。各少數民族都應有適當的名額代表參加，代表名額和代表產生辦法由法律定之，常務委員會為其常設機構，並分設各種委員會（憲法五十九條），代表任期五年（憲法六十條）。

2.地方各級「人代會」之組織與任期：省、自治區、直轄市、自治州，設區的市的「人代會」代表由下一級的「人代會」選舉產生，任期五年；縣、自治縣、不設區的市、市轄區、鄉、民族鄉、鎮的「人代會」代表，由選民直接選舉，任期三年（「組織法」第四、五條）。縣級以上的地方各級「人代會」設立常務委員會為其常設機構。

（二）各級「人大」之名額

1.「全國人大」之名額：中共舊「選舉法」規定「全國人大代表」總額不得超過三五〇〇名，一九八六年修正的「選舉法」將名額減為三〇〇〇名（「選舉法」第十三條第二款）。第六、七屆則定為二九七八人。

2.地方各級「人大」之名額：

(1)設區的市、自治州「人大代表」以二百名為基數，每兩萬五千人增加一名代表。

(2)縣、自治縣、不設區的市、市轄區「人大代表」以一百名為基數，每五千人增加一名代表。

(3)鄉、民族鄉、鎮「人大代表」以三十名為基數，每一千五百人增加一名代表。

目前大陸共有各級人大代表三百八十多萬，而縣鄉人大代表人數則超過三百萬人。

三、選區劃分與選民登記

（一）選區劃分

舊的「選舉法」規定選區應按生產單位、事業單位、工作單位和居住狀況劃分。新的「選舉法」則修改為「選區可按居住狀況劃分，也可按生產單位、事業單位、工作單位劃分（（「選舉法」第二十二條））。選區劃分一般是每一選區產生一至三名代表。至於選區劃分的確切情況並不清楚，一九八一年九月時任「全國縣級直接選舉辦公室」主任、民政部部長的程子華在總結該年縣級直選的報告曾透露出一些端倪，他說：「在農村，一般是幾個生產大隊聯合劃分一個選區，人口特多的生產大隊或者少的人民公社，單獨劃分一個選區。在市鎮、大的機構、團體或企業事業單位，單獨劃分一個或幾個選區；人數較少的單位，有的按行業系統劃分選區；沒有行業系統的單位由幾個單位聯合劃分選區；街道居民一般按居住狀況劃分選區，有的也和街道轄區內的單位聯合劃分選區。人口稀少、地區遼闊的山區、牧區、林區、漁區，根據當地實際情況劃分選區」。

（二）選民登記

舊的「選舉法」規定選民登記按區進行。新「選舉法」則有較明確的規定、「選民登記按區進行，經登記確認的選民資格長期有效。每次選舉前對上次選民登記以後新滿十八歲的、被奪政治權利期滿後恢復政治權利的選民，予以登記。對選後遷出原選區的，列入新遷入選區的選民名單；對死亡的和依照法律被奪政治權利的人，從選民名單上除名」（選舉法第二十三條第一款）。此外尚規定「無法行使選舉權和被選舉權的精神病患者，不列入選民名單」（三十三條第二款）；選民名單應在選前二十天公布，並發選民證（二十四條），對選民名單有不同意見者，可向選舉委員會提出告訴。

四、候選人產生辦法與候選人名額之規定

（一）候選人產生辦法

舊「選舉法」規定：「由選民直接選舉人民代表候選人，由各選區選民和各單位提名推薦。選舉委員會匯總各方面推薦的代表候選人名單和各候選人情況，在選舉前十天公布，並由各該區的選民小組反覆討論、民主協商，如果所提候選人名額過多，可以進行預選，根據較多選民的意見，確定正式代表候選人名單。」，「縣級以上的地方各級人民代表大會在選舉上一級人民代表大會代表時，由各該級人民代表大會主席團匯總大會代表和中國共產黨、各民主黨派、各人民團體提出的代表候選人名單，組織全體代表反覆討論、民主協商，如果所提候選人名額過多，可以進行預選。根據較多代表的意見，確定正式代表候選人名單。」（選舉法第二十八條）。此外舊「選舉法」亦規定有選民或代表三人以上附議，也可以推薦代表候選人。（選舉法第二十六條）新「選舉法」則取消預選制，同時也對選民附議推薦代表候選人的數額由三人增加到十人。

另外，縣級以上的地方人民代表大會在選上一級人民代表時，代表候選人不限於各該級人民代表大會的代

表。（第二十九條）

（二）候選人名額之限額

以往中共一直實施等額選舉（即同額競選），直至一九七九年修正選舉法後才採行差額選舉。所謂差額選舉，就是各級選舉候選人的名額應多於應選代表的名額。舊的「選舉法」規定「由選民直接選舉的代表候選人名額，應多於應選代表的二分之一至一倍；由地方各級人民代表大會選舉上一級人民代表候選人的名額，應多於應選代表的五分之一至二分之一」。新的「選舉法」則將選民直接選舉的代表候選人名額減為應選代表的三分之一至一倍，縣級以上候選人的名額則仍維持應選代表的五分之一至二分之一。（第二十七條）

中共一直詡稱差額選舉是社會主義民主法制建設的一大進步，但中共在組織法中卻又規定中央或地方各級機關正職的候選人數「一般應多一人，進行差額選舉，如果提名的候選人只有一人，也可以等額選舉」，這等於變相的同額競選。此外，中共七屆人大一次會議更明目張膽的修改「選舉辦法草案」，明確主張「人大常委會組成人員共一百五十五人，其中中共中央建議，經各民主黨派和各方提出的委員長、副委員長、秘書長人選二十人，實行等額選舉」，「提名委員人選一百四十四人，實行差額選舉，選出一百三十五人」，此舉事實上已否定差額選舉了。

五、選舉機構與程序

（一）選舉機構

1.「全國」及省級的人大代表之選舉，由各該級人大常委主持。

2.縣級以下則設立選舉委員會負責各該級的人大代表之選舉，但縣級選委會須受其本級人大常委會的領導，鄉鎮級的選委會則受鄉鎮「人民政府」的領導。（第七條）

3.此外，在每屆的縣級以下基層選舉，中共中央都成立「全國縣級直接選舉辦公室」，負責全盤督導事宜，主任由民政部長兼任，各省成立「選舉領導工作小組」，負責各省之選舉事宜，組長由省委副書記擔任，各地區則視情況，機動性地成立「選舉工作小組」以支援選舉工作。

（二）選舉程序

1.競選活動：中共選舉法無有關競選活動之規定，唯規定選舉委員會（直接選舉）或人民代表大會主席團（間接選舉），應向選民或代表介紹侯選人的情況，以及候選人之推薦者可在選民小組（直接選舉）或代表小組會議（間接選舉）上介紹所推薦的候選人。（第卅條）

2.投票：「選舉法」規定一人一票（第四條），選民直接赴投票站或選舉大會投票（第三十一條），文盲或殘疾者可以委託他人代投（三十三條），投票時可以投贊成票反對票或廢票，亦可投給選票外之任何選民（三十四條），如去年北大選舉，前北大校長丁石孫雖非正式候選人，卻因選民投票給他而當選人大代表。選舉期間外

出者亦可委託他人代投。（三十五條）

依中共選舉法規定，一次投票多於規定應選代表人數的作廢，少於規定應選代表人數的有效（即：如應選出三位代表，則可選三人或三人以下）。（三十七條第二款）

3.計票：每次選舉所投的票數，多於投票人數的無效，少於投票人數的有效。（三十七條第一款）

4.宣佈當選：舊「選舉法」規定候選人得票數必須超過全體選民（直接選舉）或選舉單位代表（間接選舉）的過半數票始得當選，新選舉法則規定直接選舉的候選人只要選民過半數選票即可當選，若得票率過半數者超過應選名額，則以得票多者當選；若得票率過半數者不及應選名額，則未當選者再重新投票，以得票多的當選，但不得少於選票的三分之一。（第三十八條）

六、少數民族、「解放軍」以及「台灣省代表」之選舉

（一）少數民族代表產生之辦法及名額

大陸現有少數民族五十五個，人口有六千七百二十幾萬人，占大陸總人口的百分之六點七。中共「選舉法」規定「人大常委會應參照各少數民族的人口數和分布情形」，定額分配各省、自治區、直轄市的少數民族代表（第十五條），並規定全國少數民族應選全國人民代表大會的名額，應占全國人民代表大會代表總名額的百分之十二左右；此外，中共人大常委根據上述規定，在一九八三年通過「第六屆全國人民代表大會少數民族代表名額

分配方案」，規定「直接分配到各省、自治區、直轄市的少數民族代表為三百一十九名」，加上分配給中共機構提名的二十六名少數民族候選人，共有三百四十五名，占全國人大代表總數的百分之十一點五」。憲法及該方案還同時規定「每個少數民族至少有一名代表」。

關於少數民族代表的選舉，「選舉法」則列在專章做詳細規定（第四章十六至二十一條）。

（二）「解放軍」代表產生之辦法及名額

中共「選舉法」規定「人民解放軍單獨進行選舉，選舉辦法另訂」（第五條）。人大常委會根據此條文在一九八一年六月十日通過了「中國人民解放軍選舉全國人民代表大會和地方各級人民代表大會的辦法」，該辦法共有八條，分別就參加選舉的範圍，選舉權和被選舉權，選舉委員會的組織，代表的產生方式，代表候選人如何提出，選舉程序、對代表的監督、罷免和補選，以及選舉經費作出規定。

該「辦法」規定除了現役軍人外，行政機關在軍隊的工廠人員，以及在軍隊工作的在編和非在編職工的家屬，都參加軍隊選舉（第一條），也規定軍隊「選舉全國和地方各級人民代表大會的代表，一般由下而上隔級召開軍人代表大會複選產生」，也規定軍隊出席全國代表大會的代表只由各總部、各軍區、各軍兵種國防科技委員會、國防工業辦公室、軍事科學院、軍事學院、政治學院、後勤學院的軍人代表大會產生。（第四條）而出席「全國人民代表大會」的解放軍代表名額則規定為二百六十五名。

（三）「台灣省代表」的產生和名額

中共為了遂行對我統戰，因此人大常委在一九八三年通過一項「台灣省出席第六屆全國人民代表大會代表協商選舉方案」，規定每屆全國人大選舉應有台灣省代表十三名，台灣代表的產生方式是由全大陸二萬二千多名台胞中選一百名左右，到北平參加為期一周左右的協商選舉會議，然後再根據差額選舉辦法和無記名投票選舉出十三名全國人大代表。

協商選舉的具體工作由人大常委會辦公廳負責，六、七屆協商選舉會議則由人大常委會委員、「台聯會」會長林麗韞負責召集。

七、選舉制度與選舉實務之評析

綜觀中共的選舉法規與近年來的各項選舉工作，我們可以發現目前大陸的選舉在比較上有兩點較以往進步，一是有關選舉法規已逐漸改進，二是開始實施差額選舉。但是整體而言，大陸的選舉仍然存在諸多缺點，主要有：

（一）選舉法規仍然限制民主

自實施差額選舉以來，中共一直誇稱差額選舉的好處，說「差額選舉不但從選舉的方式和程序上進一步完善了選舉制度」，而且「對幹部是一種監督，能更好體現人民管理國家的原則」。但中共取消預選制度後，不但可透過所謂「反覆討論，民主協商」排除異議人士成為正式候選人，而且組織法也規定各級機關的正職領導可實施等額選舉。

此外，由於中共一直認為競選是資產階級形式的，因此除了一九八〇年北平海淀區及若干大專院校曾有過競選外，餘皆未有競選活動出現。選民無法瞭解候選人的情況，而決定投票給誰，因此選舉變得毫無意義了！

（二）由於中共仍堅持「無產階級專政」，因此在選舉制度設計上仍具階級觀念。

雖然近幾屆基層選舉時，中共都強調各階層要有適當的代表比例，但歷屆選舉仍然以無產階級中的農工代表為主，知識界與黨外人士只是點綴門面而已，所佔比率極少。如今年換屆改選，知識分子的黨外人士只佔百分之二十左右，農工代表比率仍高達百分之六十左右。

（三）直接選舉範圍仍然只限於縣、鄉兩級基層人大，省級與「全國」人大仍採間接選舉

由於省級與「全國」人大的代表候選人都是由中共中央直接分配到縣與省級「人民代表大會」選舉產生，候選人不但不與選舉單位的選舉人員見面，自我介紹，而且與自己選區的關係也十分冷漠，因此不少地區要求候選人應與選民接觸並作自我介紹，當選後亦應經常到被選舉區瞭解情況，加強與選區的關係。嚴家其在前年三月北

平一個研討會上呼籲中共從「全國」下至鄉鎮，一律實施人民代表直接選舉制，以符合「人大」向選民負責的政治責任制。

（四）多數幹部缺乏民主素養，反對直接選舉，因此「定人選、搞形式、走過場」的現象屢見不鮮

由於選舉幹部認為選舉會影響中共黨的既得利益，且可能使黨指派的候選人落選，因此許多地方違法事件便層出不窮。有些地方為保證主席團（黨推薦）提出的候選人順利當選，對選舉人十人以上聯合提出的候選人經常採取一些非常手段，如動員推薦者撤回提名推薦，有的更乾脆強迫被提名的候選人表態不當候選人；另外，有些地區的幹部則為了怕麻煩，不但不到各戶發選票，還煽動他人不去發選票，而自己填寫選票後投入票箱。此外有些幹部因對選舉法規或選舉知識不足，經常發生違法事件。

（五）各地採基層選舉，選舉時間拖的很長，且選舉步驟與程序十分紊亂

由於幅員廣闊以及幹部缺乏選舉知識，大陸各省每辦一次地方選舉都得開個半年左右，有些省份、地區還舉辦試點工作。同時有些省份的某些地區在某屆改選時並沒改選，如青海西寧市去年就有五個縣沒改選。另外，有些省，各縣級改選人大的屆別也不一致（如江蘇省徐州市新選出的為第十屆人大代表，淮陰選出的則為第二屆代表）。此外中共亦可以各種原因延遲換屆選舉，如以舉辦亞運為名，將北京市選舉工作延至十二月底舉行。

（六）選民欠缺民主素養，對選舉毫無興趣

選民對選舉冷漠的原因有兩點：第一、大陸的文盲、半文盲超過三億人以上，而這些人大多「尚不懂得如何運用自己的民主權利，民主意識不強，其表現在不知道如何去瞭解候選人，如何去支持自己信賴的候選人當選」；其次，由於多數的候選人都是由中共所提名，而且很少與選民接觸，因此知識分子對此類候選人產生反感，而農村選民則多聽從黨委的指示投票，沒有民主的自覺意識。

（本文榮獲民國八十年國家安全局主辦國內十二個大陸研究機構大陸要聞專題報告評比第一名，並在四月國民黨中常會專題報告，文載五月份「中國大陸」月刊）

一九八九——一九九一年大陸基層選舉之研析

自一九七九年七月一日中共五屆人大第二次會議，通過修正一九五三年「全國人民代表大會和地方各級人民代表大會選舉法」以及「地方各級人民代表大會和政府組織法」以來，大陸地區已舉辦過四屆三年一任的縣、鄉（鎮）兩級人大直接選舉。本屆基層人大直接選舉工作亦已於前年九月到今年年初改選完畢，今（一九九一）年三月二十一日新華社並公布整個選舉結果。現僅就中共所公布之有關資料對此次選舉情況作一簡析。

一、選前中央部署情形

（一）中央中發一號文件的產生經過

大陸上屆縣鄉兩級直接選舉的人大代表於去年底任期都將屆滿，因此前年九月四日中共「全國人大」常委會第九次會議決定「一九八六年下半年至一九八七年底選舉產生的縣、鄉兩級人民代表大會，將於一九八九年下半年至一九九〇年底先後任期屆滿，縣鄉兩級人民代表大會應在一九九〇年底以前進行換屆選舉」。

為搞好本屆縣鄉選舉，「全國人大」常委會辦公廳自前年年初以來就不斷進行研究，並且在七月份分別在北京、煙台、蘭州邀集各省（自治區、直轄市）人大的有關負責人座談換屆選舉工作。「全國人大」常委會「黨組」在研究了各地反映意見後，認為本屆縣鄉換屆選舉是件大事，「直接關係到黨的十三屆四中全會和五中全會精神的貫徹，關係到縣鄉兩級政權，特別是領導班子的建設，意義十分重大。因此，不僅各級人大要做好這項工作，各級黨委也應對這項工作切實加強領導」，並據此向中共中央提出「關於全國縣鄉人大換屆選舉工作若干問題的請示報告」，中共中央並於今年年初將此以中發字一號文件與「地方黨委向地方國家機構推薦領導幹部的若干規定」等兩份文件轉發、下達各級單位。

（二）中央中發一號文件的內容

1. 指出做好本屆選舉的重要性

由於這次基層人大直接選舉是在六四事件後進行，中共為了防範這次選舉會爆發大規模的反共反暴政運動，因此史無前例地以中發一號文件下達，強調此次選舉之重要性以及種種政策要求。文件特別指出：「對本次換屆選舉工作必須高度重視，不能掉以輕心」，「總的看，形勢是穩定的，搞好換屆選舉的有利因素很多」，「但是，也必須充分估計到幾年來資產階級自由化思潮的泛濫和對民主的種種錯誤認識所帶來的不利影響。此外，流動人口增加、農村開會難、少數幹部對選舉有厭煩心理等，也增加了本次縣鄉換屆選舉工作的難度。」因此強調「要加強選舉的組織領導，特別是要強調黨的領導。只要全黨重視，各級國家機構的重視，提高廣大幹部和群眾選舉的認識，對各種可能發生的問題早作準備，充分利用各種有利條件，化消極因素為積極因素」。

2. 提出本屆選舉工作的指導思想

(1)要在黨的十三屆四中全會和五中全會精神指導下進行，堅持四項基本原則，反對資產階級自由化；

(2)充分發揚社會主義民主；

(3)嚴格依法辦事；

(4)尊重選民意願，保障選民的選舉權利；

(5)重視提高代表素質，認真建設好縣鄉兩級政權領導班子，積極推進民主和法制建設。

3.明訂執行法律規定和政策規定要點

(1)地方各級人民代表大會代表候選人的名額，應多於應選代表的名額（即應實施差額選舉）；

(2)代表候選人的推薦者應向選舉委員會或者大會主席團介紹候選人的情況；

(3)簡化選民登記手續；

(4)不硬性規定代表結構比例；

(5)注意提高代表素質；

(6)有關對縣級人大常委會組成人員的要求（不詳）。

二、各地區準備籌畫情形

本屆大陸縣鄉兩級人大直選可概分成兩個階段，第一階段為選前準備階段，第二階段為全面作業階段。選前準備階段又可分為召開選舉工作會議和成立選舉機構，進行試點工作，以及進行教育宣傳；全面作業階段又可分為培訓幹部，進行選區畫分與選民登記、推荐候選人和討論協商確定正式候選人以及投票選舉候選人等。

（一）選前準備階段

1.召開選舉工作會議和成立選舉機構：換屆選舉工作開始之前各省會召開一次選舉工作會議，傳達中共中央的指示，並成立換屆選舉工作領導小組、選舉辦公室（省、自治區、直轄市、區）、選舉委員會（縣、鄉、鎮），以推動選舉工作。

2.進行試點工作：由於多數大陸幹部都沒有選舉的知識與經驗，為期各地選舉能順利推動，多數大陸地區都會在一些地點進行模擬選舉工作（中共稱為試點工作），然後再推動全面選舉。如上海，在去年二月全面改選前即分別在前年十二月中與去年一月初在寶山區越浦鄉、盛橋鎮與徐匯區通明街舉行試點工作，杭州市也曾在前年十、十一月進行試點工作。

3.進行教育宣傳工作：每屆大陸基層選舉展開之前，中共都會要求選民與幹部學習憲法、選舉法、組織法與各地的選舉實施細則等法律法規，本屆除了加強此項教育外，更強調要「採取多種形式，向廣大人民宣傳人民代表大會制度是我國的根本制度，遵循黨的基本路線的教育，決心堅持四項基本原則，反對資產階級自由化的教育，遵循社會主義的民主和法制，引導大家畫清社會主義民主同資產階級民主的界線，畫清社會主義民主同西方無政府主義的界線，畫清我國人民代表大會制度同美國式三權鼎立制度的界線」。廣西的邑寧、武鳴和郊區為了進行宣傳工作，更派出了兩千零三十四人組成的宣傳工作隊開赴鄉鎮選區進行宣傳動員工作。

（二）全面作業階段：

1.培訓選舉幹部：即在選舉工作召開前，抽調、組織一些幹部研習有關選舉實務與法規，然後再赴各選區協助選舉工作，如河南省在去年四月間就培訓了十萬名選舉幹部。

2.畫分選區與選民登記：中共的選舉法規定應選代表名額是以選區大小與選民人數多寡而定。因此選務工作的推動必須先依照選民住民狀況或生產單位、事業單位、工作單位等情況畫分選區，然後再進行選民登記。依中共選舉法規，原有選舉權者不須再辦理選民登記，新滿十八歲者、新遷入者或剛復權者才得辦理選民登記。選民登記由居委會和派出所組成選民登記組，採取草登、正式登記和符合審查、張榜公布等步驟，並要注意防止半邊戶、搬遷戶和人與戶口不在一地的分離戶漏登。

據統計去年進行選民登記時，大陸年滿十八週歲以上的總人口數為七億二千多萬人，選民登記的人數佔十八週歲以上人口總數的百分之九十九點二，各省、自治區、直轄市的參選率，一般都在百分之九十以上。有十一個省（區、市）的參選率達到百分之九十五以上。

3.推薦候選人：本屆基層人大選舉，中共為恐發生失控現象，因此特別提出「黨委領導、人大主辦、各方配合」的原則，聲稱要「堅持黨的領導和黨管幹部的原則」，對甄選候選人的條件也十分嚴格，要求「各級黨委在推薦各項候選人時要確實保證把那些能夠堅持四項基本原則，反對資產階級自由化，堅決貫徹執行黨的路線、方針、政策的優秀幹部選到縣鄉兩級領導機關中來，保證領導權真正掌握在馬克思主義者手中，這是開好大會的關鍵所在」。候選人提出後，經過討論、協商後確定正式代表候選人。雖然從資料上我們看不出本屆推薦候選人過程有何問題，但從以上情況，我們可以看出異議人士在協商正式候選人的過程很難成為正式候選人。

4.公布正式候選人與進行投票：依選舉法規定，正式候選人應在選舉日前五天公布，選委會或推薦候選人的選民或團體可在選民小組會議上介紹候選人的情況。但據多位赴大陸採訪記者的瞭解，目前大陸除取消預選制外，亦不准候選人競選，因此選舉過程似乎又回到「領導定名額，群眾畫圈圈」的老路了。

三、選舉結果

這次大陸地區共有三十個省、自治區、直轄市二千八百多個縣、不設區的市和市轄區，五萬六千三百多個鄉、民族鄉、鎮進行基層人大換屆選舉，也就是說，除了甘肅省屆期未滿的六個市轄區和一百二十三個鄉以外，全部任期屆滿的縣、鄉都進行換屆選舉。

由於中共對本屆選舉工作採取嚴格的防範與控制措施，因此除了北京海淀區因知識分子對中共的不滿，使不競而選的前北大校長丁石孫當選外，其他地區選舉過程尚稱平靜。

（一）全大陸地區的選舉結果

1.總當選人數統計。據中共官方統計，這次選出的縣級人大代表有六十三萬四千多人，鄉級人大代表二百八十九萬八千多人。縣級人大代表加上屆期未滿的縣級人大代表一千四百五十六名，全國共有縣級人大代表六十三萬六千多人，鄉級人大代表加上屆期未滿的鄉級人大代表七千四百四十七人，全國共有鄉級人大代表二百九十多萬人。

2.各階層代表比例。由於中共慣於強調階級屬性，因此每次選舉亦甚注重各階層代表比例。據統計，這次選出的縣級人大代表六十三萬四千多人中，工人、農民佔百分之五十一點六；婦女佔百分之二十一點六；共產黨員佔百分之七十點四；幹部佔三十六點四；大專以上文化程度的佔百分之十六點六；少數民族佔百分之十三點五六。選出的鄉級人大代表二百八十九萬八千多人中，工人、農民佔百分之七十五點四八；婦女佔百分之十九點二；共產黨員佔百分之五十八點九；幹部佔百分之十九點四九；少數民族佔百分之十二點六九；大專以上文化程度的佔百分之三點四一。

（二）各地區選舉情況與選舉結果（詳見附表）

經過中共一年多的部署與運作，大陸地區縣、鄉兩級人民代表大會換屆選舉工作終告落幕，各地區並均已選出了縣、鄉兩級的人大代表，召開了新一屆的第一次人民代表大會，選舉了新一屆政府、法院、檢察院領導人員和新一屆的縣級人大常委會組成人員。

四、綜合研析

（一）大陸歷次基層直接選舉，除了少數大學校園外，都不甚熱烈。官方的報導亦只是隻字片語，公佈選舉結果的統計數字，殊少報導選情過程與情況，像一九八〇年底大陸各大學爆發的選舉熱潮，以及一九八六年底方勵之、溫元凱在「中國科技大學」參選並當選人大代表，最後更導發該年年底大陸大規模的學運等等，這些消息都是事後經由非官方管通傳遞出來的，因此在有限的資料信息下，要對現行中共的選舉情況全盤掌握，實屬不易。

（二）本屆大陸基層選舉在中共嚴格控制下，除了丁石孫的當選具有知識分子對中共政權無言的抗議的意義外，整體而言，中共當局總算又渡過了一次難關。但從中共這次以一號文件下達規範選舉工作，及各地區戰戰兢的辦理情況，吾人可以看出中共政權對選舉的懼怕與重視，因此我們亦可預見未來每次大陸基層選舉都將是中共政權的一大隱憂，迨大陸人民民主意識普遍覺醒的時候，也是中共政權徹底垮台的時候。

（三）目前中共選舉法規仍存在諸多缺點：如直接選舉範圍仍然只限於縣鄉兩級基層人大，省級與「全國」人大仍採間接選舉；不准許候選人自由競選；地方人大與省級、「全國人大」任期不同，造成有些基層人大喪失（間接）選舉上一級人大代表與政府官吏的權力，及中共利用「反覆討論，民主協商」排除異議人士成為正式候選人，「定人選，搞形式，走過場」等弊端屢見不鮮，這些都是必須予以批判的。此外，在平時，應透過各種宣傳管道（如廣播、報紙、人員交流）介紹自由選舉觀念，使大陸民眾甚至中共幹部瞭解民主選舉的真相，增強民主意識；在選舉期間更應鼓勵知識界人士、黨外人士、民主人士（如民陣在大陸盟友）參選，使選舉多樣化，及加速人代會監督中共政權之功能，以催化民主化之進程。

後記：本文在一九九一年二月間完成，但中共在九一年三月公布選舉結果，故本人在四月初將內文稍作調整與補充，特此說明。本文與前文「中共選舉制度評析」原合二為一，原題目為「中共選舉制度與一九八九——一九九一大陸基層選舉之研析」，並獲安全局九一年大陸情勢專題論文評比第一名。

附表：各地區選舉情況與選舉結果分析表

地區	選舉完成時間	選舉工作概況	選舉結果
天津	1989.12.24.	選舉工作分選民登記、推薦作業代表候選人、討論協商正式候選人和投票選舉四個階段共劃分兩千四、五百多個選區進行投票。	1. 選舉產生四千百多名區、縣級人大代表，和一萬多名鄉鎮級人大代表。 2. 今年二月底以前各區縣和鄉召新一屆的人民代表大會。
遼寧	1990.1.	於前年十二月五日召開全省縣鄉換屆選舉工作電話會議要求人大常委會或選舉辦公室做好選舉工作。	1. 選舉結果未詳。 2. 丹東市在一月中旬已召開新的第十屆人民代表大會，選舉市長、副市長。
安徽	1990.1.	不詳。	全省五千三百多萬人口中有三千二百多萬選民，共選出縣鄉兩級人大代表二十萬名。

江蘇	上海	雲南
1990.3.月底	1990.2.	1990.2.
不詳。	整個選舉活動在今年二月完成，但在前年十二月二十日。及去年一月十日，曾分別在寶山區越浦鄉、盛橋鎮，以及徐匯區通明街進行試點工作。	自去年十月到今年二月除昆明外，全省一百二十八個縣和一千五百六十八個鄉鎮，除昆明外，大多數已完成換居選舉工作。
1.選出新一屆縣鄉兩級人大代表共十五萬名，其中工人農人占百分之五十左右，婦女代表超過百分之二十。具有大專和中學文化程度的達百分之七十以上。 2.淮陰、徐州兩市已於三月中旬召開新一屆的「人代會」（淮陰為第二屆，徐州第十屆）	不詳。	不詳。

湖南	1990.2.	選舉工作從前年冬天開始到去年二月底結束，歷時四個多月。全省從地市到村一級的黨組織層層成立換居選舉領導小組。全省先後抽調十萬名幹部到各個選區協助工作。	除衡陽市南葉區和大庸市武林區（譯音）居期未滿沒改選，餘一百二十三個縣市、市轄區和三千四百四十個鄉鎮都已在三月底改選完畢，並已開完新一居人民代表大會第一次會議，此次改選參選率達百分之九十以上。
山東	1990. 4.	選舉工作從前年十一月開始到去年四月結束，期間省人大常委會十二次會議曾在去年十一月一日修改「選舉實施細則」去年六月七日又召開「換居選舉工作會議」。	1.全省共有四千八百多萬選民參選選舉，參選率達九十三點九三。 2.選出縣級人大代表三萬七千六百九十四名，鄉級人大代表十七萬兩千二百五十四名，其中工農代表比率為百分之六十一。
浙江	1990. 6.	本居選舉工作從前年十月開始到去年六月結束，期間曾於十一月在寧波等地進行試點工作，今年一月九日又召開試點工作會議，交流試點工作經驗，以期搞好本次換居改選工作。	共有二千八百二十多萬選民參與選舉，參選率為百分之九十三點七八。

甘肅	江西	廣東
1990.7.月底	1990.6.	1990.9.
從前年十一月開始到去年七月，全省八十五個縣市區市七十九年人大已完成選舉工作，改選換屆工作已經全部結束。	從前年十一月中旬到去年六月上旬，歷時六個多月的換屆選舉工作已經全部結束，全省一百個縣市區除了波陽縣已經提前換屆以外，應換屆選舉的九十九個縣市區和一千八百一十一個鄉鎮的「人代會」都已改選完畢。	到去年九月十四日止，全省應進行換屆選舉的一二〇縣（區），已有一〇一個選出了縣（區）、鄉（鎮）兩級人民代表；有九十三個縣（區）召開新一屆人民代表大會，選出了新一屆縣（區）、鄉（鎮）兩級政府機構。
不詳。	全省選出縣級人大代表兩萬四千五百六十一名，鄉級人大代表十一萬二千三百九十七名。兩級人大代表中黨外人士佔的比例分別為百分之二十六點一和百分之四十二點六。	據已完成選舉任務的九〇個縣統計，共選出縣（區）人大代表二萬四千六百多名，其中工人占百分之七點九；農民占百分之四〇點七；知識占百分之十九點七；幹部占百分之三；婦女占百分之二十一點六；黨員占百分之六十八點一。

湖北	北京	其他地區選舉概況
1990.12.	1990.12.月底	其他地區資料不甚完整，僅知貴州省在去年三月改選二十二個縣單位和四十七個鄉鎮級人大，其他五十七個縣和二千七百多個鄉鎮改選工作在六月底完成；青海省在去年二月中旬曾召開「選舉工作經驗交流會」，五月西寧四區一縣和三十五個鄉鎮人大改選工作完成，選出鄉鎮人大代表一千二百六十四名，區縣人大代表七百二十八名；河南省的河北省在去年二月曾召開「換居選舉工作會議」並成立「選舉工作領導小組」，廣西壯族自治區已在去年五月召開「選舉工作會議」，西藏自治區在去年三月召開「選舉工作會議」並成立「選舉工作領導小組」，黑龍江在去年五月召開「選舉工作會議」並決議在今年二月前改選完畢。此外，吉林、寧夏、四川、內蒙、新疆、山西、陝西、海南等地區則未有有關選舉資料。
去年七月召開「選舉工作會議」，十一月二十七日進行投票選舉工作，十二月改選工作完成。	原訂去年九月底前進行換居選舉，中共以舉辦亞運會為名延至去年十二月底舉行。	
選舉產生縣級人大兩萬多名，鄉級人大十九萬名，以及改選縣級領導一千二百多名，鄉級領導一萬兩千多名。	新當選的第十屆縣級人大代表有四千八百九十一名。	

資料來源：參見一九八九年九月至一九九一年三月各省人民廣播電台有關基層人大換居改選之廣播報導及各省省報公布資料。

中共吸引台資的策略與現況

一、吸引台資爲當前中共對我統戰重點

自一九七八年底中共召開「十一屆三中全會」以來，中共一直要求與我實現三通（「通商」、「通郵」、「通航」），其中尤以「通商」為重點工作。一方面要求兩岸直接貿易，一方面誘引台商前往大陸投資。

早期中共對我經貿統戰是以擴大兩岸貿易數額，要求兩岸直接貿易為主。迨我政府於一九八七年十一月開放大陸探親政策後，中共「國務院」在一九八八年七月頒布「關於鼓勵台灣同胞投資的規定」，積極爭取台商前往投資。

一九八九年「六四事件」後，西方各國對中共採取經濟制裁，外商投資停頓，甚至撤退，使大陸的經濟發展遭到很大的打擊。加上近年來兩岸貿易大陸方面逆差不斷擴大（中共稱至一九八九年底，十一年來大陸對台貿易逆差達七十四億美元），因此中共除在一九八九年十月宣布台灣產品只能透過六十八家「國營企業」進入大陸的管制措施外，近兩年來更將統戰重點逐漸轉向對台資的吸引上。

去年三月，李鵬在七屆「人大」三次會議的「政府工作報告」中，明確宣布「鼓勵台灣實業界人士到大陸來投資，舉辦獨資企業、合資企業、合作企業或成片開發，共同發展外向型經濟」。這是首次將吸引台資與「三

通」分別，凸顯其為對我統戰重點工作。同年六月「全國統戰工作會議」並決議「各省、市、自治區，特別是沿海省分，要千方百計吸引台資，中央決定今後三、五年，對台資將採取更優惠的政策」。十二月楊尚昆在「全國對台工作會議」上指出：「對台經貿工作要貫徹『積極、放手、穩妥』的方針。當前的重點是抓好吸收台資，在注意吸收中小台資的同時，力爭在吸收重大台資項目上有所突破」。今年三月二十五日，李鵬在七屆「人大」四次會議的「工作報告」又提出：「歡迎台灣同胞積極參與祖國大陸現代化建設，我們將為此繼續提供方便，凡是符合國家政策的項目，都可以享受規定的優惠。」

二、吸引台資的目的與具體作為

(一)吸引台資的目的

中共在去年曾頒發一份機密文件指出：「吸收利用台資有利於兩岸經濟互補，共同繁榮，也有利於遏制台灣的分離傾向，實現祖國和平統一」。同年十二月楊尚昆在「全國對台工作會議」上也強調：「要從祖國和平統一的戰略高度認識對台經貿工作的意義。發展雙方經貿往來，密切兩岸聯繫，是遏制台灣分離傾向、促進和平統一的有利措施」。此外袁木於今年一月九日在北京回答台灣記者提問時更坦承地說：「我們對台胞到大陸投資、經商、辦企業都將採取優惠的措施，這有益於促進海峽兩岸儘快和平統一。不但具有經濟意義，也有政治意義。」

可見中共加強對台資的吸引工作，除有利用台資發展大陸經濟的經濟目的外，最主要的還是企圖以經濟手段達到政治目的，分化台灣內部，「以商圍政」，「以民逼官」，最後兵不血刃吞佔復興基地。

（二）吸引台資的具體作為

中共為爭取台商前往大陸投資，採取多項措施以拉攏台商，主要有：

1.制定優惠台商辦法。一九八三年「國務院」規定台資企業享受「四免五減半」（頭四年免徵企業所得稅，後五年減半徵收）的優惠，一九八五年改為「三免四減後八折」，一九八八年七月「國務院」頒布了「關於鼓勵台灣同胞投資的規定」二十二條，取消了台商企業所得稅的優惠，規定台資企業「享受相應的外商投資企業待遇」，但仍有若干比外商更為優惠的待遇：（一）獨資企業不規定投資期限；（二）台胞可擔任合資企業的董事長；（三）台商進口設備、原材料可免領進口許可證；（四）台商投資手續只要向「對外經貿部」申請就可以。此外，台商可購買大陸企業的股票入股，可以投資建造新房屋，可以購買新房產等等外商所沒有的優惠待遇。

此外，大陸沿海各省、經濟特區、經濟開發區與開放城市，亦相繼公布吸引台資的優惠辦法。

2.統合領導機構。形式上「台資企業」是由「對外經貿部」轄下的「對台經貿關係司」及「經貿部」在各地的機構負責審批，但實際上整體的規畫工作是由「國務院台辦」牽頭，會同「國家計畫委員會」、「對外經貿部」、「人民銀行」、「特區辦」等部門統籌協調和指導。

為搞好能源、交通、原材料平衡，中共亦規定各地確定吸收利用台商投資的項目，一定要經省、自治區、計畫單列市的計畫部門同意，限額以上的項目以及屬於限制發展的項目和樓堂館廳項目，必須按規定報「國家計委」或「國家產業主管部門」審批。

此外，中共更規定，凡對其政治、經濟有利，需特殊安排的重大投資項目，必須報「國務院」審批。如王永慶的海滄投資案即由鄧小平親自批准。

3.開闢台灣投資區。前年一月吳學謙表示大陸將在沿海畫出專門地區，供台胞獨資開發建設。不久，大陸沿海地區即相繼成立「台商投資區」、「台灣工業區」、「台灣加工區」，以吸引台資。

4.給予台商出入境方便。中共為拉攏台商，在七十八年底公布三項簡化台商赴大陸的手續：(1)凡是台灣商人赴大陸因急迫來不及辦香港簽證，只要經由「商務協調會」的會長、秘書長等負責人把資料電傳香港，該社即可在非假日的二十四小時內辦好台胞證，台灣商人可直接在啟德機場轉機赴大陸。(2)台灣商人如需多次經常去大陸，經海峽兩岸經貿商務協調會的會長、秘書長電傳證明，即可發給二年有效的多次出入境台胞證。(3)台灣商人若赴大陸或申請香港簽證來港開會，因香港的簽證出現困難，或移民局遲遲未發給簽證，則可協助解決。

5.加強改善台商投資環境。除了加強改善大陸用電、用水、通訊及交通低劣的投資環境外，福建為因應台商投資又開闢四個港口與一個機場。此外，新近又准許台商在大陸開設銀行。前年年底及去年年初，吳學謙、丁關根、李鵬等中共領導人曾因台商反應投資環境不善，而兩度赴廈門考察，並指示各地方政府儘量配合台商，改善投資環境。

6.召開「吸引台資研討會」。去年十二月中共在福州召開「吸引台資問題研討會」，針對當前吸引台資出現的新情況、新問題，研究因應之道，並探討如何有效吸收台資和辦好台資企業。此外亦在去年二月在福州召開「台灣投資立法研討會」，以研究如何借鑑復興基地吸引外資的經驗。

三、吸引台資的產業範圍與管道

（一）吸引台資的產業範圍

過去中共對前往大陸投資設廠的產業一律照單全收，但近期則有所轉變。李鵬在去年十月即公開表示不歡迎台灣的「夕陽工業」，只歡迎高技術、能出口創的外向型企業。同時去年中共「國務院」亦頒布「關於加強對台灣經貿工作的通知」（國發「一九九〇」十一號），規定吸收利用台資「要有目的、有選擇、有步驟地進行」，「要嚴格執行國家產業結構的調整和優化，不能自行放寬產業政策規定的限制。要防止台商向我轉移污染環境、工藝落後、設備破舊、勞動條件惡劣，以及占我出口配額的項目」。不符合前項規定，但對中共統戰有利的重大投資案，則可報請「國務院」特准。因此中共對台資的吸收已轉為只吸收大企業、高科技、能出口創匯產業，以及能改善大陸的產業結構與增進基礎建設等項目，對高污染、高耗能，以及與大陸有同質競爭的產業皆加以排斥。

（二）吸引台灣的管道

1.舉辦各類型投資座談會吸引台資。近兩年來中共在「中國貿易促進委員會」下成立「兩岸經貿協調會」，積極拉攏台商，去年七月更與張平沼的「兩岸商務協調會」在北京舉辦「兩岸經貿研討會」，有台商近六百人參加。此外，中共亦利用短視商人組織經貿考察團，或各種團體赴大陸洽談投資事宜。

2.利用廣州春交會、秋交會吸引台商。以前春交會、秋交會都是台商個別偷偷前往。自去年以來，中共即改變政策，有系統的收集台商資料，主動發帖邀請國內廠商前往參觀交易，並吸引台資。

3.透過大陸的台屬、台胞穿針引線。如江蘇省及湖北省武漢市即制訂「獎勵引薦台資的辦法」，鼓勵台屬、台胞吸引台資，規定凡爭取台資之大陸台屬、台胞給予一定的獎勵，台屬、台胞並可在台資企業工作。

4.透過大陸「民主黨派」穿針引線。大陸各「民主黨派」都負有對台統戰任務，尤其是「民革」、「台盟」、「台聯」與「工商聯」更是中共對我經貿統戰的外圍組織。如「民革」成立「通和」、「通閩」經濟開發諮詢服務中心；八八年十二月「台盟」主席團主席林盛中在「台盟」四屆二次中委會中亦提出今後「台盟」要在引進台資和改善投資環境上多下功夫，次年在「人大」及「政協」會議中，更提交一份有關引進台資和改進投資條件的調查報告。至於「工商聯」，除積極吸收台灣會員外，去年四月更在福州成立「台商服務處」。近年福建、廣西、廣東等地成立的「台商協會」更是由「工商聯」出面組織動員起來的，以方便中共的管理控制。

5.此外也有一些個別廠商獨自前往洽商，也有經中共的宣傳報導而前往。

四、吸引台資現況與未來趨向

（一）台商投資現況

1.歷年來投資情況統計：由於國內投資環境惡化，加上中共積極拉攏，前往大陸投資廠商日益增加。一九八七年以前，投資額僅一億多美元，到一九八七年底則增至五億美元，到前年底有廠商一千家左右，投資金額達十億美元。根據中共最近公布資料，目前在大陸投資的廠商已達二千家，投資項目有一千五百多個，協議投資金額二十億美元左右，投資金額僅次於港澳、美國、日本之後居第四位。

2.去年投資情形：據大陸各省、自治區、直轄市初步統計，去年經批准新簽的台灣廠商投資企業達一千一百一十七家；協議投資金額九點八四億美元，分別佔各地新簽「三資企業」總數的百分之十五點五，僅次於香港地區的投資。投資地區仍以福建、廣東為主，分別有三百五十九家與二百六十七家。

（二）中共吸引台資的趨向

福建省省長賈慶林在今年三月二十六日透露中共吸引台資的趨向，他說：「在今後一段時期內，發展對台經貿合作的重點仍將以吸收台資為主，同時要積極開展對台貿易」，他並指出未來對台經貿工作要爭取六個方面的突破：

1.吸收台灣大型企業的投資有新的突破；

2.農業聯合開發，引進台灣農業技術和外銷渠道有新的突破；

3.有計畫、積極、穩妥地引進台商投資於成片綜合開發有新突破；

4.吸收台商投資基礎設施建設有新的突破；

5.引進台灣資金、技術、外銷渠道，改善老企業有新的突破；

6.開展雙向產品展銷有新的突破。

（三）台商投資大陸的趨勢

由於近年來中共不斷爭取、拉攏台商，因此台商投資大陸出現若干新的趨勢：(1)投資速度加快。(2)台資佔大陸境外投資比重增加。(3)投資項目技術層次提高，資本密集型項目開始登「陸」。(4)台商開始向成片開發建「城」、建「村」、建「區」，和行業上、中、下游整體行動發展。(5)投資策略由短期低資本投資向中、長期延長。投資形式從初級的加工合作、合資經營轉為以獨資為主，如廈門、深圳的台資企業八成為獨資。(6)投資產業領域擴大，由鞋業、傘業、養殖業等擴大到人造纖維、化工、電子、機械、模具、光學器材、種植業、金融業等。(7)投資地帶從沿海向內陸縱深延伸，如四川、陝西、北京及長江流域、東北地區、甚至新疆、內蒙古也有台資企業落地生根。(8)台商看好大陸經濟開發區及新經建舉措，積極配合利用。如上海浦東開發區、廣東惠州、上海證券市場及新的亞歐「大陸橋」貫通後，西北、中亞開發計劃等。(9)投資意圖不單瞄準大陸市場，而且想借大陸的國際地位和締結的多種國際性經濟協定，增加產業權益，將大陸作為招展外銷市場的基地。(10)投資管理增加。台商繼續對香港增加投資，近來更增加對東南亞投資，並開始投資澳門。其中有的是有意將上述地區作為跳板便於轉進大陸；有的為與當地資本結合，相互倚重聯手投資大陸；有的則是因投資後發現環境不理想又二度轉移大陸。

五、結論

綜觀近年中共吸引台商政策，如楊尚昆所言：「要從祖國和平統一的戰略高度，認識對台經貿工作的意義」，其著眼點仍以政治統戰為主，以達到其「以經濟促政治」、「以通促統」的政治目的。此外，這兩年來中共吸引台資亦與以往照單全收的態度不同，以高科技、大企業、能出口創匯，以及改善大陸老舊企業的產業結構、增進基礎建設項目為主。對高污染、高耗能，以及與大陸有同質競爭的產業，俱在排斥之列。另據中共內部文件透露其對投資的策略為「刨根、移植、接枝、開花、結果」，初期目的是吸引台灣資金與經驗，加速大陸經濟改革，最後目的則是在國際與我競爭，打擊我海外市場，此點我國內廠商與有關單位應予正視、引誡。

對外投資除應考慮投資者的利益外，更應顧及國家之安全與全民利益。台商赴大陸投資，雖能帶去一些市場經營理念，或能有助於大陸的經濟改革，但就其短期效應而言，卻能穩固中共政權。就長期效應而言，對大陸投資能否改變中共體制？改善兩岸關係？均難認定。但在經濟上卻可能威脅我海外市場，在政治上中共亦可利用台商向我政府施壓，逼迫我政府接受其和談條件。故當此中共仍處心積慮孤立、矮化我政府之時，政府實不能鼓勵國內廠商赴大陸投資。

對目前國內過剩的游資，政府除須大力改善國內的投資環境，促進國內產業升級外，更應制訂一套鼓勵海外投資辦法，鼓勵國內廠商赴與我有建交潛力之國家投資，以推展經濟外交，提昇我國之國際地位。對已報備赴大陸投資之廠商，亦應多方予以輔導，若無法使其推展台灣經驗，逐步改變中共體制；則至少勿使彼等成為中共利益的代言人，以及影響我政府之決策。

因此，目前前往大陸投資就政治層面而言，實不利國家整體利益。就投資者而言，亦絕非絕對有利可圖。首先，大陸的港口碼頭、機場、貨運、水電、電訊、金融服務等軟體環境仍非常不理想，不利外商投資，其次，中共政策常變，常令投資無所適從，例如目前免稅優惠已由「四免五減」變為「二免三減」，比華僑和港澳的「三免四減」還差，進口車輛免稅，現卻徵收變相的購置費。再者「地頭勢力」、「電霸」、「水霸」及有權幹部假藉名義惡性敲詐，欺壓台商的情事更是層出不窮。令台商有苦難言，進退不得，因此國內廠商欲赴大陸投資，宜三思而行。

（本文為民國八十年五月中國國民黨中常會「大陸情勢周報」之專題報告，刊載於民國八十年六月「中國大陸」月刊）

中國大陸「改革開放」所引發的社會危機評析

自一九七九年中共推行改革開放政策以來，隨著改革開放的各項措施而引發了不少社會問題，其中尤以治安問題更為嚴重，大中城市的偷竊打劫，集體哄搶也有惡性發展，導致「車匪路霸」橫行。此外拐賣婦女、集體強姦、賣淫嫖娼、販賣傳播淫穢物品相當普遍，聚眾賭博、利用封建迷信騙財害人情事也時有所聞。絕跡多年的吸食、販賣毒品亦死灰復燃。各地特別是大中城市、沿海地區、交通要道，更出現不少黑社會組織和犯罪團伙，在在使大陸人民生命財產安全受到威脅，因此大陸民間流行一句順口溜：「上班時間心裡跳，擔心家門被人撬；出街乘車心裡跳，擔心錢包被人掏；走在路上心裡跳，擔心半路遇強盜」。這則順口溜充分地反映了大陸治安的敗壞情形。

一、當前大陸社會問題十分嚴重

中共「最高人民法院」院長任建新在今（一九九一）年「人大四次會議」的工作報告坦承：「目前我國社會中仍存在著某些不安定因素，一些社會醜惡現象有所滋長，刑事案件特別是重大刑事案件還在上升，社會治安形勢還是嚴竣的」。因此李鵬指出：「要嚴厲打擊嚴重刑事犯罪活動和嚴重經濟犯罪活動，深入開展除「六害」和「掃黃」鬥爭，制止和取締一切危害社會安全、擾亂社會秩序的組織活動。全面加強社會治安的綜合治理，維護社會的正常秩序。」，「當前，要抓緊大案、要案的查處，要大力整頓和堅決糾正部門和行業的不正之風，包括整頓執法部門和監護機關的違法違紀行為」。

為了加強整治社會治安，中共除繼續加強一九八三年以來所推動的「嚴打」（嚴厲打擊嚴重刑事犯活動）政策外，今年一月十五日至二十一日中共中央在煙台召開「全國社會治安綜合治理工作會議」，二月十九日中共中央和「國務院」發布「關於加強社會治安綜合治理的決定」，並在三月三日由「人大常委會」追認通過，三月五日召開「全國公安廳局長會議」，要求各地積極推動社會治安的綜合治理工作。三月二十二日，中共中央成立「社會治安綜合治理委員會」，由政治局常委喬石牽頭，成員包括公安、安全、司法等二十七個部委首長。

社會治安對社會、政治的穩定和經濟改革的推動都有很大的影響，今年一月十日「法制日報」的社論就有客觀的論述：

「當前，全面推動社會治安綜合治理向廣度和深度發展，進一步維護好社會治安，保障政治和社會穩定，是擺在各級黨委、政府面前的一項重要任務。黨委和政府要抓的工作很多，經濟建設是中心，是第一位的任務。沒有國民經濟持續、穩定、協調發展，政治和社會的穩定就失去了最重要的基礎，但是，社會主義法制建設的保障作用決不能忽視，『穩定壓倒一切』，如果社會秩序不好，必然阻礙經濟建設和其他各項工作的順利進行。」

二、當前大陸社會問題激化的原因

大陸社會問題的發生有其內在原因與外在原因，自社會整體觀之，則可析為三大主因：

（一）社會價值觀的激變

大陸自實施改革開放政策以來即盛行拜金主義，社會上出現一片「向錢看」的風氣，人們的價值觀念從過去只看「權」轉向既看「權」又看「錢」。有「權」固然可以得到特殊利益，但有「錢」也可以得到過去所不敢想像的享受。加上讓一部分人先富起來的宣傳，使人們爭想成為萬元戶，海外、港澳和台灣的有錢人回到大陸，受到英雄式的歡迎，在在改變長期食不裹腹、衣不蔽體的大陸人民的價值觀念，使他們認為即使通過旁門左道，甚至為非作歹致富，亦在所不計。

在此情形下，社會道德觀念亦隨價值觀的改變而改變，遭到嚴重地扭曲。為「三斗米折腰」自不在話下，甚至「笑貧不貧娼」的觀念也出現，有個別女大學生、研究生不惜出賣人格去當娼妓，還以「性解放」自詡，傳統道德觀念已消亡殆盡，四川民間流行一句順口溜：「要得富、挖墳墓；要得富，割電路；要得富，當娼婦，」正是拜金主義的影響下傳統價值、道德觀改變的最好說明。

（二）社會結構的改變

以往在中共集權統治下，大陸城鄉涇渭分明，人口不能自由流動，階級也不能任意變動，實施改革開放政策後，由於人民公社解體、農村剩餘勞動力激增，以及個體戶成長迅速，因此城鄉距離被逐漸打破，大批的農村剩餘勞動力湧進城市成為盲流，這些盲流逐漸形成當地的社會問題。此外，實施治理整頓的緊縮政策下，失業人口增多，亦使社會治安日益嚴重。

（三）社會控制力的減弱

主要可歸結為四個方面：一是由於社會流動增加，使社會控制力減弱。二是犯罪率增長而公安人員沒有相應增加，也降低社會控制能力。三是公安人員待遇差，素質低，亦使防治能力減弱。四是此外，黨政部門，以權謀私、貪污受賄盛行，包庇嫖賭走私等，亦無形中降低社會控制能力。

三、當前大陸八大社會問題

當前大陸社會問題如前所言十分嚴重，主要有：

（一）刑事犯罪不斷上升。

中共「公安部長」陶駟駒指出，一九九〇年大陸公安機關立案偵查的刑事案件就達一百二十一萬六千起，比一九八九年多二十四萬五千起，上升百分之十二點四；其中重大案件四十五萬七千起，上升百分之十點九。今年以來，刑事案件仍呈繼續上升的趨勢。他分析當前刑事犯罪特點是：一、盜竊案件所佔比例增大；二、盜槍、搶槍、持槍殺人、持槍搶劫案件增多；三、製造販運毒品案件以及詐騙、偽造等案件上升幅度也很大；四、一些城市集鎮的公共場所秩序混亂，犯罪團伙橫行肆虐，有的形成稱霸一方的黑社會勢力；五、是一些農村地區治安狀況不好，「車匪路霸」猖獗，搶劫、殺人犯罪危害嚴重。

此外，據估計，自一九八五年以來青少年犯罪人數佔全大陸犯罪人數的百分之七十到八十，犯罪年齡下降是大陸治安問題惡化的主因。

（二）城市盲流人口激增：

「中通社」在五月五日指出，大陸的盲流人口已達二千一百三十五萬人，比十年前高出兩倍半。據稱，盲流激增已對大陸的交通運輸、社會秩序和生育控制，都造成嚴重困擾。據「文匯報」在今年二月的調查報告顯示，目前大陸的盲流有二大特色，一是文化水平較以往高，一是平均年齡較以往低。更令大陸社會學者擔心的是盲流已成為大陸社會犯罪的主要發源地。中共保守派理論家何新更引用毛澤東「湖南農民運動考察報告」的分析指出，流民思想的特徵是浪漫主義和空想主義。這種流民性，深刻影響近現代中國社會性格，包括知識分子的性格，因此要求中共領導人要格外重視。

（三）黑社會組織日漸擴大。

據中共有關單位指出目前大陸擁有四百名成員的黑社會組織已有五百多個，如東北的「真龍幫」、青島的「十星幫」、山東的「海泉幫」、上海的「振中幫」、江西的「臥虎幫」、河北的「致日幫」等，此外，規模較小的幫會則不計其數。這些幫派從醞釀到組成，多至幾年，少的僅幾個月。所以它們大多數都是不成熟的。但是這些幫會毫無例外地從成立之初就從事犯罪活動—搶劫、吸毒、走私、綁架等，例如，江西監城市有一「青龍幫」甫成立就逛街綁架勒索，一個少女贖金六萬。

這些黑社會成員有兩大特色，一是年紀輕，二是在學學生多，例如四川安岳縣，有十一個幫會，成員大的三十多歲，最小的十二歲，百分之四十五成員歲數是在二十歲以下。又如，上海市破獲的十幾個幫會，成員大多數是十七至十八歲的學生。一九九〇年年底深圳市抓獲的三百多名黑社會成員中，百分之九十二是二十五歲以下，且多是在學學生。珠海市一九八九年查獲二十九名黑社會成員更全是在校中小學生。

由於黑社會組織日益蔓延，不但影響到社會治安，且間接對中共的統治權挑戰，因此近年來中共已加強對黑社會組織的打擊行動，去年共逮捕一萬四千名犯罪「團伙」，今年七月，在河北、黑龍江等七省市的公安部門配合下，破獲一起成員數百人，橫跨數省的龐大黑社會犯罪組織。

（四）「黃禍」與「六害」問題嚴重。

所謂「六害」是指：(1)賣淫嫖娼；(2)製作販賣傳播淫穢物品；(3)拐賣婦女兒童；(4)私種吸食販運毒品；(5)聚眾賭博；(6)封建迷信。「黃禍」和「六害」的興起與大陸社會拜金主義、享樂主義和傳統道德觀念沒落有很大關連。近幾年來中共雖然不斷開展「掃黃」和「除六害」運動（分別在一九九〇年成立打擊拐賣人口及取締賣淫嫖娼領導小組，並在一九九〇年五月頒發「關於嚴格依法辦事執行政策深入開展除『六害』的通知」），但是效果不彰，如長沙有「黃街」，北平有「紅燈區」，廣東更有娼妓「十萬大軍」，據中共「公安部」副部長俞雷指出，一九八九年大陸部門共查處「六害」案件二十一萬多起，查處犯罪人員七十七萬一千多人，其中聚眾賭博共有十二萬八千多起，五十五萬六千多人，其次是賣淫嫖娼，有三萬五千多起，七萬九千多人。繳獲的淫穢物品達九十二萬三千多件。

此外，據資料顯示，大陸毒品走私金額已由一九八六年的五十多萬上升到一九八九年的一千多萬元，三年左右增長二十倍，速度驚人，而吸毒人口也增加到七萬多人。

（五）走私活動猖獗。

大陸的走私活動有兩個類型，一是沿海走私，一是陸路走私。沿海走私以私貨為主，陸路走私以煙毒、黑槍為主，據大陸有關部門資料，一九九〇年上半年大陸海關共查獲走私案件五千九百餘起，查扣私貨價值人民幣二億八千萬元，比一九九〇年同期相較分別增加百分之六和一點六倍。海上走私活動有兩個主要特徵，一是走私裝備日趨先進、馬達大、速度快，裝備好。二是利用台灣船向粵東及福建沿海走私有增加趨勢。由於走私活動日益猖獗，影響經濟秩序與社會治安，因此中共近年要求邊防、警方、工商等部門嚴密布防，實施「海上抓、岸邊堵、陸上查、市場管」的方針，嚴厲打擊和遏制走私活動，但由於有公警幹部與之勾結，因此時緊時鬆，效果不彰。此外，去年廣西一省共破獲黑槍走私三百六十一宗。這幾年全大陸每年走私煙毒也達人民幣一千萬元以上。

（六）行業不正之風興盛。

與刑事犯罪不同，由於特權觀念作祟，大陸經濟犯罪近年亦日益嚴重，其具體表現是在有關人員利用行業特權千方百計為本單位、為小團體、為個人謀取私利，或貪污，或者接受賄賂。據中共監察系統統計，一九九〇年共接受來信、來訪、舉報電話八十一萬多件次，受理監察對象有關問題和案件線索二十二萬二千餘件，立案五萬一千餘件，已結案四萬二千餘件。給予行政處分的有四萬六千九百餘人，其中縣處級幹部一千七百八十一人，廳局以上幹部一百三十一人，移送司法機關處理的有三千四百零五人。由於行業不正之風係特權作風，不但影響經濟政策的執行與經濟秩序，更影響中共的威信，因此中共近年提出搞好「廉政建設」的口號，以期扭轉頹風，但積習甚久，無法獲得明顯成效。

（七）地下宗教活動頻繁。

由於中共在實施改革開放政策後對宗教採取較為寬鬆的政策，加上大陸人民對現實社會的不滿，因此近年來大陸宗教信仰已十分普遍，地下教會興起，中共透露：近年來「呼喊派」在河南、福建、浙江、安徽、河北、山西、內蒙古、黑龍江等八個省、自治區八一個縣的少數農村活動；「全範圍教會」在河南、河北、山西等十二個省、自治區七十二個縣的少數比較貧困的農村和山區，又恢復秘密聚會和串聯活動。陝西安康、湖北鄖陽、山西運城地區出現的「曠野教」、「門徒會」組織，在安康地區發展信徒三萬多人，在鄖陽地區發展信徒一萬多人。他們多次聚眾鬧事，圍攻鄉政府，毆打公安幹警和工作組人員，搶奪槍支，造成人員傷亡的嚴重後果。江蘇淮陰地區出現的「靈靈教」已發展信徒一．五萬人。還有的利用宗教進行奸污婦女、詐騙財物等刑事犯罪活動。

此外，大陸也出現大批自封的傳道人，大肆發展基督教徒。據浙江、安徽等十三個市、自治區統計，現有自封傳道人七七〇〇多人。他們主要在農村和山區活動，有些已成為以傳教為職業，靠傳教發家致富「專業戶」。四川省卅三個縣的一八〇名自封傳道人發展教徒三萬多人，建立聚會點三〇〇多處。近幾年基督教迅猛發展，由解放初期的七十多萬人發展到五〇〇萬人，與自封傳道人的活動有很大關係。這些自封傳道人除有刑事犯罪活動的受到法律制裁外，基本上處於放任自流、無人管理的狀態。

由於這些地下教會多是秘密傳教，不接受官方「愛國教會」的指導，且有些教會更發展成抗暴組織，因此近年中共以地下教會與外國勢力勾結為由，大肆取締。

（八）人才嚴重外流。

由於拜金主義的影響以及對中共政權的不滿，近年大陸人才流失率十分驚人，「全國政協科技委員會」副主任侯祥麟在今年「政協」大會上就指出近年大陸「大量人才外流的問題不僅未能有效遏止，反而有所加劇」。他進一步指出，「人才流失最主要的是出國學習的人員滯留不歸。從一九七八年以來，我國共派遣九萬多名人員赴國外學習，至今歸來的僅有四萬多名。滯留不歸者比例高而且有逐年增加的趨勢，去美國留學的人尤為嚴重。中科院某研究所一九七九年至一九九〇年共派出國留學、進修人員二百三十六人次，回來的只有一百零三人次。學有成就的研究生出國不歸的現象更甚，有些重點大學的博士生幾乎全都出國而很少回來，使辛辛苦苦培養他們的導師感到非常失望。中美聯合招考物理研究生，前幾年共招了九百一十五名赴美留學，都是物理學方面的年輕尖子，據說至今回來的不足五十人。有些學成回國工作卻由於工作條件、生活條件得不到解決等原因，只好再次出國。更為嚴重的是，如今，人才外流已不僅是學生，而已波及到中年的科技骨幹。一些水平較高的科研單位的技術骨幹，近年來紛紛找機會出國，許多人出去後滯留不歸，致使一些研究室、課題組織嚴重缺乏骨幹，不但影響了當前科研工作的質量，還影響了今後科研隊伍的培養、成長。」

大陸人才外流的最好例子要算體育界。據統計，目前大陸國家級的選手已有一半移居海外，而這些選手又經常訓練外國選手來打敗大陸的選手。

四、結論

綜合上述分析我們可以發覺當前大陸的社會矛盾是日趨激化，而非日益緩和，重大刑事犯罪率的激增，青少年犯罪比率的偏高，特權階級的「以權謀私」等等，都不是中共「嚴打」政策所可以消除的。此外，黑社會的興起和宗教思想的泛濫，正是清朝敗亡與魏、晉、南北朝人心不穩的寫照與翻版。對此或可以引用唯物史觀的理論來加以解釋；下層建策決定上層建築。當中共的經濟改革措施在政經體制的束縛下無法進一步發展，而社會矛盾卻日益激化，這時人民不滿的情緒終將浮現，而中共政權將面臨挑戰。

（本文為民國八十年九月中國國民黨「大陸情勢周報」之專題報告，刊載於八十一年十月幼獅書局出版之「大陸情勢專題研究」）

中共黨內權力與路線鬥爭的新動向

自中共政權建立後，中共黨內的路線鬥爭與權力鬥爭日漸激烈，而權力鬥爭往往潛藏在路線鬥爭中，以路線鬥爭的面貌出現。一九七八年年底，中共「十一屆三中全會」以來，中共政局雖然在鄧小平的主導下，形成「胡趙體系」的改革開放大勢，但以陳雲為首的保守派無時無刻不伺機制約，加上鄧小平「經濟反左、政治反右」的矛盾信念，終使「胡趙體系」在一九八七年與一九八九年兩次學運中解體，而鄧小平的改革開放路線也面臨極大的考驗。

雖然「六四」之後，鄧小平指示「穩定壓倒一切」，要求兩三年內停止黨內爭論，但中共黨內對改革的方向、幅度和速度，卻仍然存在極明顯的路線分歧。尤其「六四」後宣傳部門由王忍之、徐惟誠等保守派把持，他們高唱「反資產階段自由化」、「反和平演變」，加強思想控制，排斥異己；在改革方向上，提出「治理整頓和深化改革都不是目的，都是為了實現經濟的持續、穩定和發展」，「改革要為治理整頓服務」。因此保守派在政治思想領域和經濟改革政策上企圖放慢改革、縮小開放的意圖已昭然若揭。

一、上海「解放日報」對保守勢力的反擊

一九九〇年年底中共「十三屆七中全會」通過「中共中央關於制定國民經濟和社會發展十年規劃和『八五』

計劃的建議」，明顯地勾畫出「鳥籠經濟」的輪廓。這份建議雖然仍強調要「實行改革開放」（不同於鄧小平的「加速改革開放」），但重點卻在「要在發展中繼續治理整頓」，「堅持獨立自主、自力更生、艱苦奮鬥、勤儉建國」。對在十年改革中為經濟發展作出巨大助益的個體經濟、私營經濟、鄉鎮企業、特區經濟、下放自主權等，則多不再美化。此外，「人民日報」更在一九九〇年十二月十一日拋出保守派新寵何新的長篇大論－「世界經濟形勢與中國經濟問題」，除了肯定一九八八年以來所推行的「治理整頓」方針外，並批判一九八四年以來的城市經濟改革，並認為引進外資是資本主義對開發中國家的經濟侵略、有害本國民族工業。因此他強調要自立更生，「如果中國人能重新振奮一種艱苦奮鬥的意志，苦幹、巧幹、全力推進出口，那麼中國的經濟發展必能進入『柳暗花明又一村』。」

由於保守派咄咄逼人，企圖扭轉經改的方向，因此改革派終於在二月起在上海展開一連串的反擊，由上海市委組織寫作班子在「解放日報」以「皇甫平」（黃浦江評論）的名義發表四篇文章，對保守派阻撓改革的觀點進行有系統的批判：

（一）二月十五日，上海「解放日報」刊出題為「做改革開放的『帶頭羊』」的文章，以「辛未羊年情結」來抒發改革訴求，它把十二年前的羊年（一九七九年，改革開放的第一年）到今年的辛未年稱為一個輪迴，認為今年「正處於一個意味深長的歷史交替點」，並以一九三一年六十年前一甲子辛未羊年的日本侵華的血淚和屈辱為歷史教訓，希望在未來一甲子是「不斷改革、探索、開拓、創新的六十年」，使大陸在二〇五一年的辛未羊年人均GNP達到四千美元。

因此，他呼籲「要把改革開放的旗幟舉得更高，進一步解放思想，突破任何一種僵滯的思維方式的束縛」，「敢冒風險，敢為天下先，走前人沒有走過的路，做改革開放的『帶頭羊』」，「造就上海嶄新的改革開放輿論環境。」

（二）三月二日，上海「解放日報」又刊出題為「改革開放要有新思路」的文章，指出：

1.要加速推動上海的改革。「要從上海的實際出發，圍繞局部再造城市功能，著重抓好金融、貿易、基礎設施『三個先行』，推動資金融資，商品流通，城市交通的超前發展。」上海市委五屆十一次全會又強調：「要敢於冒一點風險，大膽利用外資進行國營大中型企業的技術改造；要緊緊環繞適應對外開放，提高城市綜合功能的需要，調整改造傳統工業，重點發展第三產業，努力把上海建成萬商雲集的商業中心、輻射全國的金融中心、信息中心，等等。」

2.批判「把市場經濟等同於資本主義」的思想觀念。「解放思想決不是一勞永逸的。就以計劃與市場的關係而言，有些同志總是習慣於把計畫經濟等同於社會主義經濟，把市場經濟等同於資本主義，認為在市場調節背後必然隱藏著資本主義的幽靈。隨著改革的進一步深化，越來越多的同志開始懂得：計劃和市場只是資源分配的兩種手段和形勢，而不是劃分社會主義與資本主義的標誌。」「資本主義有計劃，社會主義有市場。這種科學認識的獲得，正是我們在社會主義商品經濟問題上又一次重大的思想解放。」「在改革深化、開放擴大的新形勢下，我們要防止陷入某種『新的思想僵滯』。我們不能把發展社會主義商品經濟和社會主義市場，同資本主義簡單等同起來，一講市場調節就以為是資本主義；不能把利用外資同自力更生對立起來，在利用外資問題上，謹小慎微，顧慮重重；不能把深化改革同治理整頓對立起來，對有些已經被實踐證明是正確的、行之有效的改革，不敢堅持和完善，甚至動搖、走回頭路；不能把持續穩定發展經濟、不急於求成同緊迫感對立起來，工作鬆懈，可以辦的事情也不去辦。總之，進一步解放思想，是保證我們完成第二步戰略目標的必要條件，實踐證明，凡是思想解放的地方、部門和單位，工作就打得開新局面；凡是思想不解放的單位，就缺乏生氣，工作就很難搞上去。」

（三）三月二十二日，上海「解放日報」又刊出題為「擴大開放意識要強些」的文章，除了引述鄧小平「上海要把改革開放的旗幟舉得更高，浦東開發要更快更好更大膽，這是九十年代賦予上海的歷史重任」的指示外，亦對保守派反對改革開放的一些觀念加以批判：

1.開放初期國際飯店樓頂首次閃亮外商廣告而引發的「風波」（按：保守派認為這是資本主義國家的腐敗作風）。

2.八〇年代後期虹橋開發區向外商批租土地帶來的「抱怨」（按：保守派認為這帝國主義租借的復活，有礙主權行使）。

3.近幾年來實行「一個圖章對外」反反覆覆（按：指涉外經貿公婆太多）。

4.至今一些同志在引進外資時目光短淺。此係批判何新等保守派反對引進外資的觀點，主要有：

(1)批判引進外資有害民族工業的觀點。「要保護民族工業，採取關起門來的辦法，只能適得其反，唯有大膽開放，引進外資外技，吸收先進管理方式，經受國際市場考驗，大大提高競爭能力、經營水平和企業素質，才有利於改造和振興民族工業，在開放中真正保護民族工業。」「有些同志將中外合資合作企業等，排除在我國國民經濟的範疇之外，與民族工業對立起來，將它們的產品一概視為『洋貨』，這其實是對民族工業一種狹隘的理解。」「隨著對外開放，我國經濟格局正向外向型轉換，民族工業的概念早已擴展，外商投資企業已成為我國國民經濟的組成成分之一，法律明確規定了它們作為中華人民共和國法人的地位。因此不能將外商投資企業與民族工業對立起來，更不能把這些企業的產品當作『洋貨』來抵制，這也是一種觀念的更新、思想的解放，是創造良好投資環境的一種『軟件』。總之，封閉陷於落後，開放導致興旺。這是我國四十多年經濟發展史的基本結論。」

(2)批判引進外資是肥水外流的觀點。「在一些似乎『精明』的同志裡頭，存在這種擔憂。不錯，外國企業家來投資、外匯不足，加強國民經濟薄弱環節建設，推動技術改進和設備更新，同時引進先進經營管理經驗。一句話，有利於增強我國力。既然如此，我們在引進外資的過程中，就要有長遠的眼光和深謀遠慮的韜略。有的項目，即使我們暫時少賺錢，甚至不賺錢，也要讓利於一時，得益於長遠。我們不是說要創造良好的投資環境嗎？如果不給人家甜頭和實惠，還談得上什麼『吸引力』呢？又遑論引鳥築巢？在這個問題上，我們不能目光短淺，陷在眼前一時一事甚至蠅頭小利的得失上拔不出來。那種以小失大、求近效而捨遠利的算盤，看上去『精明』，其實並不聰明。開放要加速步伐，引進要抱幾個『大金娃娃』，不改變這種得失觀，不拿出一點長遠目光和大將風度怎麼行？」

(3)批判擴大開放上海會成為冒險家的樂園的觀點。「確實，擴大開放，會有更多的外商來上海做生意；吸引外資，會有一些外國資本家到外資企業當老板；允許外國人設銀行、辦商業，又會有不少『洋人』搬進高樓大廈坐寫字間……於是有些人擔心新上海與舊上海『差不多』了。這種只看表面不看本質的方法，是不對的。問題的關鍵在於我們的政權掌握在人民手裡，新上海的開放格局決非舊上海的租界，哪有什麼列強逞兇、炮艦橫行？哪有什麼領事裁判權、治外法權等等？外國人必須遵守中國法律，平等互利經商投資。」

文章最後指出「擴大開放措施，本身就是深化改革的內容」，因此強調允許外國人來開設銀行、經營房地產，更大規模引進外資與擴大外貿等有利「內部體制的改革和思想的解放」。

（四）四月十二日，「解放日報」又刊出題為「改革開放需要大批德才兼備的幹部」的文章，指出「改革開放向新的深度和廣度拓展，必然要求更多的德才兼備幹部」，並提出選用幹部的兩點原則：首先要大膽。「鄧小平同志早在十年前就說過：『我們說資本主義社會不好，但它在發現人才、使用人才方面是非常大膽的。它有個特點，不論資排輩，凡是合格的人就使用，並且認為這是理所當然。』十年來的實踐說明，在選拔中青年幹部方面，我們不應當有過多的憂慮和數不清的清規戒律。改革開放要大膽，使用幹部也要大膽。各級黨委和組織人事部門要解放思想，克服障礙，勇於改革那些不合時宜的組織、人事制度；大力培養、大膽使用優秀人才。」

其次是要廣泛，要不拘一格用人才。「戰國時期的思想家荀子在『大略』中說過：『口能言之，身能行之，國寶也；口不能言，身能行之，國器也；口能言之，身不能行，國用也；口言善，身行惡，國妖也。治國者敬其寶，愛其器，任其用，除其妖。』荀子在這裡提出的一條基本的治國之要，就是要最廣泛地起用各種人才，同時防止壞人混入領導核心。這個思想值得我們各級黨委和組織部門重視。」「那些『口言善，身行惡』的『國妖』，兩面派、騎牆派一類角色，決不能讓他們混進我們的幹部隊伍中來。」

最後又指出：「選準選好幹部還要發揚民主。要堅決克服那種被群眾稱之為『說你行，你就行，不行也行；說你不行，你就不行，行也不行』的選人方式，發揚民主，堅持走群眾路線，把那些『人民公認是堅持改革開放路線並有政績的人，大膽地放進新的領導機構裡』。這樣做，既能防止個別領導人的主觀隨意性和用人上的不正之風，又能較好體現群眾的根本意願。」

改革派在上海的反擊，總算使改革路線穩住陣腳。三月下旬召開的「七屆『人大』四次會議」，鄧小平又提拔朱鎔基與鄒家華出任「國務院」副總理，更使改革派在「國務院」系統逐漸佔居優勢。此外，上海浦東開發計畫的推動、上海允許外資銀行的設立與海南洋浦開發工程的動工，以及芮杏文、胡啟立、閻明復在六月復出，亦使改革派政策得以持續，改革派人馬得到鼓舞。至此改革派終於扳回一城。

二、蘇聯變局使中共政局複雜化

蘇共垮台，衝擊了整個國際社會，中共自亦不能獨免。在加強反抗西方的和平演變時，中共黨內保守派更將矛頭指向改革派，企圖將反西方的和平演變與反黨內的「反資產階級自由化」併舉。據最近中共內部的一本反和平演變學習教材指出，資本主義國家壓迫第三世界和社會主義國家，包括中共在內，主要靠五種方法：一、透過控制國際機構和大財團（例如國際貨幣基金和世界銀行）來對社會主義國家進行控制；二、資金輸出。學習材料說，資本主義國家到外國投資，其目的都是要進行經濟侵略，藉以控制人家的市場和國家主權。所以，對這類資本輸出要有充分的認識。三、壟斷技術。學習材料說，資本主義國家從來在技術方面有形形色色的限制，這樣做是要第三世界和社會主義國家永遠置於資本主義國家之下。四、掠奪資源。把第三世界和社會主義國家的自然資源廉價收買（包括人力），為本身創造財富。五、破壞生態。把低級工業轉移到落後國家去。

中共的保守派認為，上述做法都是「不動槍砲的侵略，以和平的手法來瓦解中國，引致腐敗，動搖中國的長治久安。這些和平演變的手法，我們必須嚴加警惕。」因此保守派除了企圖扭轉改革路線外，並對改革派開始反擊，以抵制改革派在明年「十四大」全面接班的計畫。陳雲甚且將矛頭對準朱鎔基（朱曾是右派，也是「皇甫平」的幕後支持者），指出：「中共必須防範葉爾欽之流的叛黨領袖出現。我們必須記取蘇聯的教訓，拔擢幹部時要強調政治原則和思想純正。」

因此，當上海「解放日報」在八月三十一日又刊出一篇「論幹部的精神狀態」的社論，重申思想解放，並批評「有些同志似乎很忠於職守，實際上缺乏把經濟工作搞上去的自覺性和責任心，造成墨守成規，推諉扯皮現象的深層次原因。」「還有一些同志，故步自封，老大自居，習慣於朝南坐，有的同志站在社會主義商品經濟的激流之中，卻還依戀著原材料全部統一調配、產品統一包銷舊體制下上海得天獨厚的『鐵飯碗』」後，九月一日，保守派馬上由陳雲的愛將、前組織部長陳野蘋出面，在「人民日報」發表一篇題為「德才兼備，以德為先「論選拔幹部的標準」的評論文章，對改革派展開反擊。文章指出：「懷有敵意的西方勢力正加強其和平演變的策略，且在某些國家獲得成功。如今他們正虎視眈眈，想辦法滲透及顛覆中國，把和平演變寄望在我國年輕一代身上」，並警告某些天安門民運領袖「藏在中國境內，密切注視情勢，俾伺機而動。」文章還批判趙紫陽把生產力作為選拔幹部的標準，重才輕德的觀念，強調「必須使黨和國家的各級領導權牢牢掌握在忠於馬克斯主義者手中」，「任用品德不好所謂『能人』，就可能把改革開放拉向資本主義，搞全盤西化。」

保守派為了乘勝追擊，在九月一日，由「中央電視台」預報在二日「人民日報」將有重要的社論，並通過「新華社」先發出社論大要，文章中磨刀霍霍，充滿殺氣，雖然仍強調要擴大改革開放，但卻更著重強調要「反和平演變」與「反資產階級自由化」，要求改革開放要先問「姓社姓資」，要堅持社會主義方向。

文章披露後，馬上引起改革派注意，鄧小平更親自出面過問，三易其稿。因此最後定稿的社論雖然仍強調要「堅持四項基本原則」，不搞「資產階級自由化」，反對「經濟上實行私有化」、「政治上實行多黨制」、「意識形態上實行多元化」，但也刪除改革須先問「姓社姓資」的僵化信條，並在原文中加入「我們已經確定的建設有中國特色的社會主義的各項基本要求，都需要通過改革來實現。我們在實現現代化的戰略目標過程中面臨的大量新問題，都需要用改革精神來解決」等肯定改革開放字眼，以壓制保守派的氣燄，並為改革開放預留空間。為了進一步壓制保守派的氣燄，九月三日「人民日報」又刊出一篇「向科技攻關大軍致敬」的社論，祭出鄧小平「科學技術是生產力，而且是第一生產力」的諭示，強調「社論主義制度的鞏固，必須以先進的社會生產力為基礎。社會生產力的進步，離不開科學技術。要實現現代化，就必須用先進的科學技術裝備農業、裝備工業、裝備國防。科學技術現代化，是社會主義現代化的關鍵。」「西方某些勢力限制我們，很重要的一個方面就是限制我們引進先進技術。其實，中國發了、進步了，國內需求將大大增加，同國外經濟貿易往來也會不斷增長，這對雙方都有好處。我們要進一步擴大開放，進一步引進、吸收國外的先進科學技術，決不能閉關自守。與此同時，我們要自力更生，依靠自己的力量，建設、發展我們的國家。」企圖以「科技救國」的大旗來對抗保守派「反和平演變」、「反資產階級自由化」的攻勢。

三、結論

（一）中共「十三屆八中全會」和「十四大」即將次第召開，依改革派的構想，屆時將提拔一些年輕幹部到領導階層，撤銷「中央顧問委員會」，以及提升朱鎔基為「總理」，以便形成新的改革陣營—「江（澤民）朱（鎔基）體系」。但保守派亦不甘示弱，放出風聲揚言「十四大」時「江李（鵬）體制」不會改變，並堅拒撤銷「中顧委」。加上蘇聯變局的影響，更使黨內保守派抓住「反和平演變」的機會，對改革派展開猛攻，因此，中共黨內的權力與路線鬥爭方興未艾，未來鹿死誰手尚未得知。「十三屆七中全會」的「建議」與九月二日「人民日報」的社論，即充滿兩派既鬥爭又妥協的諸多矛盾

（二）兩派權力與路線鬥爭的焦點集中在兩點：一、在幹部的擢拔上，改革派反對「精明」的人，主張應選拔在改革中被公認有實績的幹部；保守派則反對任用「能人」，主張應以幹部的政治表現為主要依據，因此雙方在「德與才」、「紅與專」上爭論不休。二、在改革的方向上，改革派堅持要擴大改革開放，大規模引進外資，以深化改革；而保守派則主張要「自力更生，艱苦奮鬥」，以防止西方國家的和平演變。最近有關改革言論常將改革開放與自力更生併舉，即是兩派妥協的產物。

（三）因此，明年「十四大」，鄧小平的由改革派接班的構想若兌現，則中共的政經路線將續向一九九七年以來「政左經右」的改革方向發展；若保守派獲勝，則改革路線將退卻到陳雲的「鳥籠經濟」上去。若然，則一九五〇年代、六〇年代的「自力更生」的老調將再度出現，而廣東與上海等地區或將會形成與「中央」對峙的局面。

（本文為民國八十年十月中國國民黨中常會「大陸情勢周報」之專題報告，刊載於八十一年十月幼獅書局出版之「大陸情勢專題研究」）

中共制定「反分裂國家法」剖析

一、中共制定「反分裂國家法」的背景與過程

根據中共官方的說法，中共制定「反分裂國家法」的方向思考已醞釀十年之久，兩千年台灣總統大選陳水扁勝出，之後民進黨有關兩國論、正名、制憲及文教史地強調「去中國化」、「台灣主體意識」等台獨作為不斷出現，因此相關反獨促統的政策討論又在中共內部被提出，許多涉台學者相繼研議提出「統一法」。

二〇〇一年中共全國人大代表，上海科學院老顧問張仲禮提議中共儘速制定「國家統一法」，同時前台籍全國人大代表林麗韞也曾倡議制定「台灣基本法」，以法律形式把台灣定位為特區政府，以及統一前後的管理方式。

二〇〇四年三月，上海東亞研究所所長章念馳撰文，呼籲制定「對兩岸人民都有號召力的統一綱領及統一法」，五月，中國國務院總理溫家寶訪問歐洲，英國僑領「全英華人中國統一促進會」會長單聲就提出制定「對台統一法」，以法理遏制台獨，溫家寶表示會認真考慮。二〇〇四年八、九月間，中共全國人大代表、武漢市教育局副局長周洪宇向中共全國人大提出制定「國家統一綱領」或「國家統一法」建議案，並提出「國家統一綱領」具體架構。周洪宇也建議，中共政府制定公投法，以國家的民主公投，打擊台灣的地方公投，收回台灣，更

顯民意基礎。「國家統一綱領」最好是去年內完成，最遲也應在今年中共全國人大上通過；如條件成熟，也可考慮同時啟動「國家統一法」的制定工作。

去年十月底，全國台聯起草「關於儘快制定反對分裂反對台獨的法律」報告送給中共中央，在徵求意見並獲多數支持後，正式定名為「反分裂國家法」，十二月中共第十屆人大常委會第十三次會議正式提出「反分裂國家法草案」，並進行初審，聲明該法只適用台灣。二〇〇五年三月八日中共十屆人大三次全體會議公布該法十一條文，十四日修正通過該法十條條文。

二、「反分裂國家法」的策略思考與主要內涵

（一）中共通過「反分裂國家法」的策略思考

三月八日，中共人大常委會副委員長王兆國針對中共為何制定「反分裂國家法（草案）」做出說明，他說，中共制定「反分裂國家法」主因在於近一個時期以來，台灣當局加緊推行台獨分裂活動，妄圖利用所謂憲法和法律形式，通過「公民投票」、「憲政改造」等方式，為實現「台獨」分裂勢力分裂國家的目標提供所謂「法律」支撐，改變大陸和台灣同屬一個中國的事實，把台灣從中國分裂出去。因此，王兆國強調，中共制定「反分裂國家法」是必要的、適時的。

因此，我們可以說「反分裂國家法」制定的主要目標是以「法理反獨」來遏阻「法理台獨」，也就是在對反

台獨的鬥爭中，以更強硬的手段將反台獨以法律的形式加以表達，並明確列出對台動武的三條件。

同時，為緩和國際及台灣人民的不滿情緒，「反分裂國家法」中亦重申鼓勵、推動兩岸各項交流，敦促兩岸和平談判等對台政策作為。此外，胡錦濤、溫家寶、王在希等中共對台領導人亦一再重申，「反分裂國家法」非戰爭法。三月十四日，十屆人大通過「反分裂國家法」的同時，溫家寶並宣布兩岸儘速常態包機、大陸漁工輸台、台灣農產品登陸等善意措施，即所謂實行硬的更硬，軟的更軟的兩手策略。

（二）「反分裂國家法」的主要內涵

1.明定「和平統一，一國兩制」的基本方針、原則。

第五條：堅持一個中國原則，是實現祖國和平的基礎。

以和平方式實現祖國統一，最符合台灣海峽兩岸同胞的根本利益。國家以最大的誠意，盡最大的努力，實現和平統一。

國家和平統一後，台灣可以實行不同於大陸的制度，高度自治。

2.重申對台工作的三大基本方向

中共對台統戰仍不脫正、反、合辯證法統戰論調：

（1）正—肯定、鼓勵和推動兩岸交流

第六條：國家採取下列措施，維護台灣海峽地區和平穩定，發展兩岸關係：

（一）鼓勵和推動兩岸人員往來，增進了解，增強互信；

（二）鼓勵和推動兩岸經濟交流與合作，直接通郵通航通商，密切兩岸經濟關係，互利互惠；

（三）鼓勵和推動兩岸教育、科技、文化、衛生、體育交流，共同弘揚中華文化的優秀傳統；

（四）鼓勵和推動兩岸共同打擊犯罪；

（五）鼓勵和推動有利於維護台灣海峽地區和平穩定、發展兩岸關係的其他活動。

國家依法保護台灣同胞的權利和利益。

(2)反—反對台獨、打擊台獨

第八條：「台獨」分裂勢力以任何名義、任何方式造成台灣從中國分裂出去的事實，或者發生將會導致台灣從中國分裂出去的重大事變，或者和平統一的可能性完全喪失，國家得採取非和平方式及其他必要措施，捍衛國家主權和領土完整。

依照前款規定採取非和平方式及其他必要措施，由國務院、中央軍事委員會決定和組織實施，並及時向全國人民代表大會常務委員會報告。

(3)合（回歸統戰主軸）—和平談判、實現統一

第七條：國家主張透過台灣海峽兩岸平等的協商和談判，實現和平統一。協商和談判可以有步驟、分階段進行，方式可以靈活多樣。台灣海峽兩岸可以就下列事項進行協商和談判：

(一)正式結束兩岸敵對狀態；

(二)發展關係的規劃；

(三)和平統一的步驟和安排；

(四)台灣當局的政治地位；

(五)台灣地區國際上與其地位相適應的活動空間；

(六)與實現和平統一有關的其他任何問題。

三、各界對「反分裂國家法」的反應

(一)泛綠陣營及民進黨政府的反應

1.「台聯」在二月二十八日在全台二十多個地點發起「萬人連署反併吞法」。

2.三月四日，在立法院推動通過「反反分裂國家法」決議文。

3.三月十六日，「台聯」和民進黨分別在高雄市、台北市舉辦「反併吞、護台灣」遊行及「捍衛台灣反對併吞」大會。

4.二月十四日「反分裂法」公布後，行政院立刻宣布暫緩貨運便捷化、包機直航、產業往來等兩岸交流議題。對中共釋出客運包機節日化、台灣漁民僱用大陸漁工，台灣農產品輸陸等善意交流，陳水扁亦批評中共是

「祭虎頭鍘再施小惠」的作法，我方無法接受。另外，行政院長謝長廷更提出修改一中憲法、台海有戰爭之虞、及已達啟動防禦性公投標準等主張。

5.向國際進行反「反分裂國家法」之宣傳。陳水扁在三月一日以視訊會議與歐洲議會議員及新聞媒體對話時表示，中共制定「反分裂國家法」使烏雲遮太陽。三月三日在接見中美洲外長會議各國代表時亦呼籲友邦各國要求中共放棄推動「反分裂國家法」。外交部、新聞局、陸委會亦草擬說帖，向世界各國發出反對中共制定「反分裂國家法」的聲音。三月十日、十七日陳水扁亦對布希反對歐盟解除對中國武禁及眾議員通過反「反分裂法」的決議表示感謝。三月十四日，呂秀蓮更呼籲聯合國譴責中共通過「反分裂法」是在破壞台海現狀。

6.三月十一日台聯立委提出「反併吞和平法草案」，民進黨立委蔡同榮提出「反中國侵略法」，黃昭輝提出「台灣前途決議文草案」，以反制「反分裂法」。

7.三月九日台聯立委呼籲在國大選舉時辦防禦性公投，該主張並在三月十五日在立法院提出，但遭國親反對。二月十四日，李登輝主張將三月十四日訂為「台灣反侵略日」，台聯並在立法院絕食三十小時，並對胡錦濤、溫家寶演出斬首行動劇。

8.發動「三、二六大遊行」。三月十日，民進黨主席蘇貞昌召開記者會，宣布將在三月二十六日在台北舉行民主和平護台灣五十萬人大遊行。三月十二日，陳水扁在民進黨臨時全代會更進一步號召「三、二六百萬人站出來」，十六日陳水扁再發表六點聲明，再度號召百萬人站出來。之後民進黨便加緊和台灣社運界，包括工業協進會、環保聯盟、青商會、台灣基督教長老教會等進行串連，共有兩百多個團體加入遊行行列。民進黨各地方首長、各級民意代表都分配到十輛到一百輛不等的動員人數，民進黨動員人數預估二十萬人，加上社運團體各階層人士，預估達百萬人，遊行分成十條路線，以對抗中共的「反分裂法」十條。據台北市警察局推估共有遊覽車近兩千輛，遊行人數二十七萬五千人。但由於透過行政系統強力動員，加上行政首長，包括總統加入，因此一場「民主、和平護台灣」的民間大遊行，已質變為政府操控反中大遊行，更幾乎演成「台聯」的正名、制憲、成立台灣國的「促獨反中」大遊行，難怪連民進黨立委林濁水都指責陳水扁的親自參加使遊行變質。

（二）泛藍陣營的反應

1.國民黨的反應：

三月八日中共公布「反分裂法」後，連戰發表談話強調「反對以武力解決兩岸問題，而台灣獨立是不必要的主張」，三月十四日中共人大通過「反分裂法」後，國民黨由文傳會主委張榮恭提出「堅守憲法、反對台獨、反對動武、交流促和」的四點聲明，連戰也在當日及十九日的大遊行提出兩岸簽署和平協議的主張。此外，台北市長馬英九亦聯合十三位泛藍執政縣市長舉行國際記者會，並發表簽署一份聯合聲明，指出台獨人士所推動的制憲、正名並不能代表台灣主流民意，而中共制定「反分裂法」，「既無必要，也不明智，反而激起大多數台灣人民的反感，對兩岸關係帶來不必要的陰影。」

2.親民黨的反應：

親民黨主席宋楚瑜在中共公布「反分裂法」後，表示陳水扁在扁宋會後已承諾任內不推動台獨，而中共「反分裂法」中亦已接受兩岸分治狀態，因此要求雙方理性自制，傾聽彼此的聲音，才能創造和解的空間。「反分裂法」通過後，宋楚瑜又提出「三反三要」——「反併吞、反台獨、反戰爭」、「要和平、要尊嚴」的主張。

3.新黨的反應：

新黨主席郁慕明在十四日表示：「兩岸只有台獨問題，沒有台灣問題，只要以中華民國憲法的一中內涵，一個中國的原則，就可讓反分裂法第八條的非和平條款失效，兩岸即可和平共存、互利雙贏」。

三、社運團體及政治團體的反應

1.三月九日，台灣北社、中社、南社、東社、台灣澄社、台灣教師聯盟、台灣教授協會等五社二會發表聯合聲明，要求立即實施「教育台灣化」，將本國史地改為台灣史地，本國文學改為台灣文學。

2.三月九日李登輝旗下獨派智庫群策會舉行座談會，抨擊「反分裂法」。三月十日，「手護台灣大聯盟」召開記者會，提出「四要一堅持」——「要正名、要制憲、要公投、要加入聯合國，及堅持台灣是一主權獨立國家」。三月十四日「澄社」發表聲明，指責「反分裂法」是反人權、反文明、反民主的荒謬法律。

3.三月十五日，獨派人士在大學校園組成「保護台灣青年聯盟」，並在台大校園展開接力靜坐抗議活動（預計到三月二十六日）。

4.三月十五日，民進黨新潮流大老吳乃仁的哥哥吳乃德（中研院研究員）發起數十位學術、藝文界人士及民間社團代表，共同發表「以自由與民主為名，我們拒絕脅迫」的聲明，強烈譴責中共通過「反分裂法」。

（四）輿論—學者專家及媒體的反應

1. 學者專家

自三月一日到三月二十一日，半個多月期間國內專家學者在主要媒體發表評論文章不下一百篇，相關市井小民及社會各階層的反應更是不計其數。

其中更有三分之二以上是泛綠學者與支持者對「反分裂國家法」的撻伐與反擊，主要論述重點為：

(1)「反分裂國家法」是干涉台灣內政，侵犯台灣主權，是一部戰爭授權法，破壞台海現狀與亞太地區的區域安全與穩定。

(2)在國際上，呼籲世界各國予以譴責，並要求中共停止「反分裂國家法」的立法工作。

(3)在國內，要求全國人民不分朝野，不分黨派，「三、二六」大遊行站出來向中國嗆聲，同時也要求立院推動制定「反併吞法」及進行「反反分裂國家法」公民投票，獨派人士更主張制憲、正名，以「台灣．中國，一邊一國」來反制反分裂國家法。

至於部分泛藍學者則強調：

(1)「反分裂國家法」等於承認兩岸分裂分治，主要是「法理反獨」，是在維護台海現狀。

(2)對台獨所造成的台海緊張，以及中共以非理性手段解決台海問題同表譴責。

2.媒體社論

自三月五日，至三月二十一日為止，台灣媒體對中共人大會即將通過「反分裂國家法」，各主要媒體共發表超過三十篇社論，此外，相關評論亦難以勝數。其中泛綠媒體台灣日報、自由時報及泛藍媒體中央日報、聯合報的有關評論與藍綠學者專家的評論亦大致相同。

3.相關民意調查

(1)三月二日，政大國關中心公布一份民調：

①八成民眾不贊成中國單方面認定並處罰台獨主張。

②六成一民意認為反分裂法對兩岸交流有負面影響，五成民眾認為反分裂法不利兩岸未來談判協商。

③三九民眾擔心親友在中國會被處罰，五成四不擔心。

④五成民眾認為中國政府對台灣政府不友善，認為友善的比率只有一成三；另有四成四的民眾認為中國政府對台灣人民不友善，二成八認為友善。

⑤六成民眾主張兩岸維持現狀，並同意「兩岸現狀就是『中華民國是一個主權獨立的國家，與中華人民共和國互不隸屬』」。

(2)三月八日，中國時報公布一份民調：

①六成八民眾知道中共將公布「反分裂法」，並以非和平手段防止台獨，三成不知道。

②五成六民眾對中共制定「反分裂法」表示反感，二成五不會，一成九無意見。
③四成七的民眾贊成對「反分裂法」採取反制措施，三成二不贊成，二成一無意見。
④一成一民眾趨向主張統一，四成九主張維持現狀，一成八主張獨立，二成二無意見。
(3)三月十三日，國家政策研究院（偏綠）公布一份民調：
①八成四不能接受「台灣是中華人民共和國神聖領土的一部份」（按：剛通過之該法已修改為「大陸和台灣同屬一中」）。
②七成一民眾不能接受「台灣和大陸主權爭議的問題，是中華人民共和國的國內事務，不容國際干涉」的主張。
③六成民眾認同「中華民國是一主權獨立的國家與中華人民共和國互不隸屬」。
④九成一民眾認同「中華民國主權屬於台灣二千三百萬人民，所有改變中華民國現狀的做法都必須經由台灣人民同意」。
⑤八成五民眾不相信「反分裂法」不會傷害台灣人民。
⑥五成八的民眾支持舉辦公民投票反制，三成四反對。
(4)三月十六日，中國時報公布一份民調：
①六成二民眾反對中共制定「反分裂法」僅零點三成支持，三成無意見。

②四成三的民眾贊成舉辦防禦性公投反制，三成四反對，三成四無意見。

③四成五民眾支持三、二六大遊行，二成八不支持，二成七無意見。

④一成主張趨統，四成七維持現狀，二成三台獨，一成九無意見。

(5)三月十六日，聯合報公布一份民調：

①四成七民眾認為最近兩岸關係較緊張，三成認為無改變，零點四成認為較緩和。

②五成六民眾認為大陸對台態度較敵對，一成三認為友善；三成六民眾認為政府對大陸態度較敵對，三成六認為較友善。

③六成一民眾認為台灣和大陸現狀就是兩個中國，二成五認為是一個中國。

④六成六民眾不贊成制定「反分裂法」，零點六成贊成。

⑤五成五民眾認為台獨中共會打，二成八認為不會。

⑥四成民眾支持三、二六大遊行，四成一反對。

⑦四成二民眾支持舉辦防禦性公投，四成一反對。

⑧一成四民眾主張趨統，一成四趨獨，四成三主張維持現狀。

(五)世界各國的反應

1.各國政府的反應：

(1)美國的反應：

美國在中共在三月八日公布「反分裂法」之前，除眾議員醞釀推動反制決議案外，並未有強烈的反對意見，迨「反分裂法」公布後相關反對的評論才日益強烈：

①三月九日，美國國務院亞太事務副助理國務卿薛瑞福表示，反分裂法是項「錯誤」，「踏上錯誤的方向」，已引起美國「嚴重關切」。國務院發言人包潤石表示美國反對任何「非和平方式」解決台灣問題，並說中共制定反分裂法「違背當前兩岸和解的氣氛，無助於解決問題」。太平洋美司令傅倫也說「反分裂法令人不安」。

同時，美國務卿萊斯亦說反分裂法對兩岸關係無所助益，她並在三月二十一日訪問中國大陸，與中共領導人就「反分裂法」交換意見。

②三月十四日，中共人大通過「反分裂法」後，美白宮發言人麥克里蘭表示「不幸」、「於事無補」，美總統布希更口頭表示「不悅」，三月十五日，國務卿萊斯表示，北京因與台灣關係緊張而增兵，華府深表關切。

③三月十六日，美國眾議院以四二四票通過一項共同決議案，指出「反分裂法」賦予對台用武合理化的法律基礎，改變區域現狀，因此要美國政府表達嚴重關切。

(2)日本的反應：

①三月十一日，日本外務省报官千葉明說，「對兩岸問題，日本政府反對除了和平解決之外的所有方法，並

非常擔心中方所提出的「非和平方式」可能對台海安定造成負面影響。

②三月十六日，「反分裂法」通過後，日外相町村信孝電話向中國外長李肇星表明，日本反對以武力方式解決兩岸問題，並對「反分裂法」造成兩岸負面影響表示遺憾，他並要求早日恢復兩岸對話，和平解決台海問題。

(3)歐盟的反應：

三月十四日歐盟首次公開對中國制定反分裂法發表聲明，反對任何使用武力行為，並要求中國與台灣兩方避免任何片面行動，以防止激化緊張氣氛。

(4)德國的反應：

三月十一日，德國政府強調台海兩岸應以和平方式解決歧見，任何激起兩方緊張的作為都不被歡迎。

(5)英國的反應：

三月十一日，美國外交事務發言人特立斯曼重申，台海兩岸應經由談判方式和平衝突，不應採取任何激化爭端的手段。

(6)澳洲的反應：

三月十四日，澳洲外長唐納表示，如果美國捲入台海衝突，澳洲不必然根據美澳軍事同盟支持美國。

(7)俄羅斯的反應：

三月十四日，俄羅斯外交部發表聲明表示：「我們不支持任何形式的台灣獨立，我們不認為『兩個中國』或

『一中一台』是可行的」，並表示俄羅斯支持「一國兩制」。

2.國際媒體的反應：

依據新聞局統計，截至三月十五日，國際重要媒體有關中國反分裂法的報導已超過一千七百篇，而國際媒體的報導主要內容有三：一、就「反分裂法」制定的內容而言，它是一部戰爭授權法，授權共軍在三個條件下對台展開軍事等非和平手段；二、就「反分裂法」制定的效果而言，它使兩岸關係更為緊張；三、因此國際媒體要求雙方展開談判，和平解決台海爭端。

四、綜合研析

(一)中共制定「反分裂國家法」主要是把對台政策法制化，尤其是對台獨的分裂作為提供武力解決的法律基礎。此外，「反分裂法」也有向美、日等支持台獨力量宣示中共反台獨的決心，俾使其有所收斂。但是就兩岸關係的發展而言，「反分裂法」雖較「國家統一法」有彈性，但長期而言，卻又失去模糊、彈性空間，為兩岸增添不可知的變數。

(二)中共通過「反分國家裂法」後，短期內在國際所引發的反作用確實不小，主要包括國際輿論指其破壞兩岸關係的策略規畫，妨礙、延緩歐盟解除軍售禁令，及增加國際對中共強化軍事力量的不安。因此儘管中共將之稱為和平法，但勢必仍會加深國際間對中共「和平崛起」的疑慮，美日的軍事合作，尤其日本重整軍備的呼聲勢必再起，也為中日關係增添變數。對中共「和平崛起」的國際宣傳，難度亦將會更大。

（三）民進黨和台聯利用中共制定「反分裂國家法」，舉行三二六「民主、和平護台灣」大遊行，激發台灣老百姓中國打壓台灣與對台不友善的印象，短期內兩岸關係將會停滯，甚至倒退。在此狀態下，兩岸又將如何對話、復談？兩岸交流又如何理性、加速推動？若再加上台聯、獨盟進行有關制憲、正名等台獨分裂活動的推波助瀾下，兩岸關係想要春暖花開，恐是癡人說夢，異想天開。

（四）就兩岸關係的短期發展而言，中共是否會在美國的介入下，放棄堅持一中原則與民進黨政府展開對話、談判，將是主要觀察重點，若否，那麼民進黨願否接受一中原則，恐亦不樂觀。因此「一中原則」仍將是短期內兩岸關係難以突破的死結。

再次，就兩岸關係的長期展望而言，雖然陳水扁在扁宋會承諾任內不推行台獨，但這正是獨派「台獨曲線理論」的運用—兩點之間最近的距離非直線，相信有關去中國化、強化台灣主體意識等台獨作為仍會在陳水扁執政期間繼續悄悄運作，以伺機推動台獨。因此泛藍能否在二〇〇八年奪回執政權將對兩岸關係有決定性影響，若否，則中共如何在二十年和平崛起的機運期內，在美日安保同盟對中國進行軍事圍堵的同時，又能順利壓制台獨勢頭，而不必走向以「非理性」的武力手段解決，這將是中共對台政策的最重大考驗。

（五）最後，令人關注的一點是，中共通過「反分裂國家法」後，對民進黨政府六千零八億軍購預算（現已減為四千八百億）的通過無異是一項利多，國內一片對「反分裂法」的反彈中，國親想在立法院阻擋軍購案過關，恐將益形困難。

二〇〇五、三、三十

叁、兩岸關係篇

中共若回應李總統所提三條件我具體對策構想

一、情況分析

李總統在今（一九九〇）年五月廿日的就職演說中，對我現階段大陸政策，提出了明確的政策宣示，要求中共當局接受「推行民主政治與自由經濟制度」、「放棄在台灣海峽使用武力」、「不阻撓我開展對外關係」等三條件，作為改善兩岸關係與解決中國統一問題的前提，這個具有歷史性與前瞻性的政策宣示，拋棄以往的意識形態之爭，而以務實的態度提出改善兩岸關係與解決中國統一問題的方法，不但立即得到海內外同胞的支持與國際輿論的讚譽，也使我們今後在推動大陸政策上增加了更大的空間。

李總統所提出的「三條件」雖然中共基於其一貫對我統戰的立場初步表明難以接受，但已感到無比的壓力，因此未來在大陸與國際局勢的變動，及我不斷主動出擊下，中共自有放棄對我統戰並全部或部份接受我所提條件之可能。

二、我因應對策構想

中共的反應當視大陸內外環境和我復興基地政情（政策）而定，因此中共可能在某種情況接受全部或局部條件。現就中共可能回應之情況研擬三種具體對策。

擬案一：

假如中共（大陸政權）接受我所提條件依次是：（一）宣布放棄武力犯台。（二）不阻撓我開展對外關係。（三）推行民主政治及自由經濟制度。我具體因應措施列表如下：

大陸政權接受我條件次序	我具體回應措施	補充說明
宣布放棄武力犯台	1.終止動員戡亂時期 2.停止對大陸空飄、心戰廣播 3.廢除共軍起義來歸獎勵辦法 4.放寬兩岸民間交流幅度 5.兩岸直航	兩岸可會商象徵性的裁軍或設非軍事區問題
不阻撓我開展對外關係（與我建立對等關係）	1.承認中共政權為政治實體 2.全面開放兩岸民間交流（經貿暫緩） 3.承認大陸各級學校機構所製文書之合法性 4.一定時期後可考慮開放直接貿易	雙方會商研訂「兩岸關係法」，以明確統一目標，以及規範兩岸民間交流及所衍生問題。
推行民主政治及自由經濟制度	1.終止大陸敵後組織佈達 2.開放直接貿易投資 3.經濟、技術援助大陸 4.開放兩岸政黨活動與競爭 5.訂定大陸農工原料、產品輸台優惠辦法	1.兩岸協商文化、體育、科技、經貿交流與合作事宜 2.適當時機可展開統一問題之會談

擬案二：

假如大陸政權先推行民主政治及自由經濟制度，我具體因應措施列表如下：

情況	大陸政權推行民主政治及自由經濟制度	
我回應態度	步驟一：立即反應	步驟二：要求兩岸共同研商下列問題
	1.電賀民主政權成立 2.承認新政權為政治實體	1.經貿交流與合作 2.科技、資訊交流與合作 3.文化、學術、體育交流與合作 4.裁軍與非軍事區 5.訂定「兩岸關係法」 6.成立中介團體 7.雙方國際地位問題 8.統一問題與途徑
具體措施	1.終止動員戡亂時期 2.停止空飄、心戰廣播 3.廢除共軍起義來歸獎勵辦法 4.大幅放寬兩岸民間交流 5.開放兩岸海空直航	1.終止大陸敵後組織佈建 2.全面開放兩岸民間交流 3.具體研訂經濟、技術援助大陸辦法 4.開放直接貿易、投資 5.訂定大陸農工原料、產品輸台優惠辦法 6.開放兩岸政黨活動與競爭
補充說明	1.此方案是以在中共未放棄對我外交阻撓及武力犯台前，中共政權在短期內蛻變或被推翻並成立民主政權與實施自由經濟制度而訂。此情況並非不可能。 2.在此情況下武力犯台已屬不可能，至於阻撓我對外關係問題可在雙方會談兩岸交流與統一問題時談判解決。	

擬案三：

假如大陸政權同時宣布放棄武力犯台，不阻撓我對外關係，並推行民主政治及自由經濟制度，我具體因應措施列表如下：

	步驟一：立即回應措施	步驟二：要求兩岸共同研商下列問題
大陸政權接受我所提三條件	宣布放棄武力犯台 不阻撓我對外關係 推行民主政治及自由經濟制度	
我具體回應措施	1.承認中共政治實體。 2.停止空飄、心戰廣播。 3.終止大陸敵後組織佈建。 4.廢除共軍起義來歸獎勵辦法。 5.全面開放兩岸民間交流。 6.開放直接貿易、投資。 7.具體研訂經濟、技術（農業、科技、行政、企業管理）援助大陸辦法。 8.訂定大陸農工原料、產品輸台優惠辦法 9.開放兩岸政黨活動與競爭。	1.共同訂定「兩岸關係法」，成立中介團體，以明確統一共識及規範兩岸民間交流事宜。 2.訂定文藝、科技、經貿交流與合作方案。 3.訂定裁軍與非軍事區協議。 4.開展統一問題之談判。
補充說明		

三、綜合研判

（一）擬案一為中共較可能之回應與我具體對策構想，擬案二為大陸局勢突變之情形（已民主化、自由化）與我對策構想，擬案三（即中共同時接受我「三條件」）可能程度雖最低，但對整體宣傳、談判策略之運用均具參考價值。

（二）中共為行一黨專政，短期內似不可能實施民主政治與自由經濟制度，而「武力犯台」與「國際孤立」是中共對台「誘引與逼迫」兩手策略中的重要手段，兩者關連性甚大，若有所突破可能兩者將同時突破。

（三）中共接受某一條件，可能只是局部、片面的接受。（如放棄武力犯台，中共可能宣佈「軍隊後撤三百公里」、「福建為非軍事區」，或宣佈「除非台灣獨立或內部發生大動亂外，中共保證不會對台動武」等修正條件），我應在通盤考量後再作局部回應。

四、政策建議

（一）目前中共當權者仍是鄧小平、楊尚昆等老一輩「領導人」，如欲拋棄其自封之「中央」地位，接受對等談判；或放棄共黨專政，實行民主自由制度，有主觀上的困難。我須擬訂一套從傳話、對話、到進一步接觸談判的策略，主導形勢，形成局部優勢，迫使中共就範。

故當前我大陸政策應分三個層次同時進行：

1.務實的層次：在現實基礎上，以「對我最有利且衝擊小，對中共不利且衝擊大」的原則，推動兩岸民間的進一步交流。

2.策略的層次：利用我現有政經優勢，主動出擊，以贏取海內外同胞的向心，主導兩岸關係之發展趨向中國統一之目標。

3.目標的層次：

(1)針對當前大陸現存的各種政、經、社、教等問題，主動提出解決之方案，要求中共施行。

(2)具體規劃我主政大陸時的全盤計畫。

(3)積極培養各項國家統一人才。

（二）積極開展海內外造勢活動

1.先由「國研中心」或其他民間學術團體與大陸的「和平統一促進會」在美國或其他地區聯合舉辦「中國統一問題研討會」，邀請海內外具有代表性之團體或個人參加，並請雙方政府派代表參與，展開各項促進兩岸關係之活動，以期在海外造勢，使全世界中國人，共同支持我之理性政策，創造輿論形勢，進而對中共當局形成壓力。

2.再由國內學術界研商兩岸關係與中國統一之問題，以在國內形成共識，進而支持政府之大陸政策。

（本文係在民國七十九年五月李登輝當選中華民國第八任總統時，銜國民黨副秘書長兼大陸工作會主任鄭心雄之指示研擬，時兩岸交流伊始，而李登輝政權未穩，兩岸關係也在嚐試互動狀態下，本構想很遺憾未獲李登輝賞用，否則兩岸局勢應不至於如是僵持。該年十月七日國統會成立，次（八十）年二月通過國統綱領。）

兩邊看看海峽兩岸的反對勢力

為了追求民主政治與競逐政治權力，抗戰末期出現了許多所謂的民主黨派，其尤中以青年黨、民社黨、農工民主黨、中國人民救國會、中國職業教育社、與鄉村建設派等三黨三派結合而成的「中國民主救國同盟」（後改名民主同盟），聲勢最為浩大，在國共衝突中扮演調解、仲裁的角色，儼然以第三勢力自居，但也只是曇花一現，不久，民青兩黨退出同盟，加入國民黨陣營，而其他黨派則附和共產黨，造成兩組政治勢力的結合與對抗。

迨一九四九年共產黨佔據大陸，國民黨撤退來台之後，這些民主黨派便各自成為共產黨政權與國民黨政權下的反對派系。

民青兩黨政治花瓶

作為國共兩黨政權的反對派，雙方的際遇卻不一樣。在台灣，由於國民黨政府遷台之初，還有堅強的反攻大陸決心，因此國民黨對於民青兩黨一直以「友黨」相稱，對其領導人也相當禮遇，但卻希望他們扮演「忠誠反對黨」的角色，在反攻大陸前，不要在台灣這塊彈丸之地大肆發展組織。

而民青兩黨卻不作如是想，他們認為反攻大陸，不只是國民黨的專利，民青兩黨也要有執政的機會，因此，自民國卅九年台灣實施地方自治，舉辦縣市長選舉，與各級民意代表的選舉後，民青兩黨即積極參與選舉，並開始發展地方組織，尤其是青年黨，更網羅了台灣地方勢力的反對菁英，如郭雨新、李源棧、郭國基、許世賢、李萬居等人，增強不少聲勢。

然而由於在一九五〇年代中期，民青兩黨在地方選舉時要求推派監察員未果，憤而聲明此後不再提名參選，以致影響地方組織的發展。同時在該年，民青兩黨參與籌組「中國民主黨」被全面「封殺」後，更使這些反對黨領袖心灰意冷，此後民青兩黨的組織發展完全停頓，部分人士更為爭奪每月支領的二百五十萬元的「反共宣傳費」，而明爭暗鬥，不但喪失了政黨的功能與勇氣，更導致各該黨的分裂（如青年黨的中園派與田派之爭），才會淪為今日的「政治花瓶」。

不擇手段排除異己

反觀附共的民主黨派，其際遇與民青兩黨卻有著天淵之別。

中共政權建立後，被共產黨承認的民主黨派有十一個。不久，「中國人民救國會」與「中國國民黨促進會」併入「中國國民黨革命委員會」。迄今大陸倖存的民主黨派計有「中國民主同盟」（簡稱「民盟」）、「中國國民黨革命委員會」（簡稱「民革」）、「中國民主建國會」（簡稱「民建」）、「中國農工民主黨」（簡稱「農工黨」）、「中國民主促進會」（簡稱「民促」或「民進」）、「九三學社」（簡稱「九三」）、「中國致公黨」（簡稱「致公黨」）、「台灣民主自治同盟」（簡稱「台盟」）等八個黨派；另外，為了加速進行社會主義改造運動，在中共卵翼下成立「中華全國工商業聯合會」（簡稱「工商聯」），該會為民間團體，但通常與民主黨派的「民建」並稱「兩會」。

嚴控各黨發展組織

民主黨派在中共奪取大陸時，曾立下汗馬功勞，且中共政權剛成立尚未穩固，為了酬謝民主黨派人士與收攬人心，中共提出了所謂「多黨派合作的聯合政府」，讓部分民主黨派人士擔任政府領導職務，如李濟琛（「民革」主席）、張瀾（「民主同盟」主席）擔任國家副主席；沙千里（「民盟」、「民建」中央委員）擔任糧食部長、許德珩（「九三」主席）擔任水產部部長、蔣光鼐（「民革」中常委）擔任紡織工業部長、李燭塵（「民建」副主委）擔任輕工業部長、劉文輝（「民革」中常委）任林業部長等；另尚有許多的民主黨派人士擔任地方官吏。

這樣看起來好像共產黨實現了「聯合政府」的諾言；實則共產黨卻採取各種手段，以消滅各民主黨派。

如眾所週知，共產黨的排他性很強，其最終目的是利用無產階級來奪取政權，實現共黨一黨專政，因此他們認為，所謂民主黨派都是資產階級政黨，終究要加以消滅。因此中共在奪取政權後，即首先對民主黨派進行思想改造；其次更限制民主黨派各發展組織，如：「民盟」、「民促」、「九三」只能在文教、科技界吸收成員；「農工黨」在醫藥衛生界；「致公黨」在歸國華僑及僑眷；「台盟」以台胞為主；「民建」以工商界人士為主，

「民革」為原國民黨或和國民黨有歷史聯繫人士。另外還規定不准在軍事、公安、情報部門發展組織，不能在中下層階級人士發展組織；最後，甚至連經費、人事、考績、獎懲權等，都受中共控制。

一九五六年中共展開「鳴放運動」，要求民主黨派人士大鳴大放，幫助共產黨整頓黨風，並提出要與民主黨派「長期共存，互相監督」。各民主黨派人士以為共產黨知錯要改，因此利用機會大肆發展組織，並抨擊共產黨的專制獨裁，要求中共放棄一黨專政，實行政黨政治，讓民主黨派人士有職有權。而中共則在一九五七年進行「反右鬥爭」，對民主黨派人士扣以「右派分子」的帽子，加以整肅、批鬥，並陸續撤銷民主黨派人士在政府中的職務，至此中共乃明目張膽的實行了一黨專政。毛澤東事後更承認這次運動是一次「陽謀」，旨在澈底打擊、瓦解反對勢力。

「文革」爆發不久，紅衛兵小將更在一九六六年八月二十三日發出最後通牒，迫令八個民主黨派在二十四小時內解散，並對民主黨派人士進行慘酷的批鬥、迫害、造成無數冤案。民主黨派人士由中共的座上賓淪為階下囚，際遇悽慘。

國共兩黨相反作風

在此階段，由於受到中國五千年專制思想之影響，國共兩黨似乎都缺少民主的誠意，但是一般而言，國民黨在對待反對勢力時是採取被動、溫和的勸阻方式；而共產黨則採取主動、激烈的壓制行動。

民主不是被賜與或憑空得來的，而是人民流血、流汗主動爭取到的，海峽兩岸的反對勢力在七〇、八〇年代各自有新的不同發展與突破。

在台灣，民國四十九年的「雷震事件」至六十八年的「美麗島事件」，整整近二十年期間，民青兩黨由於不斷的萎縮，台灣的反對勢力只變成各地方反對人物孤星式的抗爭，但卻一直沒有出現一個有組織、有影響力的反對勢力。

民國六十四年蔣中正先生去世後不久，「台灣政論」雜誌創刊發行，到民國六十六年十一月的五項地方選舉，黨外的勢力有可觀的發展。六十八年八月美麗島雜誌的創刊，象徵七〇年代黨外運動的大團結，黨外各種政治勢力的整合與新黨的成立，已呼之欲出。

雖然其後的「美麗島事件」，使黨外力量受到挫傷，但黨外勢力仍在穩定發展，組黨運動仍持續進行。民國七十三年「黨外公職人員公共政策研究會」的成立，及民國七十四年地方選舉的「黨外後援會」，更使組黨的行動益見具體。民國七十五年九月二十八日黨外更衝破國民黨的黨禁，宣布成立「民主進步黨」，此後「民進黨」更採取「議會鬥爭」與「群眾路線」並行的兩手策略，以壯大聲勢，並造成政治上前所未有的活潑氣氛與緊張對抗情勢，難怪有外國評論家說：「台灣怎麼一朝變得如此民主了！」

無民主之實的民主黨派

在同時期大陸的反對勢力，卻有兩種不同形態的表現：

首先就民主黨派而言，民主黨派在「文革」期間早就被鬥臭、鬥垮了。然而中共由於在一九七八年與美國建交後，採行經濟改革的開放政策，並提出八〇年代的三大任務（四化、統一、反霸），為了要爭取知識分子的效力，因此共產黨在一九七九年十月，又將民主黨派搬上政治舞台。

現在的民主黨派，比民青兩黨還不如，它已變成共產黨單純的統戰工具了，大陸著名的作家劉賓雁在接受李怡的訪問時就說：「民主黨派的領導人很糟糕，給他們民主也不要，他們只想在那兒安享天年，不想有任何變動」。

如今民主黨派的黨章中，都有接受共產黨領導這一條，共產黨要將它改掉，民主同盟卻不願修改，一九八六年大陸學生的「一二、九」民主運動，民主黨派不但不表支持，反而譴責學生是在破壞安定團結，因此民主黨派現在比共產黨還要左。

現年九十一歲的「農工黨」主席周谷城還鬧了兩則笑語，一則是在前年某次會議，有人批評共產黨不民主，表決時都是象徵性的通過，但他卻提出一套新理論說：三〇〇：〇較五一：四九還好。今年三月人大選舉，有人反對他連任人大副委員長，他卻說他才九十一歲還年輕，可以活到一百五十歲，還有五十幾年可貢獻心力。如此言論，真是令有識者不敢恭維。

其次，就新興的反對勢力而言，自從魏京生在一九七九年「北京之春」時期，提出「沒有民主就沒有現代化」以來，大陸即不斷有民主鬥士，向共產黨的專制統治挑戰，如劉青、徐文立、傅月華等，但也只是零星的反對行動，很快就遭壓制，八六年底的「一二、九」學生運動雖然波及全大陸，但也是遭到相同的命運。

文盲充斥民主難期

目前大陸的反對勢力一如六〇年代以後的台灣，以留美的海外留學生為主，如「中國民聯」的王炳章、胡平，以「中國之春」為陣地，並在海外各地發展「民聯」組織，對中共的專制政體加以抨擊，他們並於年初宣布將回大陸組黨，推動大陸的民主化運動。但衡諸主客觀因素，在共產黨的極權統治下，大陸在短期內將不會有強大的反對勢力出現。

民主政治需具備許多條件，而國民黨政府在台灣三十多年的經營，使台灣具備了民主化的條件，如：經濟的發展、國民所得的提高，提升了人民政治參與的意願與需求；文化教育的普及，提升政治參與的能力與能量，使更多的政治菁英投入反對陣營；不搞政治運動，社會秩序的安定和諧，亦提供民主政治和平發展的環境。同時國民黨在近年因應國內外情勢，宣布解嚴、允許反對黨的成立、研議國會改革等方案，在在顯示國民黨政府推動政治民主化的決心，這點應該給予正面的肯定。反觀大陸的貧窮落後、文盲充斥，正給予共產黨專政的藉口。共產黨統戰部長在一次會議上說，大陸目前有文盲、半文盲兩億多萬人，因此不適合實施直接選舉，哀哉斯言。

反對黨未獲充分支持

雖然台灣已具備政治化的條件，但台灣的反對勢力，仍潛存兩大危機。

首先是民進黨內派系林立，整合不易。民進黨在成立之初，內部就存在著整合危機。除了王義雄在民國七十六年率先退出，自組工黨外，目前民進黨內部派系衝突正方興未艾。黃堅以意識形態的不同將民進黨分為：台灣右派、台灣左派、統一右派、統一左派等四個派系；彭懷恩以「中央與地方」、「核心與邊陲」兩種分類標準，將之分為主流派、地方政客派、遊說客派、抬轎派等四派。以上兩種分類方法仍嫌不夠完善，但可反映出民進黨內部的整合危機，各派系間常因意識形態或利益、權力的分配而經常起衝突。

其次是路線的鬥爭與意識形態的分歧。目前民進黨似乎在「議會鬥爭」與「群眾路線」兩者併行的策略上已產生共識，但訴求的主題與採取的手段，似乎未獲致共識。

一般而言，公職人員比較穩健，主張以「自決」作為訴求，採取溫和手段，非公職人員及新生代，則多偏向「台獨」與激進路線，往往整個策略會被激進派所影響而變向，因此也難怪民進黨目前的活動，只是在反對國民黨的某些政策，而民眾卻看不到民進黨在經濟、社會福利、財政預算，或教育文化政策上，有具體的主張。

由於派系的爭執與意識形態的不確定，導致許多知識分子與工商業者，不敢支持民進黨，因而在：經費與黨員兩大資源的取得上都十分困難。

民青兩黨須擺脫花瓶形象

因此，未來台灣在政治民主化的過程，無論國民黨、民進黨或其他黨派，都應有在體制內依法競爭的共識。國民黨應拋開老大心理，不要以「革命」作為擋箭牌，阻礙「民主」的潮流，同時也要有做在野黨的勇氣與心理準備；而民進黨更應拋棄以街頭抗爭為主的方式，要放遠眼光，以完善、合理的黨綱政策來爭取民心。至於民青兩黨亦應積極奮起直追，爭取國民黨、民進黨之外的中立選民的認同，以擺脫「政治花瓶」的形象。如此，則台灣的民主化可蓬勃發展。

綜觀海峽兩岸的政治發展，台灣已由專制逐漸邁向民主，而中國大陸則是由專制走向更專制。職是之故，未來海峽兩岸的政治發展，仍將是以台灣為主導，在民主化的過程中，對大陸產生示範與鼓舞作用，最後更進而澈底改變中共的專政制度。

大陸各民主黨派現況簡表

黨派名稱	成立經過	現任主席	黨員成分	黨員人數（至一九八六年度）	備註
中國國民黨革命委員會	一九四八年一月由柳亞子所領導的「三民主義聯合會」，李濟琛所領導的「國民黨民主促進會」等二個國民黨反對派及共產黨所領導的「中國民主革命同盟」所組成。「民革」成立後即公開附共。	朱學範	少數國民黨內分歧分子。	二萬八千多人。（至一九八七年八月底共有三萬一千零八十四人）。	除西藏外，大陸廿八個省、自治區、直轄市建立「民革」組織，縣、市區「民革」組織共一百四十四個，「民革」支部一千三百二十九個。
中國民主同盟	一九四一年由「中國人民救國會」、「農工民主黨」、「中華職業教育社」、「鄉村建設派」、「青年黨」及「民社黨」等所聯合而成，原名「中國民主政團同盟」，一九四四年九月改名「中國民主同盟」，主要領導人有張瀾、沈鈞儒等人。	費孝通	以文教、科技界中上層知識分子。	六萬三千人	「民盟」目前有基層組織三千五百餘個。

中國民主促進會	一九四五年十二月三十日，在左派人士馬敘倫、周建人、王紹鏊的倡議下，在上海成立「民促」，「民促」受左派分子的影響，自成立後一直配合中共宣傳，並攻擊政府。	雷潔瓊	以文教、科技界人士為主，特別著重在中小學教師。	三萬一千多人。	
中國農工民主黨	前身是由鄧演達所領導的「中華革命黨」（一九二七）、「中國國民黨臨時行動委員會」（一九三〇）國民黨內反對派，鄧演達死後，一九三五年改名「中華民族解放行動委員會」。一九四七年二月改稱「中國農工民主黨」，與中共勾搭。主要領導人有黃琪翔、章伯鈞、彭澤民、季方等人。	周谷城	以醫療、衛生、農林、水利工程等技衛界人士為主，特別是醫療、衛生界的中上層人士。	三萬五千八百多人。	目前除遼寧、西藏外，大陸廿七個省、自治區、直轄市均建立省級組織，其中新建立者達十六個，新建立省屬市、縣級組織一百二十六個，基層組織一千八百八十一個。
九三學社	原名「民主科學社」，一九四五年九月三日在許德珩、梁希、潘菽等倡議下改名「九三學社」，一九四六年九月響應中共「五一宣言」，公開附共。	周培源	以科技界知識分子為主。	二萬七千三百多人。	

中國致公黨	為海外洪門組織，一九二五年在舊金山成立，一九四七年五月在香港召開第三次成立代表大會，不久附共，主要領導人有陳其尤、官文森、嚴希純人。中共政權成立後，發展對象以僑眷、僑屬為主。	黃鼎臣	歸僑或僑眷、僑屬。	五千多人。	目前「致公黨」在大陸十六個省、自治區、直轄市建立七十九個組織機構。
台灣民主自治同盟	一九四七年謝雪紅等「台共」在台灣發動「二二八」事件失敗後，逃往上海、香港，一九四七年十一月十二日在香港成立「台灣民主自治同盟」。	林盛中	大陸同胞。	近一千人。	
中國民主建國會	抗戰勝利後，部分工商界（以遷川工廠聯合會為主）與文化界人士，因不滿政治現狀，遂於一九四五年十二月十六日在重慶成立「中國民主建國會」。主要領導人有黃炎培、章乃器等人。	孫起孟	以工商、金融界人士為主。	三萬六千多人。	目前，除西藏外，大陸二十八個省、自治區、直轄市均建立「民建」地方組織。

中華全國工商業聯合會	一九五三年十月，中共為加速對私有企業進行公私合營的「社會主義改造運動」，因此唆使陳叔通、李燭塵、南漢宸、胡子昂等籌組「中華全國工商業聯合會」，以配合中共的改造運動。	胡子昂	工商人士。	四萬六百八十五個。其中個人會員二萬零九百七十五人，企業會員一萬八千六百六十二個，團體會員一千零四十八個。	1.「工商聯」不是黨派，而是與「民建」同一性質之民間團體，一般與民主黨派並提。 2.「工商聯」有團體與個人成員，因此計算單位為「個」。各級地方「工商聯」計一千零五個。

（本文原載民國七十七年七月新時代月刊）

析中共與民進黨在「辜汪會談」之策略

一、前言

備受國際矚目的「辜汪會談」在歷經波折後，終於在四月廿九日完成四項協議之簽署，我海基會代表在民進黨之牽制與中共和平統戰之攻勢下，能不卑不亢，完成本次有尊嚴又對等的高政治化事務性談判，殊為難能可貴。

然而此次會談，也顯現了目前兩岸關係與朝野關係的複雜態勢與薄弱共識。質言之，目前兩岸關係與朝野關係皆正處於檯面上「理性競爭」與檯面下「非理性鬥爭」的微妙轉變時期。因此，執政黨若能審慎處理，則對兩岸關係與朝野關係將能開創一全新的主導優勢；反之，若稍有不慎，則將陷入困境。為此，本文試圖就此次會談中共與民進黨的態度與策略作一剖析，以供參考。

二、中共在「辜汪會談」之策略

（一）中共整體對台策略簡析

1.「吸引」和「逼迫」併用的兩手策略。中共為遂行對我和平統戰陰謀，因而制訂「吸引」和「逼迫」的兩手策略，一方面對我採取外交孤立與武力威脅，以逼迫我和解走向談判桌，一方面則吸引我商人、文化界人士及民間人士前往大陸，以遂其「以民逼官」、「以商圍政」及「以通促統」的統戰伎倆。

2.以經貿交流為中心的吸引策略。中共認為吸引台商有三大好處：一、對大陸內部而言，可以解決其資金短絀問題，加速經濟發展；二、對我而言，可以「以商圍政」，逼我政府走向談判桌；三、可抑制台灣的分離意識。因此如何突破「三通」遂為中共當務之急。

3.以「不造成談判破裂」與「不替國民黨造勢」為談判策略。有堅持、有要求、有反覆是中共的談判伎倆，在談判中逐步攻破敵人心防，則為要點，是以談判可積小勝為大勝，惟其談判之精義則為不替敵方造勢，敵方大勝己方小勝則不欲也。兩年前「三保警事件」中共拖延了兩星期才放人，實乃不欲在當時朝野紛爭之國大臨時會替國民黨造勢。

（二）中共在此次「辜汪會談」之策略分析

1.戰略目標。基本上，此次會談我方的戰略目標除在解決兩岸交流所產生的若干問題外，主要目的是希望透過會談，營造兩岸為對等政治實體的國際視聽，而中共則希望藉由這次的會談達到突破三通、人員赴台、官方接觸和進一步緊密兩岸經濟關係，企圖打破我國統綱領的進程規劃，把兩岸關係由近程推向中程階段。

2.策略運用。中共的談判策略是採取積小勝為大勝的蠶食鯨吞方式，因此殊少採取一次決勝負的方式。故在談判策略上採高、中、低綱領同時運用的原則。

(1)高綱領：係其談判的最終目標。雖不可能達成，但卻同時具有政策宣示與文宣造勢的雙重作用。如唐樹備與汪道涵在會場外大談和平統一濫調即是。此外，有關兩岸簽署「和平協定」與我重返聯合國的問題，中共的統戰味道更是十足，宣稱只要坐下來什麼都好談。

(2)中綱領：是近期主要策略目標，雖亦甚難達成，但旨在宣示其強烈政策取向，逼迫對方重視。唐樹備與汪道涵在會場內提出「三通」主張與在場外大吹「三通」風，正顯示其強烈的策略企圖。

(3)低綱領：為談判之底線。必須錙銖必較，若無法爭取，則不惜讓談判破裂。「兩岸經濟交流會議」之召開，及「兩岸制度化溝通協商管道」之召開地點是爭取的重點。唐樹備堅持「兩岸制度化溝通協商管道」中副會長、董事長及秘書長級人員的協商必須「輪流在兩岸召開，必要時可以協商在第三地舉行」，正是其談判底線。因此唐樹備才會態度強硬地表示談判是取與給、權利與義務的關係，並表示不惜讓談判破裂，在我方稍作讓步，修改為「在兩岸輪流和商定之第三地」進行會商，才使談判順利完成。而海協會高層人員唐樹備等可以入境台灣，不但使中共營造了兩岸和解的氣氛，並使國統綱領朝中程階段邁進一大步。

3.技術運作。相對於海基會受到陸委會（要求只能談事務性問題）、民進黨（要求終止賣台行為）及立法院（要求立法監督）之處處掣肘，加上談判人才欠缺（有將無兵）與有關準備不足（新聞稿之準備、發送等），大陸海協會則顯得授權較充分、準備較周全、運作較靈活。在授權上可以對兩岸簽署和平協定與我們加入聯合國等問題予以答覆；在幕僚作業上，新聞稿事前擬妥並分送與會記者（不似我沒準備英文新聞稿）；在運作上，則有輕重緩急，有攻有守，對邱進益到大陸百般禮遇，幾乎有求必應，以塑造其善意的形象，對重大議題則寸土必爭，寸步不讓，並提出對策（案）反擊，如我要求簽署台商投資保障協定，中共初以我未開放台商赴大陸直接投資及大陸來台投資為由加以拒絕，然後又提出開放台商到大陸直接投資、大陸產品進入台灣、開放大陸經貿人士來台等做為相對條件。態度靈活，有攻有守。此外唐樹備等更積極主動找台灣及外國記者吹風，塑造有利彼方之文宣氣勢。

三、民進黨在「辜汪會談」之策略

（一）民進黨大陸政策簡析

1.民進黨之大陸政策隨著時空的轉變而有三階段的變化，第一階段是民國七十五年至七十七年，它的大陸政策符合務實原則，著眼於兩岸交流的現況，不但主張開放兩岸交流，甚且亦主張開放兩岸直航與直接貿易。第二階段自民國七十七年「四一七決議文」、七十八年「一〇〇七決議文」，至七十九年十月通過「台獨黨綱」，則是主權優先的論調日益凸顯，一味主張台獨，而放棄對大陸政策之發言權。第三階段為二屆國大選後至今，改採彈性之做法，一方面因已略具實力，且大陸政策影響範圍日廣，因乃思有所調整、參與大陸政策決策，一方面則試圖整合務實派與主權優先派，以凝聚黨內共識，八十一年立委選舉「兩岸關係與對中國大陸政策」之「政策白皮書」即是。

2.民進黨黨內對大陸政策之意見約可分為兩派，美麗島系主張務實交流，對主權等爭議性問題則暫時擱置，七十九年年底，許信良辦公室所發表的「原則性看法」可為代表；新潮流與台獨聯盟則強調主權優先原則，認為兩岸交流須先確立台灣主權獨立為基本原則，否則任何交流將自失籌碼，「台獨黨綱」的通過即為其代表作；而施明德、謝長廷與陳水扁等中間派系則介於兩者之間，但傾向主權優先派。具體言之，民進黨認為兩岸交流不能妨礙其台獨主張之推行，否則俱在反對之列。

（二）民進黨在此次「辜汪會談」之策略分析

1.戰略目標。基本上，兩岸關係發展太快不但對民進黨追求台獨的目標十分不利，而且就短期而言，亦不利民進黨勢力之壯大發展，因此民進黨對辜汪會談之主要態度有三：一是上策為阻止辜汪會談，延緩兩岸發展速度與幅度；二是中策為以時間換取空間，要求監督、參與會談，以藉機參與大陸事務決策；三是下策為以抗爭之名，向國際宣揚台獨理念。

2.策略運用。為了阻止、監督及參與「辜汪會談」，因此民進黨自始至終皆將會談定位為政治性談判，要求停止會談，但得知會談勢在必行無法阻止後，改採二階段策略作為：

第一階段：以監督換取參與。首先由立院黨團決議籌組觀察團，向執政黨施壓，經評估後認為海外抗爭不比國內，變數甚多，有可能遭星國政府之取締，影響該黨形象，因此要求推派學者參與會談，一方面替觀察團找下台階，一方面藉參與達到監督的效果，瞭解會談情形。此外，亦可藉機拉攏學界。

第二階段：以宣傳代替監督。在推薦林山田參與會談遭拒後，形成騎虎難下之局，因此與國大黨團聯合組隊，並將觀察團改名為「反對國共和談宣達團」，旨在向中共及國際表達其台獨理念。舉凡在我駐星代表處餐宴時舉牌抗議，向汪道涵及各國記者發送「獨立建國綱領」，在會場外宣達「台灣是台灣，中國是中國」及「堅持一中一台，反對國共和談」等行動皆是。

此外，宣達團並提出「三不」—不介入、不干擾、不背書做為此次在星的行動原則，同時亦確立一個「主要矛盾，次要矛盾」的鬥爭原則，故四月廿八日才會有「不容海協會欺壓海基會」的標語出現。

3.技術運作。由於新加坡法律禁止抗議、示威活動，因此民進黨宣達團幾乎是在與星國警方玩捉迷藏遊戲下進行抗議活動，打的是隨機戰，毫無戰術可言，不過他們卻格外注重文宣，中英文新聞稿準備齊全，記者會並能配合晚報截稿時間。並與在星台商餐敘，爭取海外政治獻金。

四、綜合研析

（一）此次「辜汪會談」可算是兩岸三黨互動關係的具體呈現，執政黨不但解決了兩岸交流若干急需商議的文書驗證問題，同時也獲得了形式上的對等，中共則突破我方禁限，使海協會人員得以來台，協商兩岸交流所急需解決之問題，而民進黨雖在星製造了些許風波，卻也完成向國際表達反對統一的台獨立場，可謂各有所獲。

（二）此次會談也顯現中共對台政策的一貫性，從目標到策略到戰術運用，層次分明，上下一體，打的是綜合戰、整體戰；而民進黨內部則派系意見紛歧，新潮流極力主張終止「辜汪會談」，美麗島系則要求參與會談，中間派系與台獨聯盟則傾向監督會談。此外該黨中央黨部在三月底還決議支持籌組觀察團，但四月中卻又表示反對，可見一斑。

（三）「辜汪會談」已順利完成，但兩岸三黨關係卻進入一個錯綜複雜階段，未來兩岸將更直接面對一些問題，如兩岸直航、簽署和平協議、投資保障協定，及加速民間交流等問題將是兩岸未來談判之主要議題；而朝野關係亦將日趨緊張，民進黨將會提出下列主張：(1)廢除國統會與國統綱領；(2)在立法院成立大陸（中國）事務委員會；(3)介入陸委會、海基會之運作；(4)修改兩岸關係條例中之若干條文，以加強立法監督權。此為未來兩岸關係與朝野關係之大勢，我宜加以重視。

（四）執政黨在兩岸關係上，除應立穩腳步，審慎推動兩岸之交流互動外，更應有計畫地透過各種非官方管道與中共的高層接觸，促使中共正視兩岸分裂的現實，採行理性作為處理兩岸關係，勿再玩吸引與逼迫的統戰老調，阻礙兩岸關係之良性發展。同時應在大陸政策上設法與民進黨產生共識，以免斲傷戰力。對民進黨上述主張應進行溝通，以化解歧見，並促使民進黨瞭解，台獨只能是談判工具、手段，不能做為政治目的。

（五）最後，針對會談期間我有將無兵及學界多持觀望態度的兩大弊端，應加以改善，一方面應加強談判人才之培養，一方面須加強學界及輿論界之關係，期能化阻力為助力，加強文宣造勢。

一九九三、五、二十二

美、「中」、台三角關係與美國的台海政策

一、美、「中」、台三角關係的回顧

美國的外交政策旨在維護其國家利益。就戰略觀點而言，台灣獨立或維持現狀符合美國利益，因此舊金山合約中有疏漏台灣主權回歸中國之故意，為台獨論者提供台灣地位未定論之國際法依據；韓戰爆發後，國務卿杜勒斯遊說蔣介石接受「雙重承認」，放棄安理會席位以換取國際承認兩個中國之事實。一九七一年美駐聯合國代表布希在中共加入聯合國前刻，仍不忘提議「雙重承認」，在在皆可看出台灣脫離中國符合美國利益。

惟美國對台政策並非一成不變，須視國際現勢的變化而調整。尤其當中共的政經及軍事實力逐漸崛起後，對中共的全面圍堵政策已不可能，雙方勢必以合作代替對抗，對台政策也須相應調整，「一個中國，和平解決，鼓勵對話」遂成為美國當前處理台海問題的三大原則（美國稱之為「三大支柱」）。

綜觀國民政府遷台以來，美、「中」、台三角關係有幾個階段的發展：

（一）一九四九年到一九七二年，美國與中共處於敵對狀態。韓戰和越戰是雙方衝突點，韓戰爆發後，美國與中華民國簽署共同防禦條約，並派第七艦隊協防台灣，台灣成為美國圍堵中蘇共的重要防線之一。美國在聯合國支持中華民國，排拒中共入會，直到一九七一年聯合國才通過二七五八決議案，排除我國會籍，接納中共入

會。

（二）一九七二年到一九七八年，美、「中」關係由敵對狀態邁向準同盟關係。中蘇共交惡後，美國採取「聯中制俄」策略，一九七二年兩國發表「上海公報」，七八年發表建交公報，期間美國仍與中華民國維持官方關係，美台海政策處於微妙的「雙重承認」狀態。

（三）一九七九年到一九八九年，中共與美國建交後，在經濟上，推動改革開放政策，在兩岸關係上強調和平統一，先後有七九年人大常委會告台灣同胞書，八一年葉九條，八三年鄧六條，及八四年對台和平統一和一國兩制方針的出爐，我政府也在一九八七年開放大陸探親，兩岸結束軍事對立狀態，開始對話交流。期間美國國會在一九七九年通過台灣安全關係法，美國政府在八二年與中共簽訂「聯合公報」，對台出售防禦性武器，促使兩岸和平解決。

（四）一九八九年到一九九三年，東歐共產國家及蘇聯紛紛解體，長達四十年的東西方冷戰結束，國際局勢由兩極對抗轉變成美國獨霸的局面。八九年六月北京爆發天安門事件，美國聯合西方國家對中共抵制，採取經濟制裁，中共與美國形成一場和平演變與反和平演變的鬥爭。與此同時美國對台政策卻悄悄自中國政策脫離出來，前駐中共大使李潔明及在台協會主席白樂崎相繼提出中共對台灣的主權主張是過時主權的論調，李登輝總統並與之呼應。

九二年後大陸局勢漸穩，九月中共十四大確立重回市場經濟，美「中」關係才逐漸回復到天安門事件之前。

美國在這段期間企圖分裂中國、鼓勵台獨的做法，對國內政局產生重大影響，台獨聯盟成員大舉返台，造成島內台獨聲浪大漲。迨九三年四月許信良訪美，美國國務院官員告之現階段美國不支持台灣獨立，促成台獨理論的大修正與台獨運動的分裂。九三年後民進黨內務實派如許信良、施明德便主張「台灣自一九四九年以來已經是主權獨立的國家」，「民進黨執政不必也不會宣布台灣獨立」。基本教義派則視其為對台獨運動的背叛，並在九六年另組建國黨。

此時期雖然美「中」關係交惡，但兩岸交流卻有更進一步的發展，兩岸在九一年先後成立了海基會與海協會，並且在九三年進行第一次辜汪會談，達成文書認證、兩岸共同打擊犯罪等四項協議之簽署。

（五）一九九四年到一九九九年，美、「中」、台三角關係出現了激烈的變化，九五年李登輝訪美與九九年七月李登輝提出兩國論，使三邊陷入空前緊張關係，美國政府因而批評李登輝是麻煩製造者，柯林頓政府除再三重申「三不政策」——不支持台獨；不支持兩個中國或一中一台，不支持台灣以主權國名義參加世界組織外，亦開始進行預防外交與二軌會談，試圖建構一項兩岸互信機制，避免雙方因誤判而引發軍事衝突。九七年江澤民訪問華盛頓，雙方發表建立戰略夥伴關係的聲明，兩國元首並建立電話熱線管道。

二、台海危機與美國的預防外交——當前美國台海政策的主軸

台海爭端攸關美國在亞太地區的安全利益，但由於二個因素使美方在處理台海問題時，無法直接介入，頗有

力不從心之感。一是美方自一九七二年上海公報後，採行「一個中國政策」，同時中共亦堅持台海問題非主權國家之間的爭端，是中國內政問題，反對美方涉入；二是基於台海問題的複雜性及美國調停國共內戰失敗的歷史經驗，因此美國一再重申不願做兩岸之調人，兩岸歧見應由雙方透過對話和平解決。

一九九五年李登輝訪美後，引發飛彈危機，海陸兩會間之交流對話終止，兩岸關係陷入緊張狀態。為此美國認為有必要建立一套雙方互信機制，以免因誤判而引發衝突。為彌補美、「中」、台官方溝通管道之不足，預防性外交、二軌會談等概念架構遂相繼被提出。

預防外交，又稱預防性國防，是為防止軍事衝突而設計的一項戰略機制。在缺乏官方溝通管道下，為發揮此機制則必須採取半官方或民間的第二管道或第三管道來達成。即所謂「二軌會談」或「三軌會談」。美國「戰略暨國際研究中心」（CSIS）新任資深副總裁坎貝爾（KURT CAMPBELL）即表示二軌會談的妙用「就在於它是半官方性質又具有獨立性，與會者（包括政府官員，但以非官方身份參與）發言可以不受官方政策之侷限而可進行充分的意見交流」，「最終當兩岸出現具有創意的安排時，那必是經由二軌會談的場合探討出來的」。

美國推動預防外交與二軌會談消極目的是在避免台海兩方誤判而引發危機，積極目的則在建立一套雙方互信機制，也就是雙方簽署一項協定保證在「台灣不獨，中共不武」的情況下，海峽兩岸維持五十年和平不變，「中程協議」一九八年由美白宮國家安全會議亞洲事務資深主任李侃如提出，九九年三月後成為白宮官方文件正式用語。

對於預防外交與二軌會談，中共是不公開的承認，但也不排斥。在眾多二軌會談的單位中只有美前國防部長斐利的預防性國防計劃與中共國際戰略基金會是由官方授權，雙方並在九八年三月的杭州會議達成海峽兩岸雙方恢復對話的默契，並促成十月辜振甫再訪上海、北京及九九年秋汪道涵來台訪問的安排，七月因李登輝提出兩國論，兩岸復談對話再陷入僵局。此外，美國國務院智庫「外交政策全國委員會」自九七年以來亦舉行八次二軌會談，但由於李登輝不支持及沒有中共的授權，「外交政策全國委員會」的二軌會談充其量也只能說是三軌會談，今年在中共的抵制下，會議行程由六月中旬延到八月中旬，雖然說會談內容會轉給美、「中」、台三方政府，但也只是參考，並無形成政策的共識與公信力。

至於雙方簽署中程協議，中共則尚無回應，涉台部門強調美國推動此案的目的是要保持兩岸「不戰、不獨、不統」的局面，企圖「以拖化壓待變」，即以拖延方式化解壓力，等待變化。中共的一貫口徑是在「江八點」所提，一個中國原則下兩岸儘早簽訂結束敵對狀態的協議。

三、陳水扁當選後美國的台海政策

三月十八日陳水扁當選中華民國第十任總統，全世界除對我國經由民主選舉的政黨輪替予以高度肯定外，各界更將焦點集中在台灣產生一位主張獨立的新領導人，兩岸關係將會如何發展，尤其是美國，深怕台海爆發軍事衝突，並將美國捲入。因此美國總統柯林頓在選後即發表聲明，表示接受民主選舉的結果，但仍不忘重中美國的

「一個中國」與「三不政策」，同時強調「台灣問題須經由和平手段解決，並獲得台灣人民的同意」，此外，美國並採取三項措施以期舒緩兩岸緊張關係：

（一）要求陳水扁節制言行，不要刺激中共。

1.副總統當選人呂秀蓮在當選之夜，曾想發表一份對中共極具挑釁的演說稿，美方人員得知消息後馬上要求民進黨予以勸阻，經由秘書長邱義仁及國際事務部主任蕭美琴向呂表達美方的關切才作罷。

2.美國在台協會處長薄瑞光及特使漢米爾頓更主動與陳水扁及其幕僚商談就職演說內容，陳水扁最後出爐的演說內容「五不」—不會宣布獨立、不會更改國號、不會推動兩國論入憲、不會推動統獨公投，沒有廢除國統綱領與國統會的問題，及在既有的基礎上，共同處理未來「一個中國」問題，就是與美方反覆討論後定案的，因此陳水扁才說演說內容會讓「美國滿意，國際肯定，中共找不到藉口」。據說三月十八日到五月二十日二個月內，薄瑞光曾為演說內容與陳水扁會商十三次。

3.此外，陳水扁亦創造了許多兩岸關係語言美學如「一個中國可以作為議題」、「兩岸都是一家人，是兄弟姊妹，應該相互扶持」、「兩岸合辦奧運」、「中國心台灣情」、「北風與太陽的故事」、「柔弱勝剛強」、「九二精神」等等，言詞極盡柔軟之能事，卻避談一中，不承認是中國人，因此儘管中共批評他在玩弄文字遊戲，有善意沒有誠意，卻也奈他莫何，只能「聽其言，觀其行」。

（二）展開兩岸三地預防外交與二軌會談。

1.三月二十一日到二十四日，美特使漢米爾頓訪台，與陳水扁幕僚討論台海局勢，並研商就職演說中兩岸關係「尋求一個雙方都能接受的陳述的可能」。

2.三月底四月初，美國家安全顧問柏格分赴大陸與台灣，與兩岸領導人晤談台海問題。

3.四月中，美參議員洛克菲勒、穆考斯基分別來台會晤陳水扁，討論台海關係。

4.四月底，美外交關係全國委員會成員前亞太事務助卿羅德、前國安會亞洲資深主任包道格、國務院亞太事務顧問查戈里亞、及該委員會會長史瓦博格分赴台北、北京、上海與陳水扁、江澤民、汪道涵商討兩岸局勢。該委員會又於六月二十三日訪問北京，與中國現代國際關係研究所舉行座談。

5.五月十六日，「美中關係全國委員會」會長何立強率團來台訪問。

6.五月十七日，美前國務卿海格赴北京會晤江澤民。

7.六月中旬，美前國防部長斐利、前國防部副助理部長坎貝爾分別到台北與北京，進行二軌會談。

8.六月二十日，美國務卿歐布萊特赴北京訪問，會見江澤民、朱鎔基，「希望見到兩岸重現彈性及創意，重起對話」。

9.六月底，美亞洲基金會會長傅勒率團訪台，陳水扁曾在接見時表示願意接受「一中各表」九二共識，隨後又否認。

10.七月初美總統及國務院主管武器管制及國際安全事務資深顧問霍倫訪問北京。

11.七月中旬，美國防部長柯恩訪問大陸，會見錢其琛、汪道涵、遲浩田等人，並希望中共當局把握時機，改善兩岸關係，「莫坐等六個月，否則機會愈來愈小」。

12.八月十四、十五日，美外交政策關係全國委員會在紐約舉行美、「中」、台三軌會談。

（三）以戰逼和—避戰與備戰併行的兩手策略。

中國現代國際關係研究所研究員閻學通認為三月十八日以前美國的政策是全面避免台海發生戰爭，但三月十八日以後，則是一手避戰，一手備戰。避戰是採取預防外交與二軌會談的方式進行，同時美方在三月底四月初公布江西與福建的飛彈基地與機場衛星照片，也向中共暗示美方對中共軍事措施瞭若指掌，要中共不要輕舉妄動。

備戰的指標有：

1.三月十八日以後，美國派遣兩個軍事代表團來台作軍事評估，結論是必須加強台灣軍力，加快對台武器出口，認為如果不儘早供應武器給台灣，沒有給台灣兩三年的時間訓練，台灣軍方就來不及操作這些先進武器。

2.四月間美國代表團及七月中美國防部長柯恩訪問澳洲，要求台海出現對峙局面時，澳洲能出力協防。

3.將在大西洋巡戈的潛艇調到太平洋來，該舉動頗具軍事嚇阻意味。

4.雖然美國會尚未批准，但卻已開始對台出售神盾戰艦的軟件系統，讓台灣軍方先模擬設備訓練，一旦台海形勢吃緊，美提供神盾戰艦後，台灣軍方就能很快使用。

5.此外，美國逼迫以色列終止預警機售與中共，計劃部署TMD（戰區飛彈防禦系統）及NMD（全國飛彈防禦系統），及國會推動通過台灣安全加強法，擬增加對台軍售的質量，在在顯示美方正逐步加強台灣防衛的能力，企圖以戰逼和，逼中共回到美方所提「台海政策三大支柱」（一個中國，和平解決，鼓勵對話）的方向來。

四、美、「中」關係的不確定性及其對兩岸關係之影響

（一）美國有關中國政策的辯論

九〇年後，美國瀰漫在一股濃厚的中國威脅論的氣氛中，「如何與崛起的中國打交道」便成為政治評論家與政治工作者辯論的焦點，主要的論點與策略有三：

1.「全面性交往政策」。多數傳統的漢學家及國務院負責亞太及中國事務的專家們認為，應從經濟、政治、軍事各方面和中共進行全面性交往，促使中國大陸成為一個可以合作的民主國家，並加強與中共在防止核武擴散、貿易逆差、人權與環保問題的合作。布希及柯林頓政府既採行此一政策，企圖「和中共進行建設性交往，並進而將中共納入一個可受制約的國際體系中」。柯林頓在九七年和江澤民發表美、「中」「建設性戰略夥伴關係」的協議，即是此政策之產物。

2.「預防與圍堵政策」。蘇聯垮台，美國一批冷戰戰士在長期的抑鬱後，終於在中國崛起後，重新找到新的

假想敵，這令他們憂喜參半，一方面高興又找到一個假想敵，一方面又擔心這個假想敵終將在國際權力舞台威脅美國獨霸的局面，他們在這兩種矛盾的心理下，公開批評柯林頓的全面交往政策只會讓中共坐大，並對美國構成威脅。預防中共坐大，因此必須改弦更張，採行全面圍堵政策。這些人包括許多國會議員和他們的助理、共和黨政治人物、保守派的媒體工作者、卸任情報部門官員和戰略學家，他們主張將中共定位為戰略競爭者而非夥伴關係。這些人建構起一支被稱為「藍隊」的鬆散同盟組織。

3.「圍交政策」（congagement）。這派是以知名智庫蘭德公司（Rand Corp.）為代表，許多學術機構也傾向這種主流觀點，他們認為，一味地交往或圍堵均不能平衡兩大戰略目標：一是促使中共更加民主和合作；二是萬一中美交惡時能維護美國利益。

因此他們認為最好的策略是採取交往和圍堵混合併行的「圍交政策」，即美國政府無法避免強化與中共在軍事、政治和經濟上的交往，但交往時不能一廂情願，須預防圍堵中共坐大，而危及美方利益。做法有三：①防止解放軍取得能反制美國的武器，②增強美國與盟邦間的外銷管制，以限制中共獲取致命而危險的武器，③強化美國與東亞及東南亞盟邦的軍力，以遏阻和抵擋中共的可能侵略。

以上三種論點和策略，「圍交政策」是當前的主流思想，「全面交往政策」則是現今政府政策，而「預防與圍堵政策」的思潮正方興未艾，五月底，國防部「二〇二〇聯席報告」及七月三十日共和黨「二〇〇〇年政綱」都將中國定位為戰略競爭者，而非戰略夥伴關係。

可以預見的是美、「中」關係的定位與發展將隨國際情勢的變化而調整，而美、「中」關係的轉變勢必會影響美、「中」、台三角互動下的兩岸關係，吾人不可不慎察。

（二）台灣問題與美、「中」利益

北京大學國際關係學院教授葉自成說：「兩岸關係是中美關係中時間拖得最長，風險最大，最易發生對抗的問題，是最可能把中美兩國拖進一場雙方都不希望發生的軍事衝突的現實因素」，「兩岸關係在中國的利益體系中是命運攸關的核心利益，在美國的國家利益體系中只是美國一個比較重要的利益，失去台灣可能會使美國丟面子，並使軍火市場受損，但不會對美國造成什麼重大損失。因此這決定了中國一定會在中美關係中，在兩岸關係中採取堅決立場和一切方式維護這一利益，而美國卻不一定會用一切方式與中國進行對抗」。

另據七月十二日「美國國家利益委員會」所公布的一份報告指出與中共建立建設性關係是美國在東亞「攸關生死」的兩項國家利益之一，而維持台海和平則只是排第二「極重要」的國家利益。儘管如此，該報告稱中共是美國在東亞「主要潛在戰略敵手」，「若台灣被中華人民共和國以武力併吞，代表美國領導的失敗，做為盟邦的可信度可能遭到挑戰」，因此「和平解決必須是美國的底線」。

美前在台協會理事主席白樂崎也強調：「沒有任何一位中國領袖可以在失掉台灣後能保住政權，也沒有任何一位美國總統可以在失掉台灣後，還能繼續留任，至少是沒有辦法撐過下一次大選」。

尤其是六月中在中共的安排下南北韓進行高層會並達成若干協議，讓美國顏面盡失，因此若無法主導兩岸關係的和平解決，不但將使美國在亞太地區的影響力逐漸減弱，也勢必會影響盟邦對美國的信任，因此「兩岸關係和平解決必須是也必將是美國的底線」。

五、結語

「一個中國原則，和平解決歧見，鼓勵兩岸對話」是美國現階段台海政策的三大支柱，也就是在「台灣不獨，中國不武」可預測、控制的情勢下，雙方建立類似「中程協議」的兩岸互信機制，以維持台海三、五十年和平。這種戰略構想應符合當前美、「中」、台三方的利益。

但是值得注意的是，在中共國力不斷提升的預設前提下，美方在處理兩岸事務可能有兩種都將傷害台灣的戰略思考：基於戰略合作夥伴關係，美國在處理國際及區域事務上尋求美、「中」合作，此時台灣問題恐將成為美方的籌碼；基於戰略競爭的關係，為了削弱中共的影響力，台灣將成為美國圍堵中共的重要棋子。若台海爆發衝突，台灣可能化為灰燼，而中共國力將倒退二、三十年。

因此我方如何在現今美、「中」、台三方微妙互動的過程中爭取主動，尋求平衡點，實為當務之急。民進黨及陳水扁「拉美制中」、「以拖待變」的思考模式與戰略構想恐將是空想，將錯失兩岸和解契機。兩岸長期對峙，對我不利，更可能造成兩敗俱傷的局面。因此本黨應善盡在野監督之責，在兩岸議題，及早規畫提出一套前瞻性的戰略構想，以主導兩岸理性互動，和平發展，最終將能攫取民心，重掌政權。

二〇〇〇、九、五

美國、陳水扁、宋楚瑜操作「民親合作」的戰略構想與戰略目標

一、楔子

十二月十一日，六屆立委選舉結果揭曉，正當泛藍支持者沈醉在喜悅中，宋楚瑜、劉文雄馬上開炮，攻擊國民黨。自高市長選舉、花蓮縣長補選、總統大選後府前抗爭、大選補助款的分配、立委選舉配票排除親民黨候選人……，無不一一被提出大作文章，甚至還拋出不一定支持王金平，國親只談合作不談合併，親民黨與民進黨合作將「不當黨產條例」付委等，一時民親合作，橘子變綠等傳聞甚囂塵上，但國民黨卻一笑置之，認為只是宋楚瑜及親民黨敗選後一時的情緒性反應罷了。

二、民親合作的相關訊息

（一）宋在立委選後對國民黨開炮，立刻赴美，並在蔣方良逝世後回台，但不到二十四小時，公祭後又赴美。宋滯留美國有利美國協調、操作民親合作、兩岸復談等相關議題。一來宋較有保障，二來相關斡旋較不易曝光、破局。

（二）劉文雄和柯建銘私會，願將不當黨產條例付委，後因親民黨中央黨部遭泛藍支持者丟雞蛋抗議而作罷，不過不久親民黨內政委員會召集人呂學樟卻與民進黨聯手將之排入議程。

（三）民進黨釋放出賴英照出任閣揆或副閣揆的訊息，及宋出任和發會主席及海基會董事長的訊息。

（四）吳國棟出任國營會副主委。

（五）在親民黨的要求下，民進黨六〇社立委李文忠等釋放出修改台獨黨綱的空氣球。

（六）柯建銘在親民黨立委（一般而言應指劉文雄）的撮合下赴美與宋進行三角四方穿梭。三角指美、扁、宋，四方則再加中方。宋雖稱未與柯見面，但只要訊息明確，那在乎是否見面。

（七）親民黨拒絕連宋連袂會扁的提議，並說宋要當台灣的「吳鳳」。

三、三方操作民親合作的戰略構想

（一）就美國而言，泛藍雖在立委改選中過半，但朝野對立、兩岸僵持的局勢未變，且在美國全球布局的外交戰略上，益欲獲取中共的支持，而中共領導人胡錦濤對台政策愈趨強烈，年初更試圖通過「反分裂國家法」以遏阻台獨。民親合作有利推動兩岸復談、和解，可避免美國捲入即將攤牌的兩岸危機。

（二）就陳水扁及民進黨而言，一來可以為立委敗選後的政局重掌主導權，二來可為倡議的聯合政府加分，三來可減低美國促談的壓力，四來可以分化泛藍國親，最後則可減緩黨內接班的權力失控、被邊緣化危機。

（三）就宋楚瑜而言，不論國親合併或合作，都已難成為泛藍共主，若民親合作，則可再享權力的美味，若能更進一步促成兩岸和解，則二千零八年亦有雄風再起的本錢與機會。若不慎失敗，亦可冠冕堂堂為朝野對立、省籍對立、兩岸對立犧牲成仁，成為「外省人吳鳳」，多悲壯！

四、民親的合作的佈局與政治操作

民親合作必須解決三大關鍵問題：一是阿扁的誠信問題，一是權力的分配與妥協問題，一是意識形態對立的問題。

（一）阿扁的誠信問題在美方的斡旋及擔保下應可解決。

（二）權力的佈局分配問題。

1.若由宋組閣，阿扁願意嗎？他會放心嗎？

2.若由民進黨人士組閣，賴英照或張昭雄任副閣揆，賴英照任（或兼）財政部長，宋擔任兩岸和發會主委，海基會董事長。宋願意嗎？屆時老共若不理老宋，老宋豈不尷尬。

（三）意識形態對立的問題。

老共的「一中原則」，親民黨的「一中屋頂」，民進黨的「台獨黨綱」，三方如何取得妥協，協商出一套三角四方都可接受的折衷共識？

（四）此外，還有時間的壓力。游內閣即將總辭，新內閣必須在二月初六屆立委上任時提出，如何在如此短的時間擺平意識形態的差距，並做好權力佈局，此皆非易事。

五、影響民親合之相關議題

（一）立院正副院長選舉。

（二）軍購條例及軍購案。

（三）監委同意權的行使。

（四）真調會條例的修正案及真調會的處理。

（五）不當黨產條例的付委與審查。

（六）兩岸和平法的三讀。

六、民親合作的成敗

民親合作是最高難度的政治操作，涉及國內朝野政黨及政治人物的誠信問題、權力分配問題、意識形態對立問題。誠信問題在美方的見證及擔保下不成問題，權力分配問題雖然棘手，但再三折衝後，亦可形成一短期雙方可接受的佈局（長期會否衝突則待時間考驗），但意識形態牽涉朝野政黨政治認同與影響支持者的政治動向（轉向），若有不慎，政黨支持度可能大幅滑落，李登輝「表面上」雖贊成陳水扁推動民親合作，但骨子裡，台聯對兩岸直航及民進黨推動廢除台獨黨綱卻大加撻伐，因此目前民親雙方要化解意識形態的對立，短期內恐怕阻力甚大。但既有接觸，又有美方運作，則雙方隨時保有未來合作的彈性空間。也就是目前的態勢是雙方眉來眼去，但周遭親人（藍綠支持者）反對，且（親民黨）遠房阿公（中共）又冷眼旁觀，意向不明。針對可能的破局，雙方對外都可義正詞嚴地說合作是要化解朝野、省籍、兩岸三大對立。雙方都是台灣的吳鳳。

在民親合作瀕臨破局，但又要防止破局，有兩大關鍵：一是在上述相關議題親民黨如何暗助民進黨，又不讓支持親民黨的泛藍支持者唾棄、背離。二是在新內閣人事中如何保持彈性，即可以在民親合作成局時，隨時保持彈性，共組聯合內閣。是否由游內閣再繼續看守、過渡內閣，待民親合作成局時再全面改組。

七、結語—國民黨應有的戰略與策略

（一）戰略原則

1.一方面須防止民親合作若成形，國民黨變成無議題可操作、被邊緣化的窘境（尤其在兩岸關係），因此必須就兩岸關係及國內政經局勢，提出一套前瞻性的政策主張，如儘速簽署兩岸中程協議等。

2.一方面必須避免民親在合作破局後，將責任轉嫁國民黨，誣指國民黨朝野、省籍、統獨的破壞者。

（二）立場與策略作為

1.國民黨應發表民聲明指出：推動國親合併或合作是國民黨一貫的立場與主張，也是泛藍支持者的期待，國民黨將持續推動以制衡執政的民進黨。對市井上沸沸揚揚有關民親合作的傳聞，吾人寧可相信是空穴來風。若傳言不假，宋楚瑜及親民黨有意改變國親合作的一貫政治立場，只要有利國家，國民黨樂見民親合作，並予以祝福。

2.對親民黨內贊成國親合作的同志，國民黨應表示熱切歡迎他們回歸國民黨，以建立成強而有力的在野黨，持續監督執政黨，捍衛中華民國。

3.最後我們要指出，朝野、省籍、統獨對立的根源在於民進黨的台獨黨綱，解決之道，必須是民進黨認清政治現實，修改或或廢除台獨黨綱，而非民親或藍綠合。所謂民親或藍綠合以化解對立，根本是本末倒置，只是分裂泛藍的政治操作而已。

二〇〇五、一、十

析論連戰訪問中國大陸及其效應

一、前言

二〇〇四年十二月十日立委選舉泛藍大勝，但泛藍選民沉醉在勝選的喜悅中不到一天，馬上傳出「民親合作」的訊息。二月二十四日在美國的牽線下扁宋會，兩人在會後更簽署「扁宋十點共識」，在台灣掀起軒然巨波。面對鉅變，泛藍民眾愕然，國民黨更是震撼。為了挽救頹勢，在兩岸關係中爭取主導權，連戰和其幕僚毅然覺醒，對兩岸關係不再閃躲，不畏扣紅帽，「聯共反台」、「聯共制台」、「聯台賣台」等大帽一律閃到一邊，在宋楚瑜還在與大陸磋商訪問的過程中，國民黨異軍突起，三月二十七日，在民進黨舉辦大規模「反分裂法」大遊行的次日，國民黨副主席江丙坤率團訪問大陸，並與中共國台辦主任陳雲林簽署「國共十點共識」，同時中共政協主席賈慶林也代表中共中央及總書記胡錦濤邀約國民黨主席連戰訪問中國大陸。此二項作為馬上對國內外政壇引起強烈震撼，各種支持、讚揚、歡迎的聲音，及漫罵、譴責的聲音接踵而至。

二、連戰訪陸行程及連胡會之相關議題

（一）訪問行程

經過國民黨秘書長林豐正及文傳會主委張榮恭多次往返台陸，終於在四月十九日敲定連戰的訪問行程。

四月二十六日，台北啟程，經香港轉南京。

四月二十七日，上午赴中山陵向國父孫中山先生致意，下午會見台商。

四月二十八日，飛抵北京，下午和中共中央政治局常委、全國政協主席賈慶林會面。

四月二十九日，上午在北大演講，下午會晤中共總書記、國家主席胡錦濤。

四月三十日，抵西安，參訪兒時母校宰門國小。

五月一日，上午祭拜祖母墓，下午轉往上海。

五月二日，中午與台商午宴並發表演講，下午與海協會會長汪道涵會晤。

五月三日，返回台北。

（二）連胡會議題

外界對連戰和胡錦濤的會談，給予太多想像的空間，台灣的中國時報和聯合報多次報導要推動簽署「兩岸和平協議」、「國共終戰協定」、「兩岸和平終極方案」、「大陸飛彈後撤」等議題，但馬上遭連戰幕僚否認，連戰及其幕僚都知道沒有公權力簽署這些東西是不可行的。

因此連戰指出，兩岸對談「題目不必做得太大」，只要能夠以和平、善意、誠意、誠信為基礎，理性交換意見，以互惠、互助為出發點，他相信在對等、雙贏理念下，大家是可以探討若干議題。連戰和林豐正也先後強調

「兩岸分治」現況，是國民黨一貫強調的立場，也將成為「連胡會談」的基調。

至於可能討論到的議題，據立委吳敦義透露包括：

1. 消除兩岸在文化交流、經濟貿易等方面存在的障礙，譬如要求大陸對台灣農工業產品進口實施減免關稅。

2. 要求大陸不要阻撓台灣加入世界衛生組織。

3. 要求大陸撤走部署在福建對準台灣的飛彈。

4. 開放大陸人民來台觀光。

而外界所討論、注目的焦點，包括簽署兩岸和平協定、終戰協定、中程協議等等，雙方應會有所著墨，譬如中共重申雙方人民及政府應共同努力，創造兩岸互利共榮的前景；在台灣不獨、中國不武的前提下，雙方政府及各層級代表人士，就兩岸簽署上述協定進行對話協商等等。

三、各界對連戰訪問大陸的反應

（一）民進黨及民進黨政府之反應

1. 對連戰扣紅帽。呂秀蓮說連戰是「親共的急先鋒」，陳水扁說「這次國共和談還要失掉台灣嗎？」」，賴清德說「形同中國特首帶『議和團』去中國訪問」，邱義仁說「國民黨訪問大陸是在幫中國解套，打擊我方主權」，謝長廷說去大陸訪問，「共產黨的次要敵人都沒好下場」。

2.司法威嚇。四月六日陳水扁召開府院黨及黨團高層會議，通過七項共識，對私赴大陸與中共洽談者「相關單位應依法處理」，四月七日檢調單位馬上照辦，對江丙坤依刑法一一三條外患罪起訴。四月九日謝長廷表示江丙坤大陸行違反兩岸關係條例。

3.行政阻擋。對台灣農業登陸、貿易參訪、宗教交流等亦予以阻擋阻止。要求連戰等民間或社團人士赴大陸須事先報備，並指責政黨赴大陸與中共簽署協議或共識是將台灣「去政府化」、「去主權化」。

4.貶連揚宋，區別待遇。相對於民進黨及民進黨政府對連戰幾近歇斯底里的浪罵，對宋楚瑜則採取默許、寬容的態度，總統府表示親民黨主席宋楚瑜要以「扁宋十點共識」和中共國家主席胡錦濤談，扁宋十點共識可以代表總統。

針對民進黨的貶連揚宋，新潮流系有不同看法，總召段宜康表示，宋登陸比連來的嚴重，因十點共識是「在人講」（隨人而異，任意講），到時扁政府要不要背書？若對宋沒十足把握，他建議不要區隔連宋，以免「被宋掐住脖子，難以迴旋」。立委林濁水則認為政府應與在野黨溝通，進行風險控管，不要一味對立。

5.心理恐嚇。更扯的是民進黨在二十日竟然通過「政黨訪問中國決議文」，反對政黨接受一中原則為前提的九二共識為訪中條件。一個民主國家的政黨竟然在黨綱中規範限制他黨不能有那些政見、作為，真是可笑，可悲又可恥！

（二）李登輝及台聯的反應

四月二十一日，針對連宋將相繼訪問中國大陸，前總統李登輝「煩惱到睡不著」，終於站上火線，與考試院長姚嘉文、總統府資政辜寬敏、台灣北社等上百個本土社團代表召開國際記者會，批判連宋與政府的處理失當，呼籲全民面對國家迫切危機，應該堅決反對連宋「聯共賣台」。

此外，四月二十日，「台聯」主席蘇進強表示，「扁以為可以拉宋打連，中共也懂得拉連宋打扁，執政黨經常戰術當成戰略」，連宋訪中只會讓台灣邊緣化、邊陲化、裂解台灣，合理化反分裂國家法，完全抵消三二六百萬人大遊行反對反分裂國家法的效果。蘇進強強調，連宋如果要訪中，在國家定位上絕對不能從「兩岸是一邊一國」退讓；如果談論中華民國，應該說明清楚中華民國實質是指台澎金馬，否則將陷入一中的框架。

（三）宋楚瑜及親民黨的反應

由於親民黨主席宋楚瑜是訪問大陸的當事人，因此針對民進黨及政府猛批連戰，宋也只能以「不妄動，不過頭」回應。但宋的大陸行表現卻十分乖巧，「總統府第一時間就已掌握」，而且宋赴大陸會向陳水扁報備，帶著「扁宋十點共識」去，而總統府也善意回應說「扁宋十點共識」可以代表總統。此外，為配合執政黨大陸熱減溫政策，親民黨預訂四月中旬訪陸的農業訪問團也緊急喊停。

至於胡宋會要談什麼？親民黨政策中心主任張顯耀信心滿滿地表示，「宋胡會」將以「扁宋十點共識」及「胡四點」為基礎，試圖建構比九二共識更明確的共識。

（四）媒體及學者專家之反應

1.泛綠媒體與學者專家之反應

自由時報和台灣日報自四月一日至四月二十一日，共刊登二十篇社論，批判連宋訪問中國大陸是聯共賣台，「國共十點共識是迷魂散」，「國民黨誤判情勢誤國誤民」，「將兩千三百萬人的安全與福祉當作討好中國的貢品」。值得一提的是泛綠媒體並未對連宋做切割、區隔，而一致認為都是中共對台統戰、對扁施壓的工具。

2.泛藍媒體與學者專家之反應

泛藍媒體聯合報、中央日報、中華日報以及中國時報，對連戰登陸多持正面肯定的看法，認為兩岸應朝良性、善意的方向發展，應以和解代替對抗，在野黨領袖若與中共晤談而得出有利兩岸的共識與結論，執政黨應以收割的心理去做成政策施行，而不是一味打壓。

此外媒體及學界對民進黨以司法干預政治，欲以刑法一一三外患罪法辦江丙坤及連戰更大加撻伐，認為荒謬、亂搞；對民進黨停止大陸媒體駐台採訪，亦認為干涉新聞自由，開民主政治之倒車。

（五）輿論之反應

四月二日聯合報及四月三日中國時報同時公布一份民調，有趣的是，針對是否贊成連戰赴大陸訪問，兩報的民調結果完全一致，四成二贊成，二成八反對，另中國時報的民調顯示，三成七的民眾認為連戰訪陸有利兩岸關係，一成九認為不利，可見一社會大眾還是傾向認同連戰訪問大陸。

（六）美國之反應

美國對此次國民黨副主席江丙坤及主席連戰扣關訪問大陸採取了非常謹慎的態度處理。就美國的外交政策而言，「可控制及可操作的」是美國的外交準則，民親合、兩岸復談有美國在背後操作的影子，而連戰趕在宋楚瑜之前訪問，對美國操作兩岸增添了許多不可預測性，也就是說不能掌握，甚至失控。

因此這段時間美國只有低層官方發表兩次看法，一是三月三十一日，針對江丙坤訪問大陸，美國官員表示，任何有利降低緊張之舉都是美國所樂見，美國歡迎兩岸互訪以化解歧見。一是四月十九日，美國國務院東亞助理國務卿薛瑞福表示，在野黨領袖前往訪問的事，兩岸有對話比完全沒有對話好，有在談總比都不談來得好，但最終這些訪問會得到什麼樣的看待，將取決於很多現在還不知道、還未確定的因素。他說「這項外交會不會形成向前推進的機制？最終會不會有助於促成台灣整個政治光譜的更大範圍對話？或者，在台灣高度分歧的內部政治氣氛中，這會不會只限於跟反對黨接觸？我們都還不知道。」他表示，美國很注意這件事，還要再看看情況如何發展。他還指出，最終北京的領導人還是必須跟台灣民選的領導階層談，跟當政的政府談，才會對相關各方都有成效。

四月二十日，美國白宮及國務院對連登陸雖有較肯定的評論，但這只顯示美方在無法全面掌控下，暫時承認現狀的「動態平衡」的務實做法罷了。由薛瑞福及相關官員的講話不難看出，美國對連戰訪陸還採取審慎、觀望的態度。

（七）日本及韓國之反應

日本共同社、ＮＨＫ、產經新聞、經濟新聞及韓國聯合通訊社在二十日，連戰確定登陸行程後，不約而同的加以報導，但都以新聞處理，未有評論。

四、中、美及台灣各黨派對連戰登陸的政治考量

（一）中共的政治考量

1.連戰訪問中國大陸，可緩和中國大陸在「反分裂國家法」公布後的國際壓力。

2.中共在與江丙坤、連戰會談時釋放出的「陳江十點共識」或類似所謂的「胡連共識」，可營造中共試圖緩和兩岸緊張關係的氣氛，並對台灣農民、工人及商界人士產生和平統戰之效果。

3.可對美國一向鼓吹兩岸對話，緩和台海局勢，降低兩岸緊張關係有所交待。

4.「胡連會」可逼宋在兩岸關係中表態決定立場，並採取跟進態度，而「胡宋會」更可逼扁表態，一方面可化被動為主動，從美國手中奪取中美台三角關係的主導權，一方面可分化藍綠，並逼民親在兩岸關係中表態，採取實質務實的作為。

（二）美國的政治考量

美國在操作民親合作，兩岸復談的這一局，被國民黨江丙坤及連戰訪問大陸打亂。原本美國所要促成的兩岸復談對象是以宋楚瑜牽線，讓陳水扁和民進黨政府可以和中共對話、談判，以緩和兩岸關係，而不是國民黨的連戰。現在國民黨和連戰竟然烏龜伸頭了，不怕民進黨的「聯共反台、制台、賣台」等亂七八糟的大紅帽，以迅雷不及掩耳之勢，形成「國共第三次合作」的印象，不但令美國在操作美、中、台三角關係中失控，美國更擔心未來這股形勢若逼得台灣快速往中國方向傾斜，那將影響美國在亞太地區的戰略利益。因此美國當前是採取審慎、觀望的態度。但相信在暗中會對連戰警示，並對扁宋下指導棋，以期重新掌握局勢。

（三）國民黨的政治考量

國民黨在扁宋會並發表十點共識後，在台灣幾乎很快將被邊緣化，因此國民黨終於認清美國的邪惡面目及無情無義。

三二六大遊行，情勢演變為：扁搖擺、宋尷尬、國共相互需要，對國民黨來說，搶先登陸「取頭香」可以避免被邊緣化，而簽署國共十點共識正是凸顯「民進黨做不好的，國民黨來做」的對比效果，與扁宋十點共識互別苗頭。江丙坤在當年南京總統府寫下「破冰之旅」，顯然在自我定位此行的歷史意義，搶先卡位。此時國民黨主動出擊，首次與共產黨達成十點共識，以及四月二十六日在宋之前搶先一步舉行胡連會，不但可提高國際形象與鞏固基層之兩大作用，亦有邊緣化扁宋會的弦外之音。

（四）陳水扁—民進黨和宋楚瑜—親民黨的政治考量

扁宋會後扁宋已成為利益共生體，儘管親民黨立院黨團在立院仍與國民黨合作，泛藍泛綠對抗的形勢未變，而宋楚瑜在藍綠間的角色已經巧妙的移動了。扁宋會的十點共識中有六項是兩岸關係，因此扁宋會後，美國及民親已悄悄展開兩岸復談的動作了，宋楚瑜並已派多組人馬赴大陸洽談登陸事宜，誰知這一局竟為連戰所破，美國懊惱觀望，陳水扁動怒生氣，宋楚瑜頓足捶胸。也因而陳水扁及民進黨除對連戰訪問大陸採取極盡能事的漫罵、詆毀與抹紅外，民親更口徑一致，宋到大陸將以「扁宋十點共識」和「胡四點」為基礎，以建立一套比九二共識更明確的新共識，而民進黨的態度是「扁宋十點共識」代表總統，但要求宋不要談九二共識，這樣的政治操作是美國及民親企圖重新奪回兩岸關係的主導權，為胡陳會舖路。

（五）李登輝及台聯的政治考量

李登輝及台聯主張台獨立場堅定，因此他們對連戰、宋楚瑜訪問大陸採取相同的態度，強烈加以批判，並要求政府法辦連宋，禁止台灣人民赴大陸。

五、綜合評析

（一）連戰在訪問大陸時面臨一大困境，就是國民黨是在野黨，沒有公權力，畢竟政黨交流無法取代官方正式談判，因此若執政的民進黨若心胸寬大，樂觀其成，採取「你播種我收割」的作法，則國民黨亦有再被邊緣化之可能，不過觀諸民進黨小鼻子小眼睛，此可能性不大。

（二）宋楚瑜在訪問大陸時，同樣面臨一困境，親民黨強調以「扁宋十點共識」和「胡四點」為會談基礎，但「胡四條」第一條便是一中，中共怎麼可能放棄一中，任你玩弄兩岸新共識？同理，民進黨亦不可能承認一中做為兩岸復談之基礎，因此追根究底，兩岸癥結還是卡在「九二共識」與「一中原則」。

另外，許多民進黨人士也怕老宋到大陸去自行解釋「扁宋十點共識」，並與中共簽訂協定，屆時陳水扁將被綁架，承認也不行，不承認也不行。

（三）連宋大陸行都在修憲國大選舉前成行，因此胡連會及胡宋會的結果不但會影響五月中旬的國大選舉（這也是老宋堅持要在國大選前訪問大陸的計算），同時也會對未來美、中、台三角關係及台灣朝野形成層難以評估的影響，也因而老美至今仍然處於「審慎觀望」的立場。

（四）陳水扁在四月二十一日，一改以往對連戰登陸詆毀漫罵的方式，宣稱在兩原則下願意接受連戰訪問大陸，此種前倨後恭態度的轉變，扁人馬解釋是扁將自己扮演為民主社會多元意見的平衡者與仲裁者，但有更多人認為是在美方戰略思維下接受美方的指導，而不得不承認現實，順水推舟的現實做法，以免未來兩岸關係失去理性與彈性運作的空間。但陳水扁此種轉變除親民黨予肯定外，民進黨中央、黨團、行政院、台聯及台獨基本教義派皆錯愕不已，尤其陳水扁接受連戰訪問大陸等於間接撕毀、推翻四月十九日中執會剛通過的「政黨訪中決議文」（因連是以「九二共識」「一中各表」做基礎與大陸進行和解對話）。未來民進黨與獨派是否會形成更大的風暴與決裂，尚進一步觀察。（辜寬敏已在記者會上向阿扁嗆聲，指他是阿斗）

二〇〇五、四、二十二

後記：本文是在連戰訪問大陸前一周所撰，旨在對訪問前之國內外形勢作一分析判斷。四月二十九日連戰和胡錦濤在北京人民大會堂會面，會後國共兩黨並共同發表「兩岸和平發展共同願景新聞公報」。

兩岸有關台灣水果輸陸的政治操作及其政治效應

一、楔子

中共對台政策自胡錦濤接班後在戰略上作了具體的調整，即「硬的更硬，軟的更軟」，三月十四日的中共十屆人大所通過的「反分裂國家法」就是此戰略的具體呈現，一方面對台獨的分裂行徑立法表示將採「非和平」的手段解決，一方面對兩岸的經貿、民間交流採取更寬鬆優惠的措施，而台灣農產品輸陸則是其重點工作之一。

三月底、四月底國民黨副主席江丙坤和主席連戰分別率團訪問中國大陸，並和中共簽署「國共十二點共識」及「兩岸和平共同願景」，這兩項文件皆強調兩岸經濟合作，並提到台灣農產品輸陸的問題，國共交流並簽署這兩項共識無異為中共對台農業統戰提供了一道巧門，增加中共操作的空間。

五月三日，中共在連戰返台前一天宣布送台灣三項禮物，包括大熊貓、對開放大陸居民來台旅遊及擴大開放台灣水果輸陸，並對其中十餘種水果實施零關稅。其中水果登陸對台灣果農有極大吸引力，且省農會等民間組織刻正絡繹於途，和大陸相關方面進行洽商，因此這項議題馬上如火如荼在島內展開，形成熱潮，持續一個多月，至今仍對台灣內部及兩岸關係暗藏巨大影響。

二、台灣水果輸陸現況

台灣的農產品及水果輸往大陸已經有十年的歷史了，但由於大多是由貿易商單打獨鬥，缺少政府政策的幫助與奧援，而兩岸未能直航，保鮮不易且運費高，加上大陸只開放十二種水果進口，關稅偏高（十至二十七%），消費能力不足等等因素，台灣水果輸往大陸仍相當有限，大多以上海、北京、廣州等沿海城市為主，內陸則少有消費，多是在嚐鮮而已。

依農委會統計，去年台灣農產品出口總值高達三十五億一千八百萬美元，其中銷往中國大陸有八十九萬美元，包括香港共為七百五十四萬美元，占國內總產值百分之一點七八；若以數量來看，去年銷往中國大陸的農產品六百二十九公噸，加上銷往香港的部分共有一萬六千公噸，但也僅佔我國總產值百分之零點六。

若單就水果一項而言，去年我國水果外銷三千三百萬美元，其中中國大陸只有三十四萬美元（前年二十萬美元）不如日本一千二百萬美元，美國七百八十萬美元。日本第一佔四成，美國第二佔三成，香港第三，中國大陸第六。值得注意的是，今年上半年統計，台灣水果輸陸銷售額三十三萬美元，為去年同期成長三點四一倍，若以此計算，今年水果輸陸總額將達百萬元。

（另據大陸官方統計，去年大陸進口水果總額為六點一八億美元，其中經台灣進口二百三十七萬美元，僅占總額百分之〇．四，今年上半年進口一百三十四萬美元，較去年同期成長百分之四十二。）

因此，這波兩岸同時炒熱台灣水果，加上台灣水果免徵進口關稅，大陸消費水平大幅提升等因素的刺激下，相信大陸將會成為台灣水果出口的主要市場，甚至在未來五到十年內可能超越日本，成為第一大市場，台南縣議員廖西仁九月四日在廣州所舉辦的「二〇〇五穗台農經合作交流會」上甚至預言大陸市場將佔台灣水果出口市場的六成以上。

三、兩岸處理水果登陸的官方機構及民間銷售管道

（一）官方機構

1.中共官方機構

(1)決策機構。中共「中央台灣工作領導小組」（組長胡錦濤）為對台工作最高決策單位，下設「中央對台農業工作小組」，組長為吳儀，負責對台經濟統戰（包含農產品登陸）。

(2)決策執行機構。為「中央台灣辦公室」及「國務院台灣辦公室」（一套人馬兩塊招牌），主任為陳雲林，負責各項對台工作之執行。

(3)技術執行單位。主要由商務部「海峽兩岸經貿交流協會」及「台港澳司」負責。主要負責人為王遼平（台港澳司長兼海貿會常務副會長），其他涉及單位尚有國台辦經濟局（司長何世忠），負責經貿統戰；海關總署徵管司（司長唐強），負責產品入關事宜；質檢總局動植物檢疫監管司（司長俞太尉），負責防疫、檢疫，及農業部（農業政策），財政部（關稅）等等。

2.我方官方機構

(1)決策單位。包括總統府、國安會皆直接涉入。

(2)決策執行單位。行政院降為決策執行單位，院長謝長廷還親自下鄉滅火。轄下的陸委會及農委會更是親上火線，除須向總統府、國安局、行政院提出專案報告，提供相關輿情資訊外，還在媒體刊登廣告，舉辦座談會、說明會，進行消毒、滅火工作。

(3)技術執行單位。主要由外貿協會（會長許志仁）負責，一方面在大陸成立據點，設置台灣水果專櫃，一方面配合政府政策，準備和大陸談判協商，同時也召開座談會、刊登媒體廣告，吹噓貿協外銷產品的優良紀錄及豐富經驗，配合民進黨反制中共的統戰。另外，民進黨政府亦在農委會下設有「台灣農業策略聯盟發展協會」（秘書長吳秋穀），原先是想取代泛藍掌控的農會，卻沒達成效果，現則負責在國內配合舉辦座談會，進行消毒、滅火工作。

(二) 民間銷售管道

1.台灣方面

主要由省農會及各縣市農會、台灣區農業合作社聯合社、各縣市青果合作社、蔬果公會、農產物流中心，農產運銷公司暨農產國際行銷公司等農業組織、團體或直接與大陸洽商，或由水果貿易公司直接向農民採購輸陸。

水果輸陸炒熱後許多政治人物紛紛成立機構，欲分食大餅：

(1)許信良成立「海峽兩岸農業交流協會」。

(2)蔡勝佳成立「海協兩岸農業協會」。

(3)吳敦義成立「台灣特產外銷擴展會」。

(4)何智輝成立「海聯會」。

(5)國民黨立委李全教曾建議黨中央成立「兩岸農業合作發展基金會」，並在北京、上海等地成立「國際農業展貿中心」，但遭黨中央否決。

(6)其他如國民黨立委陳杰、親民黨立委陳朝容等人亦興趣濃厚。

2.大陸方面

台灣水果輸陸只集中在大陸幾個沿海大城市：

(1)在上海，設有台灣水果專櫃的超市有十一個。供應商有：上海吉谷商貿有限公司（總經理林志鴻）、泛亞欣貿易公司（負責人佘靜宜，另在上海開一家「繽紛鮮果坊」），及華中果品農副產品交易中心「第一家」台灣水果批發檔口。

(2)在北京，有春林農產公司（總經理呂政佑），該公司和外貿協會合作，七月三十日在君太百貨設置台灣水果專櫃。

(3)在廣州，有萬達農產開發有限公司（董事長高正義）

(4)此外，大陸大型超市集團華潤集團更直接來台採購，也有大陸政府單位直接來台採購三節水果、禮物。

四、中共對台灣水果輸陸的政策作為

(1)三月十四日中共通過「反分裂國家法」第六條規定「鼓勵和推動兩岸經濟交流與合作，直接通郵通航通商，密切兩岸經濟關係，互利互惠」，同時，中共總理溫家寶並宣布，「兩岸儘速常態包機、大陸漁工輸台、台灣農產品登陸」等三項善意措施。

(2)三月三十日國民黨副主席江丙坤和中共國台辦主任陳雲林共同發表「國共十二點共識」；第二項「大陸願幫助台灣農產品銷往大陸，國民黨將繼續派團磋商」；第三項「有關兩岸農業合作，大陸願協助台灣農民到大陸發展，並保障台灣農民權益；國民黨願促成兩岸農業合作」。

(3)四月十六日、四月二十八日，中共台辦主任陳雲林、副主任孫亞夫兩度邀請民進黨組團赴大陸談農產品輸陸問題。

(4)四月二十九日，國民黨主席連戰和中共國家主席胡錦濤共同發布「兩岸和平發展共同願景新聞公報」，公報中強調兩黨共同「促進兩岸經濟全面交流，建立兩岸經濟合作機制。促進兩岸展開全面的經濟合作，建立密切的經貿合作關係，包括全面、直接、雙向三通，開放海空直航，加強投資與貿易的往來與保障，進行農漁業合作，解決台灣農產品在大陸的銷售問題……。」同日，連胡會時，胡錦濤在品嚐連戰贈送的黑珍珠蓮霧時讚不絕口，隨口一句「為何不輸往大陸？」，於是為台灣水果登陸定調。

(5)在連戰返台前一天，中共台辦主任陳雲林代表中共中央宣布贈送三項禮物：一是贈送一對「象徵和平團結友愛」的大熊貓；二是開放大陸居民來台旅遊；三是擴大開放台灣水果進口，並對其中十餘種水果實施零關稅。

(6)六月一日，中共商業部所屬「海峽兩岸經貿交流協會」向台灣省農會等具代表性農業組織發出邀請函，赴大陸協商有關水果登陸事宜。

(7)大陸歷來規模最大的台灣農產品展銷會在上海舉行。這批台灣水果及農產品是以特案名義進口，享有零關稅，售價比較便宜，吸引大批人潮採購。中共海關總署並宣布，已制定台灣水果進口大陸七項通關措施，未來將與零關稅同步實施。

這項展銷會名為「兩岸農業合作展覽會暨台灣農產品展銷會」，是由中共國台辦、商務部、農業部、質監總局四部門合辦，為期兩天。為展現與台灣交往的實力，中共國台辦等四部門透過各自管道，邀約台灣政治人物、中南部基層農會以及在大陸投資的台資企業前來參展。至少有七十多家台灣農業企業和十多個以台灣中南部鄉鎮農會名義的展示攤位，另外，還有兩百多家在大陸投資的台資農業企業參展。

在展銷會上中共並宣布，今年七月起，在福建設立海峽兩岸（福建）農業合作試驗區。

(8)七月二十一日，中共宣布，「歡迎為台灣廣大果農所認知、熟悉台灣水果生產和銷售、能為台灣廣大果農解決實際問題、維護台灣廣大果農實際利益的台灣省農會、台灣區農業合作社聯合社、青果合作社等民間農業組織，本月廿七日前來大陸做進一步溝通。」、「考慮到台灣主管部門一再要求，其委託的島內民間機構參與協商方能實施，因此我們歡迎他們和台灣省農會等民間組織一同前來，以儘快解決問題滿足台灣廣大果農的急切期望，使台灣水果能順暢地以零關稅進入大陸市場」。

(9)七月二十八日，中共商務部宣布，將於八月一日起正式對原產台灣的菠蘿（鳳梨）、番荔枝（釋迦）、木瓜、楊桃、芒果、番石榴、蓮霧、檳榔、柚、棗、椰子、枇杷、梅、桃、柿子等十五種水果實施零關稅進口。

(10)八月一日，中國海關總署發布公告，認可十一個台灣各地商會簽發的台灣水果原產地證明。這十一個台灣各地商會也成為中國大陸第一批認可的簽發台灣水果產地證明的台灣有關機構和民間組織。十一個台灣各地商會包括台灣省商業會、台北市商業會、台北縣商業會、台中市商業會、台中縣商業會、彰化縣商業會、台南市商業會、高雄市商業會、高雄縣商業會、屏東縣商業會、金門縣商業會等。

五、民進黨對水果登陸的反應與反制

（一）第一階段：強勢抵制階段

1.威嚇反對黨及省農會不得與大陸簽署任何協定或協議。

(1)四月五日，針對「國共十二點共識」，陳水扁在總統府召開府院黨及黨團高層會議，要求相關單位依法辦理江丙坤，同日高檢署更配合演出，表示已分案調查江丙坤。

(2)六月十八日，陸委會發布新聞稿，威脅省農會若未經政府授權，前往大陸協商任何涉及公權力的事項，政府將依法處理。

2.要求中共以外貿協會為協商唯一窗口。

(1)民進黨政府認為省農會是泛藍的政治地盤，因此不願讓省農會與中共交涉協商。六月十三日行政院長謝長廷提出委請外貿協會與大陸協商的主張，同時還將農產品輸陸和貨運包機、大陸人民來台觀光三者綁在一起，並要求官方實質參與。

(2)六月十四日，陳水扁更進一步提出農產品外銷的「一個原則」、「三個安排」。「一個原則」是政府將全力推動台灣農產品外銷，對中國的出口將是全球行銷的一環。「三個安排」的第一項，指定外貿協會做為台灣農產品外銷全球的整合窗口，第二項是由陸委會、農委會等機關組成專業談判團隊，負責台灣農產品銷往中國時包括關稅、檢疫、核驗及通關等涉及公權力的事項協商；第三項是加速推動「貨運便捷化方案」，儘速協商「雙向、對飛、不中停」的貨運包機措施，確保高價生鮮水果品質，並有效掌握運輸時效。

依民進黨的如意算盤，以「外貿協會」為協商窗口，主動出擊，不但可以取得兩岸談判的主導權，中共若接受，則可將兩岸關係導向與國與國關係，若中共不接受，則不但可順理成章延緩兩岸各項交流，並可將水果登陸不成的責任推給對方，以穩住已經鬆動的南部農民的心，防止基本盤崩解。

（二）第二階段：全面滅火階段

六月一日中共宣布歡迎台灣省農會等民間團體赴大陸洽談後，省農會、各縣市農會及國親農業訪問團絡繹不絕，水果登陸成燎原之勢。而從六月底到七月底整整一個月，TVBS李濤所主持的「全民開講」更每天不斷討論水果登陸議題（甚至下鄉與農民面對面對話），「台灣水果登陸熱」更是一發不可收拾。這段期間，民進黨政府將之提高到政權保衛戰的最高層次，上至黨政高層，下至地方基層，展開一場鋪天蓋地的滅火大作戰。

1.府院黨的高層滅火動作

(1)六月中旬，農委會和陸委會分別就水果登陸問題向總統府、行政院及國安會提出專案報告，內容包括水果登陸相關資料數字、因應策略分析、後續處理方案、議題影響等等。總統府並同時指示國安會出面整合相關部會，提出政府「農產經濟新戰略」，確立推動農產品外銷政策，降低農民水果登陸熱潮。

(2)七月十九日，蘇貞昌在民進黨中常會批評政府對水果登陸辯護不力。七月二十六日，陸委會和農委會在民進黨中常會報告，蘇貞昌再度開炮，並嚴厲指責農委會主委為何不親自上電視辯護。此外，在七月二十五日，「黨政協調會報」時，馬永成建議行政院動用「中部辦公室」及「南部辦公室」系統，並由謝長廷帶隊親自向中南部農民說明水果登陸是陷阱。

(3)八月三日，陸委會和農委會在行政院報告「兩岸農業貿易現況及因應對策」，外貿協會提出「台灣水果行銷中國大陸策略」。

2.地方基層的滅火動作

(1)農委會在六月九日到七月二十七日分別在全國各農業縣市舉辦八場「加入WTO後，台灣農業之挑戰與發展對策座談會」；外貿協會則在七月九日及十五日分別在高雄、台南舉辦「台灣水果國際行銷座談會」。座談內容除在媒體刊登外，亦透過電視廣告宣傳政府的農業政策及水果登陸的政策看法，企圖以政治因素為大陸水果熱降溫。

(2)行政院相關單位不斷舉辦各種座談會消毒。七月十四日在嘉義舉辦「農業問題座談會」，七月十六日在台南舉辦「為台灣農業把脈論壇」，七月二十一日在台北舉辦「農業經營領袖研究班」，七月二十五日到二十九日，在台北舉辦「農漁會總幹事業務研訓班」。

(3)七月三十一日，由行政院舉辦的「農民權益，政府相挺」全國巡迴座談會在高雄大樹鄉開跑。同時，農委會主席李金龍在列席民進黨中常會時說，行政院上週（按：指七月十七到二十三日）在全省共安排四百多場座談會，這週會加強媒體宣傳，他並說昨晚已派副主委（李健全）上電視辯護。

(4)在各項座談會、訓練班開會時，陳水扁和謝長廷都親自上火線滅火，兩人甚至三度上電視消毒、滅火。

(5)除恐嚇省、縣市農會不得與大陸簽署任何協議外，對去大陸訪問的各級農會，陸委會及農委會更要求要寫報告，詳細交代與大陸接觸情形，否則將取消對該農會的補助。

（三）第三階段：轉移焦點降低傷害階段

害。

在上述兩階段措施都無法有效壓制的情況下，民進黨採取一連串兩岸相關政策，企圖轉移議題焦點，減低傷害。

1.七月二十八日，在中共片面宣布台灣十五種水果零關稅進口當日，民進黨政府由交通部長林陵三宣布開放大陸觀光客來台，開放初期限制每日來台人數以一千人為限。林陵三並要求中共展開協商。

2.八月一日，陸委會宣布擴大澎湖「專案、試辦小三通」，除原已批准的宗教、砂石直航外，擬再擴大開放澎湖經貿人士直航，陸委會表示最快九月可以核准。

3.八月三日，行政院長謝長廷在行政院會上宣布，同意讓我方航空器飛越大陸領空，同時也首度同意同步商談兩岸客貨運包機。

六、國民黨推動台灣水果登陸的政策作為

國民黨在江丙坤及連戰成功訪問大陸後，國民黨秘書長林豐正、政策會執行長曾永權及大陸事務部主任張榮恭等人，又多次進出大陸，為落實兩黨所推動的各項共識積極奔走，其中還包括與國民黨關係密切的省農會（理事長劉銓忠，總幹事張永成，常務理事白添枝，而劉、白皆為國民黨立委）。七月七日更有規模盛大的「國親農業訪問團」赴大陸洽談，雙方並取得實質進展，七月二十五日，國民黨立院黨團書記長陳杰又率領「兩岸事務工作團」赴大陸訪問，八月十六日，政策會執行長曾永權又率「兩岸客貨運包機訪問團」訪問大陸。

此外，國民黨在八月十五日宣布地方黨部將與大陸城市展開「對口交流」，共分三階段。第一階段由台南市對深圳市、高雄縣對福州市、彰化縣對青島市、台中市對廈門市、新竹市對蘇州市、基隆市對寧波市，第一波對口交流已在八月二十四日到九月十日完成。

在台灣內部方面，國民黨由智庫九月八日在台東縣舉辦「為台灣農產品打開大陸市場說明會」，九月十四日，省農會在新竹縣舉辦「愛台灣、顧農民、找出路—台灣水果外銷大陸說明會」。

國民黨在這次「台灣水果輸陸」熱潮中，由於缺乏公權力，因此頂多只能做兩岸溝通、協商的橋樑，但由於民進黨政府的掣肘與反對，因此效果有限，在地方黨部與大陸城市對口交流及舉辦基層說明會這兩項業務，更因媒體鮮少報導，效果亦十分有限。但點石成金，滴水穿石，只要長期推動，應可逐漸積累效果。尤其年底縣市長選舉，更應就水果登陸議題，加強媒體文宣及政見宣傳，並組成一支專業助講團，以徹底摧毀民進黨基本盤。

七、台灣水果輸陸的政治效應

本次「台灣水果輸陸」的議題同時在兩岸發燒，就政治操作面而言，中共及民進黨的政治操作可謂細膩，但就政治效應而言，則是中共大勝，國民黨小勝，民進黨大敗：

1.就中共而言，「台灣水果輸陸」不但很快淡化、轉移了「反分裂國家法」制定後，國際人士及台灣人民的惡感，而且瞬間改變長期被民進黨洗腦南部農民的「仇中反中情結」。中共對台灣水果進口大陸採取零關稅的優惠措施，真可說是低成本、高收益，邊際效用無限大的好牌。台灣水果進口大陸每年不過百萬美金，每年損失也不過是九牛一毛，區區幾十萬美金的關稅而已，但卻溫暖了台灣農民的心，讓他們對大陸市場充滿無限的憧憬與期待，這種實質的誘因將隨著時間的催化與市場的拓展（就如企業界錢進大陸一般），將形成致命的吸引力，那時民進黨台獨的神祇牌終將自然倒塌，對付台獨也不須採取激烈的非和平手段了！

2.就中國國民黨而言，二千年和二千零四年兩次總統大選連續遭到兩次挫敗，導致人心渙散，基層士氣低落，但從連戰訪問大陸到推動台灣農產品輸陸後，民意支持度大幅提升，甚且超越民進黨。此不但穩住了黨的信心與氣勢，也扭轉了國民黨長期以來害怕被扣上「中共同路人」、「聯共反台」等紅帽的保守、鴕鳥心態，重新取得兩岸關係的主導權。個人認為經由此事件及馬英九當選國民黨主席，年底縣市長選舉國民黨將可大勝：在北部大勝，中部小勝，南部小敗（但可縮小差距）。

3.就民進黨而言，企業已出走泰半，而民進黨政績不善，早亦被中間選民唾棄，而其基本盤農工階級在經濟不好、生活艱困的情況下，亦已鬆動，因而防堵水果登陸熱可能導致民進黨基本盤的崩解，可視為民進黨的政權保衛戰，必須傾全力加以防止。儘管民進黨採取鋪天蓋地的政策作為加以宣導消毒，說水果輸陸是中共「政治統戰」、「是在幫泛藍助選」、「是短多長空」、「老百姓要驚一下」，但是農民顧不了肚皮怎會顧得了中共統戰，況且商人可以賺老共的錢農民為什麼不可以？阻擋水果等於阻斷農民生計這種暗潮已在南部擴散，因此未來民進黨在選舉時想在南部再挑起省籍對抗的民粹手段已愈益不可能了。

4.就兩岸關係長期發展而言，兩岸不僅要和解，還要更進一步的合作，唯有兩岸和解、合作，台灣才有未來、希望與生機。中共實施台灣水果零關稅進口大陸當然是統戰，問題是統戰如果對台灣人民有利，對兩岸的和平發展有利，那我們為什麼不能順勢作為，創造一個既能化解敵意，善意互動，又能互利互惠，兩岸雙贏的局面呢？

八、結論

台灣水果登陸不利台獨，也將會侵蝕民進黨的基本盤，因此民進黨才會戒慎恐懼全力防堵，問題是台灣水果輸陸就像堤防開了一道缺口，未來隨著熊貓來台、大陸觀光客來台等等逐漸實施，那道圍堵的台獨堤防終將決堤，屆時民進黨將被台灣人民所唾棄！

二〇〇五、九、二十五

國家圖書館出版品預行編目

臺灣與大陸政治評論集 / 林清察著. -- 一版.
-- 臺北市 : 秀威資訊科技，2006〔民95〕
面；公分. --（社會科學類；PF0015）
ISBN 978-986-7080-44-8（平裝）
1. 政治 - 臺灣 - 論文，講詞等
2. 政治 - 中國大陸 - 論文，講詞等
3. 兩岸關係 - 論文，講詞等
573.07　　95008369

社會科學類　PF0015

台灣與大陸政治評論集

作　　者 / 林清察
發 行 人 / 宋政坤
執行編輯 / 李坤城
圖文排版 / 羅季芬
封面設計 / 羅季芬
數位轉譯 / 徐真玉　沈裕閔
圖書銷售 / 林怡君
網路服務 / 徐國晉
出版印製 / 秀威資訊科技股份有限公司
台北市內湖區瑞光路 583 巷 25 號 1 樓
電話：02-2657-9211　　傳真：02-2657-9106
E-mail：service@showwe.com.tw
經 銷 商 / 紅螞蟻圖書有限公司
台北市內湖區舊宗路二段 121 巷 28、32 號 4 樓
電話：02-2795-3656　　傳真：02-2795-4100
http://www.e-redant.com

2006 年 7 月 BOD 再刷
定價：460 元

讀　者　回　函　卡

感謝您購買本書，為提升服務品質，煩請填寫以下問卷，收到您的寶貴意見後，我們會仔細收藏記錄並回贈紀念品，謝謝！

1.您購買的書名：______________________________

2.您從何得知本書的消息？

□網路書店　□部落格　□資料庫搜尋　□書訊　□電子報　□書店

□平面媒體　□ 朋友推薦　□網站推薦　□其他__________

3.您對本書的評價：(請填代號　1.非常滿意 2.滿意 3.尚可 4.再改進)

封面設計____　版面編排____　內容____　文/譯筆____　價格____

4.讀完書後您覺得：

□很有收獲　□有收獲　□收獲不多　□沒收獲

5.您會推薦本書給朋友嗎？

□會　□不會，為什麼？______________________________________

6.其他寶貴的意見：____

____

____

____

讀者基本資料

姓名：____________________　年齡：______　性別：□女　□男

聯絡電話：________________　E-mail：____________________

地址：____

學歷：□高中(含)以下　□高中　□專科學校　□大學

□研究所(含)以上　□其他_______________

職業：□製造業　□金融業　□資訊業　□軍警　□傳播業　□自由業

□服務業　□公務員　□教職　□學生　□其他__________